4차 산업혁명 시대의 혁신교수법:
건설적 논쟁의 이론과 실제

Constructive Controversy:
Theory, Research, Practice

4차 산업혁명 시대의 혁신교수법:
건설적 논쟁의 이론과 실제

초판 1쇄 발행 2019년 12월 7일

지은이 데이비드 존슨
옮긴이 추병완

펴낸이 박민우
기획팀 송인성, 김선명, 박종인
편집팀 박우진, 김영주, 김정아, 최미라, 전혜련
관리팀 임선희, 정철호, 김성언, 권주련

펴낸곳 (주)도서출판 하우
주소 서울시 중랑구 망우로68길 48
전화 (02)922-7090
팩스 (02)922-7092
홈페이지 http://www.hawoo.co.kr
e-mail hawoo@hawoo.co.kr
등록번호 제475호

ISBN 979-11-90154-38-3 93370

값 20,000원

Constructive Controversy:
Theory, Research, Practice

4차 산업혁명 시대의 혁신교수법:
건설적 논쟁의 이론과 실제

데이비드 존슨 지음
추병완 옮김

저자 서문

사람들은 왜 대안적인 관점을 고려하지 않고 자신만의 관점에 근거하여 결정을 내릴까? 의견의 차이는 비판적 사고를 향상시키는가? 아니면 비판적 사고에 방해가 되는가? 여러분에게 동의하지 않는 사람을 찾아 여러분의 결론에 대한 그 사람의 반대 의견에 귀를 기울이는 것은 현명한 처사인가? 건설적 논쟁의 이론·연구·적용에 초점을 맞추는 가운데 이 책은 의사결정 집단, 프로젝트 팀, 학문적인 스터디 그룹, 문제를 해결하는 것과 관련된 여타의 집단 성원 사이에서 의견 불일치의 본질을 분석한다. 이 책에서 나는 건설적 논쟁 이론이 창의성과 혁신, 의사결정, 교수 활동, 정치 담론을 향상시키기 위한 가장 효과적인 방법 가운데 하나임을 보여 준다. 이 책은 건설적 논쟁이 다양한 역사적 시점에서 창의성을 높이고 혁신을 이루며 민주주의를 이끌어 나가는 데 어떻게 활용되었는지에 대한 재미있고 흥미로운 사례를 풍부하게 담고 있다. 이 책은 사회심리학, 경영학, 비즈니스 연구, 교육, 커뮤니케이션 연구 분야의 학생에게 유익한 도움을 줄 것이다.

존슨(*David W. Johnson*)
미네소타대학교 교육심리학과 명예교수

역자 서문

이 책은 미네소타대학교 교육심리학과 명예 교수인 존슨이 2015
년에 집필한 『건설적 논쟁: 이론, 연구, 실천』(Constructive Controversy:
Theory, Research, Practice)을 우리말로 완역한 것이다. 존슨은 협동학습
의 최고 권위자이고, 이미 그의 책은 전 세계 20개 이상의 언어로 번역
되었을 정도로 인기가 높다. 건설적 논쟁 이론은 심리학 이론화와 연구
가 어떻게 가치 있는 실천적인 적용이 될 수 있는지 그리고 이론, 연구,
실천이 어떻게 세 가지 모두를 향상시키는 방식으로 상호작용하는지를
보여 주는 대표적인 사례다. 이 책의 가장 큰 장점은 건설적 논쟁이 다
양한 역사적 시점에서 창의성을 높이고 혁신을 이루며 민주주의를 이
끌어 나가는 데 어떻게 활용되었는지에 대한 재미있고 흥미로운 사례를
풍부하게 담고 있다는 점이다. 그래서 나는 번역서의 제목을 『4차 산업
혁명 시대의 혁신교수법』이라고 정했다.

건설적 논쟁 절차는 둘 혹은 그 이상의 입장 중 하나를 개인 각자
에게 할당하는 것을 포함한다. 그러면 개인은 자신의 입장에 대해 가능
한 최상의 사례를 준비하고, 반대 입장을 가진 사람에게 그 입장을 위
한 최상의 사례를 제시하고, 반대 입장에 귀를 기울인다. 옹호하는 입
장의 사람은 반대 입장을 반박하고, 자신의 입장에 대한 공격을 논박
하는 토론에 참여한다. 이제 참가자는 서로의 관점을 바꾸어서 반대 입

장을 위해 가능한 최상의 사례를 제시한다. 끝으로 참가자는 모든 지지와 옹호를 내려놓고, 모든 관점과 입장을 고려하고 집단 성원이 동의할 수 있는 하나의 종합을 모색한다. 이러한 절차는 집단과 조직의 의사결정 상황, 교육, 정치 담론, 세계 평화의 확립과 유지 등 매우 다양한 상황에 적용될 수 있다.

건설적 논쟁의 교육 효과는 이미 수많은 연구를 통해 입증되었다. 건설적 논쟁은 의사결정과 문제 해결의 질, 인지적 도덕적 추론, 전문 지식 교환, 관점 채택, 창의성, 열린 마음, 이해를 향상시키려는 동기 부여, 문제와 과제에 대한 태도 변화, 대인 관계적 매력, 자부심 등의 여러 부분에 긍정적인 결과를 가져온다. 특히 건설적 논쟁에 참여하는 것은 다음과 같은 가치를 가르쳐준다. (a) 개인은 자신의 결론, 이론, 신념을 옹호할 권리와 책임을 동시에 갖는다. (b) 진실이나 진리는 대립하는 아이디어와 입장의 충돌에서 유래한다. (c) 통찰력과 이해는 한 사람의 아이디어와 결론이 옹호되고, 지적인 도전을 받는 갈등으로부터 나온다. (d) 문제를 모든 관점에서 바라보아야 한다. (e) 개인은 겉보기에 대립하는 것처럼 보이는 견해를 포괄하는 종합을 추구해야 한다. 또한, 건설적 논쟁은 심의(deliberation)의 가치에 대한 희망과 자신감, 정중함의 원칙에 대한 존중, 상호 존중, 사실적 정보를 기초로 한 주장의 중요성, 공동으로 추론한 판단에 도달하려는 공동 목표의 중요성, 자신의 선호도와 대조적인 결과를 낳더라도 민주적인 정치 담론에 헌신하려는 결단을 우리에게 가르쳐 준다. 그러므로 건설적 논쟁은 우리가 탁월한 도덕적 품성과 민주 시민성을 함양하는 데 큰 도움을 준다.

저자가 이 책에서 여러 번 강조하는 바와 같이, 이 책의 목적은 갈등에 대한 이해와 갈등을 건설적으로 관리하는 방법을 심화시키고자 하는 사람을 위해 건설적 논쟁에 대한 이론, 연구, 실천의 통합을 제공하는 것이다. 이 책은 갈등의 한 유형인 건설적 논쟁(즉, 이론, 결론, 의견 및 아이디어 간의 갈등)에 초점을 맞춘다. 이 책의 1장은 이 책에서 다룰 전반적인 내용을 소개하는 가운데 건설적 논쟁이 창의성과 혁신, 양질의 의사결정, 효과적인 교수 방법, 건설적 정치 담론 그리고 다른 많은 환경을 향상시키는 가장 효과적인 방법 가운데 하나임을 강조한다. 2장은 건설적 논쟁과 여타의 관련 개념의 정의를 다룬다. 동시에 2장은 지적 갈등에 관여하는 것은 개인 수준, 대인관계 수준, 집단 수준, 사회 수준, 심지어는 세계 수준에서도 중요하다는 사실을 제시한다. 3장은 건설적 논쟁의 기초가 되는 사회적 상호의존성 이론을 제시한다. 사회적 상호의존성 이론의 기본 전제는 어떤 상황에서 구조화된 상호의존성의 유형이 개인이 서로 상호작용하는 방식을 결정한다는 것이다. 4장은 건설적 논쟁이 진행되는 과정을 다루고, 5장은 연구에 의해 문서화된 건설적 논쟁의 결과를 자세히 설명한다. 저자는 동의 추구, 토론, 개별 시도와 비교할 때 건설적 논쟁 과정이 생성하는 결과는 ⓐ 양질의 의사결정, 문제 해결, 성취, 파지, ⓑ 높은 인지적 추론과 도덕적 추론, ⓒ 더 많은 전문 지식 교류, ⓓ 보다 빈번하고 정확한 관점 채택, ⓔ 더 많은 창의성, ⓕ 더 많은 개방성, ⓖ 이해를 증진하기 위한 더 많은 동기 부여, ⓗ 이슈와 과제에 대한 더 많은 태도 변화, ⓘ 논쟁 절차와 의사결정에 대해 더욱 긍정적인 태도, ⓙ 과정과 결과에 대한 더 큰 헌신, ⓚ 참가자 사이의 더 많은 대인 관계 매력 및 지지, ⓛ 더 큰 사회적 지지, ⓜ 높은 자부심, ⓝ 더욱 민주적인 가치임을 강조한다. 6장은 결과에 대한 건설적 논쟁의 효과를 매개하는 조건에 대해 논의한다. 저자는 논쟁 과정의 효과를 매개하는 조건으로 ⓐ 협동적인 맥락(부당함을 입증하는 정보에 대한 관심, 역량 위협에서의 감소, 하향식 사회 비교에서의 감소, 지각된 편향에서의 감소, 리더십의 증가를 포함하는 협동적인 맥락), ⓑ 성원 간의 이질성, ⓒ 정보의 분배, ⓓ 숙련된 의견 불일치, 그리고 ⓔ 합리적인 주장을 제시한다. 이 책의 7장부터 11장은 건설적 논쟁의 다섯 가지 적용 사례를 구체적으로 보여 준다. 건설적 논쟁은 조직의 의사결정(7장), 초등학교 1학년부터 대학원까지의 교육 기관(8장), 창의성, 혁신, 문제 해결 촉진(9장), 민주주의에서 정치 담론의 사용(10장), 세계 평화의 수립과 유지(11장)에서 활용된다. 끝으로 저자는 12장에서 이 책의 전체 내용을 다시 한 번 요약한다.

　　최근 우리나라는 급격한 사회 변화와 사회적 신뢰 부족으로 계층·세대·성별·이념 간의 갈등과 혐오 문제가 그 어느 때보다 복잡 다양한 형태로 발생하여 사회 통합을 위협하고 있는 상황에 처해 있다. 갈등을 건설적으로 관리하고 해결하는 능력의 부재는 우리 사회를 더욱 극단적인 대립과 투쟁으로 몰고 갈 위험이 매우 크다. 이 책은 학교와 기업, 정부 기관 등 의사결정을 필요로 하는 모든 분야에서 민주적이고 평화적인 갈등 해결 및 창의적 문제 해결을 위한 방법을 건설적 논쟁 이론을 통해 아주 명확하게 제시해 주는 강점을 갖는다. 건설적 논쟁은 강제 교화를 금지하고, 교실에서 논쟁 수업을 활성화해야 한다는 보이스텔바흐 합의 이념에도 최적으로 부합한다. 또한 건설적 논쟁은 초등학교부터 대학교까지의 모든 교과 및 전공 수업에서, 그리고 기업이나 각종 기관의 프로젝트 팀이나 중요한 의사결정에서 폭넓게 적용될 수 있는 전이와 파급 효과가 매우 큰 교수 방법이자 하나의 생활 방식이다.

　　이 책의 번역은 내가 연구 프로젝트를 수행하던 중에 이루어졌다.

나는 지난 5월부터 건설적 논쟁 절차를 초등학교 교실 수업에 적용하는 교보교육재단의 연구 프로젝트를 수행하면서, 이 책을 번역하기로 마음을 먹었다. 나는 이 좋은 교육 방법이 연구 프로젝트의 이론적 배경으로만 활용되는 것이 너무 아깝다는 생각을 하였다. 또한, 존슨의 건설적 논쟁 이론이 일부 국내 논문에 등장하기는 하지만, 지나치게 제한된 논의에 그치고 있어 그 진면목을 모두 담고 있는 이 책을 번역하는 것이 우리 사회와 학계에 큰 도움을 줄 것이라는 기대가 컸기 때문이다. 건설적 논쟁에 관한 연구는 이미 1960년대 후반부터 진행되어 왔음에도 불구하고, 국내의 많은 교수와 교사는 건설적 논쟁이 무엇인지에 대해 잘 모르는 상황이다.

전대미문의 다양한 대결과 갈등 상황에 빠져 있는 암울한 우리 사회의 현실을 개선하려면, 갈등을 건설적으로 해결하고 구성원 모두의 합의에 의한 결정을 내리는 방식을 몸에 익히는 것이 중요하다는 저자의 논리가 우리의 학교, 회사, 기관 현장에 널리 확산될 것을 소망하면서 이 책을 번역해 나가는 과정은 아주 즐겁고 유쾌한 시간이었다. 나는 저자의 논리를 흐트러뜨리지 않는 가운데 최대한 이해하기 쉬운 우리말로 옮기는 데 역점을 두었다. 그럼에도 3개월이라는 짧은 시간에 번역을 마치다 보니 한눈에 읽히지 않는 부분이 혹여 있을지도 모르며, 그것은 모두 나의 책임이다. 끝으로, 아주 어려운 번역서 출판 여건에도 불구하고 이 책의 출판을 기꺼이 허락해 준 하우출판사 관계자 여러분에게 깊이 감사드린다.

2019년 7월

홍익관 연구실에서 **추병완**

차례

Chapter 01

건설적 논쟁의 기본 토대

Chapter 02

건설적 논쟁의 본질

Chapter 03

건설적 논쟁의 이론

Chapter 04

건설적 논쟁과 동의 추구 과정

Chapter 05

건설적 논쟁의 결과

Chapter 06

건설적 논쟁의 효과를 매개하는 조건

Chapter 07

건설적 논쟁과 의사결정

Chapter 08

교육에서 건설적 논쟁

Chapter 09

민주주의에서 건설적 논쟁과 정치 담론

Chapter 10

건설적 논쟁, 창의성, 혁신

Chapter 11

건설적 논쟁, 평화 구축 및 유지

Chapter 12

결론

건설적 논쟁의
기본 토대

Chapter 01

건설적 논쟁의 기본 토대

서론

한 예술가가 다른 예술가가 하루 종일 그렸던 그림을 바라보면서 "안 돼! 안 돼!"라고 큰 소리를 질렀다. "당신은 아직 이해를 못 했네! 이것은 우리가 하려던 것이 아니야." 다른 예술가는 "아직 이해를 못 한 것은 바로 당신이야!"라고 대꾸하였다. "이것이 바로 오늘 아침에 우리가 이야기한 것이야!", "이것이 바로 우리가 이루고자 했던 바로 그것이야!"

그러한 열띤 토론은 20세기 초반의 가장 위대한 화가였던 두 사람 사이에서 흔한 일이었다. 그들은 갈등으로 가득 찬 강렬하고 창조적인 협동 작업을 수행하였다. 그들은 정비사의 옷을 똑같이 차려입은 채 농담 삼아 스스로를 라이트 형제와 비교하였다. 1908년 무렵부터 1912년까지 그들은 거의 매일 만났고, 그들이 개발하고 있던 혁명적인 새로운 스타일에 관해 끊임없이 이야기했으며, 가능한 정도에서 최대한 비슷하게 그림을 그렸다. 이후로 그들 각자의 작품 가운데 많은 것이 사실상 누구의 작품인지 구분하기가 아주 어려웠다. 대부분의 경우 미술 전문가만이 그들의 그림을 서로 구분했거나 또는 구분할 수 있었다. 그들은 새로운 스타일을 창조한다는 목표에 깊이 전념했다. 보통 그들은 아침식사를 같이 하면서 하루 동안 그림을 그릴 계획을 논의한 다음에 하루 종일 각자 따로 그림을 그렸다. 매일 저녁 그들은 상대방이 그린 그림을 보기 위해 상대방의 아파트로 달려갔고, 상대방의 그림에 대해 열정적으로 비판하였다. 각자의 작품은 상대방이 괜찮다고 말하기 전까지는 결코 완성된 것이 아니었다. 그들은 두 사람이 창조하려는 새로운 스타일의 성격 그리고 그들이 그림으로 표현하고자 하는 방식에 대해 격렬한 갈등을 겪었다. 화가 중 한 명은 그러한 갈등을 각자의 생존이 서로에게 달린 것임을 알고 있는 가운데 함께 밧줄에 매달려 산에 오르는 것으로 묘사하였다. 그들이 함께 만드는 작품의 본질과 방향에 관한 의견 불일치와 갈등은 강렬하고, 활발하며, 분명하고, 주목할 만한 것이었다. 화가 중 한 명은 그들이 서로에게 말한 것을 다시 들은 적이 결코 없으며, 다시 들었다고 할지라도 어느 누구도 그것이 의미하는 바를 더 이상 이해하지 못했을 것이라고 말했다.

두 명의 예술가는 바로 브라크(Braque)와 피카소(Picasso)였다. 그들이 만든 새로운 스타일은 입체파였다. 공동 목표 그리고 강렬한 지적인 갈등과 논쟁을 통해 그들은 입체파를 탄생시킬 수 있는 창조적인 통찰력을 얻었다. 그들의 창의성, 혁신, 생산성에 동력이 되는 엔진을 제공한 것은 바로 두 가지 요소, 즉 공동 목표에 대한 헌신과 지적 갈등이었다.

건설적 논쟁의 기초가 되는 현상

이 책은 건설적 논쟁의 이론, 연구, 적용에 초점을 맞춘다. 건설적 논쟁은 창의성과 혁신, 양질의 의사결정, 효과적인 교수법, 건설적인 정치 담론을 향상시키는 가장 효과적인 방법 가운데 하나다. 그러나 건설적 논쟁에 관한 이론과 연구를 제시하기 위해서는 우선 협동과 갈등의 기본 틀을 제시할 필요가 있다. 건설적 논쟁은 협동과 갈등의 결합물이다. 건설적 논쟁이 독자적으로 정립될 수도 있지만, 이 두 가지 근본적인 현상은 건설적 논쟁의 본질을 이해하는 데 필수적이다. 그러므로 이 장에서 우리는 두 가지 근본 현상, 즉 협동과 갈등에 관하여 논의할 것이다. 또한, 건설적 논쟁에 관한 연구는 이 장에서 논의할 이론, 연구, 실천 간의 상호 관계의 고전적인 사례를 나타낸다.

협동

역사적으로, 과학자를 비롯한 일부 사람들은 경쟁이 인간 행동의 거의 모든 기초가 된다고 믿었다(Johnson & Johnson, 1989). 다윈(Darwin)을 비롯하여 여러 사람이 주장하는 진화론적 시각에서 볼 때, 지구상에는 생존을 위한 지속적인 투쟁이 존재하므로 경쟁력, 지배를 위한 노력, 승리는 자연과 인간 존재의 핵심을 이룬다. 생존 투쟁에서 승자는 살아남고 패자는 사라진다. 오늘날 우리가 세상에서 보는 것은 승자다. 패자는 이미 모두 사라졌다. 이것이 바로 생물학의 기본 법칙이다. 여러분이 이 세상에서 보는 것은 생존 경쟁에서 이긴 생명 형태다. 여러분이 보지 못하는 것은 사라진 생명 형태이고, 그것은 당연히 이미 소멸된 것이다. 그것은 모두 40억 년 전에 첫 번째 원시 세포에서 비롯되었다. 첫 번째 작은 세포 중 하나가 다른 세포보다 우위에 있었다면 경쟁 세포가 소멸하는 동안 더 빨리 번식하고 번성했을 것이다. 생명에 대한 이러한 견해가 많은 사람의 사고를 지배한다. 좋은 서식지와 식량 공급원을 두고 경쟁한다. 패자는 사라진다. 여러 유형의 인간 가운데 우리보다 더 큰 뇌를 가졌고 신체적으로 훨씬 강했던 호모 에렉투스와 네안데르탈인은 아마도 그들의 협동 능력 부족 때문에 생존 경쟁에서 패하여 사라진 반면에, 우리는 이제껏 살아남았다. 경쟁은 삶의 기본 기제로 여겨지며, 심지어 오늘날에도 국가와 문화 및 종교 집단은 누가 생존하고 누가 사라질지를 보기 위해 경쟁하는 것처럼 보인다. 여기서 한 가지 의문이 생긴다. 생존 경쟁이 자신을 파괴하는 씨앗을 내포하고 있는가? 경쟁은 경쟁을 낳고, 그것은 결과적으로 상호 파괴로 이어지는 경향이 있다는 사실에는 의심의 여지가 없다(Johnson & Johnson, 1989).

이러한 사회 다위니즘에 대한 반론이 있다(Johnson & F. Johnson, 2013). 생존을 위한 경쟁 투쟁 관점이 결여하고 있는 것은 모든 복잡성 수준의 존재가 살아남기 위해 협동한다는 사실이다. 초기 박테리아 중 일부는 줄을 형성했는데, 각 살아있는 필라멘트의 특정 세포는 질소로 이웃에게 영양을 공급하기 위해 죽는다. 일부 박테리아는 사자 떼나 늑대 무리처럼 집단으로 사냥을 한다. 개미는 농사부터 건축, 항해까지 복잡한 문제를 해결할 수 있는 수백만의 개체로 이루어진 사회를 형성한다. 꿀벌은 벌떼의 이익을 위해 끊임없이 꽃가루를 수확한다. 까마귀는 자기 무리를 지키기 위해 보초를 선다. 모든 존재 수준에서 협동이 분명히 존재한다.

　인간 사회는 특히 협동을 통해 번성할 수 있다. 상점에서 식료품을 사는 것과 같은 간단한 행위조차도 여러 나라로부터 작은 무리의 사람(예: 농부, 운송 회사, 가공 공장, 식료품점, 검사관 등)의 노동력을 이용한다. 협동과 조정을 위한 절차는 대대로 전해진다. 위대한 아이디어가 창조되어 타인에게 소통되고, 이용되고, 꾸며지고, 사회화를 통해 그 아이디어의 창시자로부터 먼 미래 세대에게로 변형된다. 인간 종 가운데 우리를 그렇게 성공적으로 만들었던 것은 우리가 지구상에서 가장 위대한 최고의 협력자라는 것이다. 침팬지 10마리를 SUV에 밀어 넣고 4시간 동안 운전하면서 어떤 일이 발생하는지 살펴보기 바란다. 우리의 믿을 수 없는 협동 능력은 우리가 지구상의 모든 생태계(사막에서 얼어붙은 황무지까지)에서 그리고 아마도 곧 다른 행성의 생태계에서도 살아남을 수 있는 근본 이유다. 우리의 협동은 하나의 공동 목표를 달성하기 위해 함께 일하는 일군의 사람을 넘어서서 확장된다. 그것은 우리 사회와 종의 공동선에 대한 대규모의 장기적인 관점을 포함한다. 이것은 전통적인 다윈주의 관점에서 볼 때 이해가 되지 않는다. 다른 사람을 돕는 것으로 인간은 승리하고, 번영하고, 번식하고, 생존하는 자신의 기회를 해치게 된다. 당신의 차가 고장이 났고, 낯선 사람이 당신을 차에 태워 견인차를 구하기 위해 주유소로 향한다. 그 낯선 사람이 주유소까지 당신을 태워다 주는 데 주유비가 더 들고, 심지어 직장에 지각을 하는데도 불구하고 그 낯선 사람은 그렇게 한다. 여러분은 자신을 위해 돈을 쓰기보다는 다른 나라의 굶주린 사람을 먹여 살리기 위한 교회의 모금 운동에 100달러를 기꺼이 기부한다. 협동은 방해가 되는 생각을 너무 많이 하지 않는 가운데 저절로 일어나는 것 같다. 대부분 사람의 첫 번째 반응은 협동하는 것이지만, 그들이 멈추어 생각할 때는 더 이기적인 경향이 있다. 심지어 우리 몸의 세포도 가능한 한 많이 번식하기보다는 질서 있게 증식하여 폐, 심장, 그리고 다른 중요한 장기를 만들어 신체가 효과적으로 기능할 수 있도록 할 것이다.

많은 일상적인 상황은 협동 여부에 관한 선택으로 여겨질 수 있다. 여러분이 새 냉장고를 사고 싶다고 가정해 보자. 여러분은 가전제품 가게에 가서 어떤 냉장고가 가장 좋은지를 판매원에게 물어본다. 판매원은 이것을 자신과 매장 전체에 대한 최고의 거래로 해석하여 이윤을 극대화할 수 있다. 아니면 판매원은 이것을 여러분을 위해 최저 가격으로 최고의 냉장고를 추천하는 것으로 해석할 수도 있다. 판매원이 매장이 아니라 여러분에게 가장 좋은 거래가 되는 냉장고를 추천한다면 이것은 협동의 한 사례다. 그리고 그것은 놀라운 것처럼 보인다. 왜 판매원은 여러분의 이득을 위해 매장의 이윤을 포기하는가? 그것은 바로 즉각적인 자기 이익에 반대하는 협동이다. 그것은 단기적으로는 말이 안 된다. 그러나 박테리아와 같이 가장 낮은 생물조차도 그러한 행동을 한다.

이것은 자연 선택의 치명적인 결함일 수 있다. 자연 선택은 개인에게 생존과 번식의 기회를 증가시키고 다른 사람의 운을 향상시키지 않는 방식으로 행동하도록 유도해야 한다. 진화에서 식량, 영토, 짝을 위한 끝없는 시도를 하면서 왜 한 개체가 다른 개체를 돕기 위해 자신만의 방식에서 벗어나려고 애쓰는가? 그 대답은 우리의 협동 능력이 장기적으로 생존과 번영에서 우리의 성공을 향상시킨다는 것이다. 러시아 왕자인 크로포트킨(Kropotkin, 1842-1921)은 1902년에 『상호 부조: 진화의 요인』이라는 책을 출간하여 적자생존 법칙 외에도 상호부조 법칙이 종의 진화와 생존 투쟁에서 훨씬 더 중요하다는 견해를 밝혔다. 크로포트킨은 제한된 자원에 대한 개인 간의 직접적인 경쟁과 유기체와 환경 간의 투쟁을 구별할 것을 지적했다. 유기체 간의 협동을 유발하는 경향이 있는 것은 바로 유기체와 환경 간의 투쟁이다. 그는 경쟁적인 투쟁 형태가 존재한다고 믿었지만, 협동과 상호부조가 더 빈번하고 이제껏 충분히 강조되지 않았다고 주장했다. 즉, 생존하고 진화하는 능력에서 가장 빈번하고 중요한 요소는 경쟁이 아니다. 오히려 그것은 협동과 상호부조다. 이 두 법칙은 개인에게 좋은 것과 다른 사람과 사회를 위해 좋은 것 사이에 지속적인 긴장을 조성한다. 협동의 역설은 이 긴장이 경쟁 상황보다는 협동 상황에서 더 클 수 있다는 것이다. 경쟁에서는 자신에게는 좋고 다른 사람에게는 나쁜 것이 행동을 지배한다. 협동의 경우에는 세 가지 모든 관심사(자신, 동료 협력자, 전체로서의 사회를 위해 좋은 것)가 그 상황에 존재한다.

협동 이론

협동은 인지 발달 이론, 사회 인지 이론, 행동 이론, 사회적 상호의존성 이론을 포함하여 그 본질에 대한 여러 이론이 존재하는 인간 삶의 중심 요인이다(Johnson & Johnson, 1989). 그중에서도 가장 지배적인 이론은 아마도 사회적 상호의존성 이론일 것이다(Deutsch, 1949, 1962; Johnson & Johnson, 1989, 2009a).

인지 발달 이론

인지 발달 관점은 주로 피아제(Piaget, 1950)와 비고츠키(Vygotsky,

2012)의 이론을 기반으로 한다. 피아제에게 협동은 자신의 감정과 관점을 타인의 감정과 관점에 대한 의식과 조율하면서 공동 목표를 달성하기 위해 노력하는 것이다. 개인이 환경에서 협동할 때, 인지적 비평형을 유발하는 사회 인지 갈등이 발생하고, 이것은 관점 채택 능력과 인지 발달을 자극한다. 피아제 학파의 전통에서 협동은 문제에 대한 대답에서 반대 견해를 가진 다른 사람과 합의에 이르도록 개인을 강요함으로써 개인의 지적 발달을 가속하는 데 그 목적이 있다. 비고츠키(1978) 및 그와 관련된 사회 구성주의 이론가는 우리의 독특한 정신 기능과 성취는 우리의 사회적 관계에서 비롯한다고 주장한다. 정신 기능은 집단의 성취를 내면화하고 변형시킨 것이다. 지식은 사회적인 것이고, 학습하고 이해하며 문제를 해결하기 위한 협동적인 시도로부터 구성된다. 핵심 개념은 근접 발달 영역(zone of proximal development)이다. 이 영역은 어떤 사람이 자기 혼자 힘으로 할 수 있는 것과 그 사람이 자기보다 나이가 많은 사람의 안내를 받아 활동하거나 또는 더 능력 있는 동료와 협력하여 성취할 수 있는 것 사이의 영역이다. 사람들이 협동하여 활동하지 않는 한, 지적으로 성장할 수가 없다.

사회 인지 이론

사회 인지 이론은 협력을 집단적 작인(collective agency), 즉 의도하는 결과를 산출하려는 집단의 힘에 대한 공유된 신념으로 간주한다 (Bandura, 2000). 집단적 작인에서 개인은 스스로 달성할 수 없는 것을 확보하려고 함께 노력해야만 한다. 사회 인지 관점에서 협동은 모델링, 코칭, 비계 설정(학습되고 있는 것에 대한 이해를 제공하는 개념 틀)을 포함한다(Lave & Wenger, 1991). 이론적으로 말하면, 학습자는 인지적으로 정보를 기억에 보존하고 기존의 인지 구조에 통합할 수 있도록 정보를 연습하고 재구성한다(Wittrock, 1990). 이렇게 하는 효과적인 방법은 배우는 자료를 공동 작업자에게 설명하는 것이다. 마지막으로 사회 인지 이론은 기능과 전문성을 공유하는 사람의 집단을 의미하는 실천 공동체(a community of practice)의 핵심이 바로 협동이라고 규정한다.

행동 학습 이론

행동 학습 관점은 개인이 모종의 보상을 획득하는 과제에 대해서는 열심히 활동하고, 어떠한 보상이나 처벌을 받지 않는 과제에 대해서는 열심히 활동하지 않을 것이라고 가정한다(Bandura, 1977; Skinner, 1968). 협동 노력은 집단 성원이 집단 활동에 참여할 수 있는 인센티브를 제공하도록 설계되었다. 스키너(Skinner)는 집단의 우발 사태에 초점을 맞추었고, 밴두라(Bandura)는 모방에 초점을 맞추었으며, 다른 학자는 보상과 비용의 균형에 초점을 맞추었다.

사회적 상호의존성 이론

사회적 상호의존성은 모든 사람의 목표 달성이 타인의 행동에 영향을 받을 때 존재한다(Deutsch, 1949, 1962; Johnson, 1970, 2003; Johnson & Johnson, 1989, 2005b). 사회적 상호의존성에는 긍정적 유형(협동)과 부정적 유형(경쟁)의 두 가지가 있다. 긍정적 상호의존성(협동)은 개인이 그와 협력적으로 연결된 다른 개인도 목표에 도달할 때만 자신의 목표를 달성할 수 있다고 인식할 때 존재한다. 따라서 참가자는 목표를 달성하기 위한 서로의 노력을 촉진한다. 부정적인 상호의존성(경쟁)은 개인이 그와 경쟁적으로 연결된 다른 개인이 목표를 달성하지 못하는 경우에만 자신이 목표를 달성할 수 있다고 인식할 때 존재한다. 따라서 참가자는 목표를 달성하기 위한 서로의 노력을 방해한다. 상호의존성이 전혀 없는 개별 시도는 상황에 있는 다른 개인이 목표를 달성했는지의 여부와 상관없이 개인이 목표에 도달할 수 있다고 인식하는 상황을 초래한다.

사회적 상호의존성 이론의 기본 전제는 어떤 상황에서 구조화된 상호의존성의 유형이 개인이 서로 상호작용하는 방식을 결정한다는 것이다. 그리고 상호작용 유형은 결과를 결정한다. 긍정적 상호의존성은 촉진적 상호작용을, 부정적 상호의존성은 대립적 또는 경쟁적 상호작용을 유발하는 경향이 있으며 상호의존성이 없는 경우에는 상호작용이 부재한다. 사회적 상호의존성의 유형과 그것이 유도하는 상호작용 유형 사이의 관계는 양방향적인 것으로 가정된다. 각각은 서로를 유발할 수 있다. 긍정적 상호의존성이 촉진적 상호작용을 초래하는 것처럼, 촉진적 상호작용은 협동을 초래할 수 있다.

사회적 상호의존성의 유형을 위해 중요한 지표가 되는 3가지 구인이 존재한다. 그것은 바로 대체성(substitutability), 심적 부착(cathexis), 유도성(inducibility)이다. 대체성이란 한 사람의 행동이 다른 사람의 행동을 대신하는 것이다. 심적 부착은 자신 이외의 대상과 사건에 심리적인 에너지를 투자하는 것이다. 유도성은 영향을 미치는 것에 대한 개방성이다. 본래 협동적인 상황에서 참가자의 행동은 서로를 대신하고, 참가자는 서로의 효과적인 행동에 긍정적으로 정신을 집중하며, 참가자 간에는 높은 유도성이 있다. 경쟁 상황에서 참가자의 행동은 서로를 대신하지 않으며, 참가자는 서로의 효과적인 행동에 부정적으로 정신을 집중하며, 유도성이 매우 낮다. 상호작용이 없을 때에는 대체성, 심적 부착, 유도성 자체가 존재하지 않는다.

다양한 변인에 대한 협동과 경쟁의 상대적인 영향에 관해서도 많은 부분이 이미 알려졌다(Johnson, 1970, 2003, Johnson & Johnson, 1974, 1989, 2009a). 경쟁이나 개별 시도와 비교하여 협동은 다음을 촉진한다.

1. **성취하기 위한 더 많은 노력:** 협동은 경쟁이나 개별 시도보다 더 높은 성취와 더 많은 생산성을 산출한다. 이러한 발견은 심리학과 교육에서 가장 강력한 원칙 중 하나로서 많은 연구를 통해 잘 입증되었다. 과제가 개념적일수록, 더 많은 문제 해결이 필요할수록, 고수준의 추론이 더욱 바람직할수록, 창의성이 더 많이 요구될수록, 학습한 것을 실세계에 적용하는 것이 더 많이 필요할수록, 경쟁과 개별 시도에 대한 협동의 우위는 더욱 커진다.

2. **긍정적인 관계 증진:** 협동학습은 경쟁이나 개별 학습보다 더욱 긍정적, 헌신적, 배려하는, 지지하는 관계를 창출한다. 이것은 개인이 동질적일 때도 마찬가지다. 그리고 개인이 지적 능력, 장애 조건, 민족 성원, 사회 계층, 문화, 성별에서 다를 때도 마찬가지다. 또한, 협동하는 사람 간의 관계는 경쟁 상황이나 개별 상황에서 보다 더욱 전문적이고 인간적인 사회적 지원을 특징으로 한다. 상호 학습 목표를 달성하는 데 필요한 공동 노력에서 참된 우정이 발전한다.

3. **심리적 건강 증진:** 다른 사람과 협동하여 활동하는 것은 동료와 경쟁하거나 개별적으로 활동하는 것보다 심리적 건강과 자부심

을 높여준다. 개인적인 자아 강도, 자신감, 자립, 스트레스와 역경에 대처하는 능력, 독립성, 자율성, 개인적 행복, 전반적인 심리적 건강은 모두 협동적 시도의 결과다. 협동은 경쟁이나 개별 시도보다 자신의 가치에 대한 결론을 끌어내기 위해 더 높은 자존감과 더욱 건강한 과정을 낳는다. 상호 목표를 성취하기 위해 함께 노력하는 것은 사회적 역량 증가, 지지하고 헌신하는 관계 형성 및 유지 능력, 분리되고 고유한 개인으로서 상호 존중을 가져온다. 협동을 통해 건강한 사회적·인지적·심리적 발달이 이루어진다. 협동 경험은 결코 사치가 아니다. 협동 경험은 독립적으로 기능할 수 있는 개인의 건강한 발달을 위해 절대적으로 필요한 것이다.

갈등의 맥락으로서 사회적 상호의존성

관련된 개인 사이에 협동이 명확하게 수립되면 갈등이 일어날 것이다. 갈등을 관리하는 방식은 협동이 강화되거나 또는 약화되는 것을 결정한다. 갈등에는 두 가지 가능한 맥락, 즉 협동과 경쟁이 있다. 개별 상황에서 개인은 상호작용을 하지 않으므로 갈등이 발생하지 않는 경향이 있다.

경쟁적 맥락

갈등은 대개 경쟁적인 맥락에서 잘 풀리지 않는다. 경쟁이 존재하기 위해서는 희소성이 있어야 한다. 경쟁은 그 본질상 갈등이며, 참가자는 최선을 다하는 소수에게만 국한된 보상을 추구한다. 경쟁적 맥락은 다음과 같은 특징을 보여 준다(Deutsch, 1973; Johnson & Johnson, 1989, 2005b; Watson & Johnson, 1972).

1. 개인은 차별적인 혜택, 즉 상황에서 다른 사람보다 더 잘 하는 것에 초점을 맞춘다. 경쟁 상황에서 한 사람이 얼마나 잘 하고 있는가는 그 사람의 성과가 그 상황의 다른 사람의 성과와 어떻게 비교되느냐에 달려 있다. 자신이 수행한 결과의 가치가 다른 사람의 결과와 어떻게 비교되느냐에 따라 달라지는 사회적 비교가 끊임없이 존재한다.
2. 개인은 자신의 웰빙과 다른 참가자의 박탈에 초점을 맞춘다. 이기기 위해 개인은 자신에게 유익한 것뿐만 아니라 다른 사람이 이기지 못하게 하는 것에 초점을 맞춘다. 자기보다 덜 잘 하는 타인에 대한 기득권이 있다.
3. 개인은 모든 에너지를 승리에 집중시키는 단기간의 시간 지향을 채택한다. 좋은 관계를 유지하는 것에 거의 주의를 기울이지 않는다. 대부분의 경쟁에는 다른 경쟁자와의 향후 관계에 대해 거의 또는 전혀 걱정하지 않은 채 모든 관심이 집중되는 즉각적인 결승선이 있다.
4. 의사소통을 회피하는 경향이 있으며, 의사소통이 이루어질 때는 오해의 소지가 있는 정보와 위협을 포함하는 경향이 있다. 위협, 거짓말, 침묵은 학생이 서로 갈등을 해결하는 데 도움이 되지 않는다. 경쟁은 다른 사람이 의사소통을 꺼리는 정보를 얻기 위해 스파이 행위나 여러 가지 기술을 야기하고, 자신에 대해 상

대방을 속이거나 오도하기 위한 우회적인 전략을 낳는다.

5. 교정하기 어려운 다른 사람의 입장과 동기에 대한 빈번하고 일
   반적인 오해와 왜곡이 있다. 학생은 다른 사람을 부도덕하고 적
   대적인 존재로 인식하고 그에 따라 행동함으로써 자기 충족적인
   예언에 관여하여 다른 사람으로부터 적대감과 기만을 불러일으
   킨다. 왜냐하면 선입관과 기대가 인식되는 것에 영향을 주기 때
   문에, 자신의 신념과 행동을 정당화하는 방식으로 사건을 보는
   편향이 있기 때문에, 그리고 갈등과 위협이 지각과 인지 과정을
   손상시키기 때문에 오해를 바로잡는 것이 매우 어렵다.

6. 개인은 서로에 대한 의심스럽고 적대적인 태도를 가지고 있기에,
   서로의 욕구와 필요를 착취할 준비성을 높이고 서로의 요구를
   거절한다.

7. 개인은 다른 사람의 요구, 욕구, 감정의 정당성을 부정하고 자신
   의 이해관계만을 고려하는 경향이 있다.

협동적 맥락

일반적으로 갈등을 건설적으로 관리하려면, 갈등이 협동적 맥락에
서 발생해야 한다. 협동이 존재하려면 모든 당사자가 달성하고자 하는
상호 목표가 있어야 한다. 지적 갈등도 결코 예외가 아니다. 협동적인
상황은 다음과 같은 특징을 보여 준다(Deutsch, 1973; Johnson & Johnson,
1989, 2005b; Watson & Johnson, 1972).

1. 개인은 상호 목표와 공유된 이해관계에 초점을 맞춘다.

2. 개인은 자신과 타인의 웰빙에 관심을 둔다.

3. 개인은 목표 달성 및 타인과의 좋은 관계 구축에 에너지를 집중시키는 장기적인 시간 지향을 채택한다.

4. 효과적이고 지속적인 의사소통은 갈등을 해결하는 데 매우 중요하다. 협동 상황에서 관련 정보의 소통은 개방적이고 정직하며, 각 사람은 다른 사람에게 정보를 알려주고 다른 사람으로부터 정보를 얻는 데 관심이 있다. 의사소통은 더욱 빈번하고 완벽하며 정확하다.

5. 다른 사람의 인식과 다른 사람의 행동은 훨씬 정확하고 건설적이다. 자기 충족 예언과 이중 기준과 같은 오해와 왜곡이 자주 발생하지 않으며, 오해와 왜곡을 교정하고 명료화하는 것이 훨씬 쉽다.

6. 개인은 서로를 신뢰하고 좋아하므로 서로의 요구, 욕구, 요청에 도움이 되도록 기꺼이 응답한다.

7. 개인은 서로의 이해관계의 정당성을 인식하고 양측의 요구를 충족시키는 해결책을 찾는다. 갈등은 관련된 모든 사람에게 이익이 되는 방식으로 해결되어야 할 상호 문제로 정의되는 경향이 있다.

건설적 갈등

협동의 비밀 중 하나는 그것이 엄청난 갈등을 초래한다는 것이다 (Johnson & Johnson, 1989, 2005b, 2007). 협동은 순응, 동조, 묵인 또는 괜찮음을 의미하지 않는다. 오히려 상호 목표를 달성하는 최상의 방법을 결정하면서 많은 사람은 동의하지 않고, 서로의 결론과 입장을 비판하고, 반박과 논박에 참여하며, 심지어 서로에게 목소리를 높이고 괴성을 지르기까지 한다. 예를 들어, 그러한 지적 논의는 저녁 식사를 할 레스토랑, 회의에 참석하고자 운전할 때 주행 경로, 휴가 장소로 가기 위해 비행기를 타거나 자동차로 가는 것, 또는 어린아이에게 얼마나 오랫동안 타임아웃을 시켜야 하는지 등을 포함할 수 있다. 갈등은 주로 자기 자신, 협력자, 그리고 사회를 위한 이득에 대한 관심과 우려를 조직화하는 것을 통해 협동에 널리 퍼져 있다.

그러나 갈등이 유익한 것인지 또는 해로운 것인지에 대해서는 의견 차이가 있다. 많은 사람의 견해는 갈등이 부정적인 결과를 낳는 경향이 있으므로 피해야만 한다는 것이다. 따라서 갈등에 대한 논의는 갈등을 정신 병리를 유발하는 것, 절교하는 것, 직장에서 해고되거나 학교에서 퇴학을 당하는 것, 이혼과 전쟁 및 사회적 혼란을 유발하는 것으로 제시하는 경향이 있다. 게다가 많은 심리학 이론은 자기만족, 자신의 욕망과 욕구 충족, 긴장 완화, 불협화음 감소, 균형, 좋은 형태, 평형 등을 강조한다. 이 모든 것은 갈등이 없을 때 우리의 삶이 더 낫다는 것을 의미한다.

반면에 갈등이 바람직하고, 바람직한 결과가 있다고 믿는 사람이 있다. 갈등이 종종 개인적 및 사회적으로 가치 있는 것이라는 사실은 의심할 여지가 없다(Johnson & F. Johnson, 2013). 갈등은 호기심과 흥미를 자극하고, 문제를 해결하며, 정체를 방지하고, 인지적·사회적·도덕적 발달을 촉진하며, 종종 자신을 검사하고 평가하는 과정의 일부분이 될 수 있다. 개인은 자신의 기술과 능력을 완전하고 적극적으로 사용하는 즐거움을 경험하기 때문에 갈등은 매우 즐거운 것이 될 수 있다.

또한, 갈등은 득이 되고 주의와 관심을 갖게 한다. 예를 들어, 모든 드라마는 갈등을 조건으로 한다. 극작가와 대본 작성자가 시청자의 관심을 얻어 유지하고, 시청자의 관심과 정서적 관여를 생성하며, 시청자를 흥분시키고 깜짝 놀라게 할 때 그들은 대부분 갈등을 유발한다. TV 쇼의 일반적인 규칙은 처음 30초 이내에 갈등이 묘사되지 않으면 시청자가 채널을 변경한다는 것이다. 갈등을 만드는 것은 청중을 붙잡기 위해 허용된 작가의 고유한 도구다. 현대 소설의 일반 규칙은 책의 처음 3쪽 이내에서 갈등이 발생하지 않으면 그 책이 성공하지 못한다는 것이다. 갈등을 피함으로써, 개인은 그 상황에서 자신과 다른 사람을 사로잡아 감정적으로 연루될 수 있는 그리고 그들의 창의성, 생산성, 학습을 향상시키는 소중한 기회를 상실한다. 따라서 정작 중요한 이슈는 갈등을 없애거나 예방하는 방법이 아니라 생산적으로 만드는 방법 또는 최소한 갈등이 파괴적인 것이 되지 않도록 예방하는 방법이다.

갈등 이론가는 갈등이 긍정적인 면과 부정적인 면을 동시에 가질 수 있다고 수백 년 동안 주장해 왔다. 예를 들어, 프로이트(Freud)는 여분의 정신적 갈등이 심리 발달을 위한 충분조건은 아니지만 필요조건임을 지적했다. 발달 심리학자는 학생의 인지 구조 내의 비평형이 자기중심성으로부터 다른 사람의 관점 수용으로의 이동에 동기를 부여할 수 있고, 그 결과는 인지적 및 도덕적 추론의 한 단계에서 다음 단계로의 전환이라는 사실을 제안했다. 동기 이론가는 개념 갈등이 새로운 정보 탐색과 개인이 이전에 갖고 있던 지식에 대한 재개념화에 동기를 부여하는 인식론적 호기심을 불러일으킬 수 있다고 믿는다.

조직 이론가는 양질의 문제 해결이 집단 성원 간의 건설적인 갈등에 달려 있다고 주장한다. 인지심리학자는 통찰력과 발견을 위해서는 개념 갈등이 필수적이라고 제안한다. 교육 심리학자는 갈등이 성취를 증가시킬 수 있음을 지적한다. 마르크스(Marx)는 계급 갈등이 사회 진보를 위해 필수적이라고 믿었다. 사회과학의 거의 모든 분야에서 여러 이론가는 갈등이 부정적인 결과뿐만 아니라 긍정적인 결과를 수반할 수 있다는 태도를 보였다.

갈등의 긍정적 측면에 관한 모든 이론화에도 불구하고, 갈등의 존재가 그것의 부재보다 더욱 건설적일 수 있다는 것을 보여 주는 경험 연구는 지난 40년 정도까지 거의 없었다. 갈등 관리 지침은 검증된 이론보다 민간 지혜에 더 근거를 두는 경향이 있다. 대부분의 대인관계와 집단 간 상황에서 장려되고 구조화되기는커녕 갈등은 회피되고 억압되는 경향이 있다. 잠재적인 긍정적인 결과를 얻기 위해 갈등을 생성하는 것은 규칙이 아니라 오히려 예외가 되는 경향이 있다. 1960년대 후반에, 우리는 갈등이 건설적 결과를 가져오는 조건을 확인하기 위해 이론화 및 연구 프로그램을 시작했다. 우리 연구 결과 중 하나는 바로 건설적 논쟁 이론이다.

마지막으로, 대부분의 사람이 갈등에 대해 부정적인 견해를 가지고 있음에도, 참여할 갈등을 찾는 경향이 있다는 것은 매우 아이러니하다. 그들은 테니스를 하거나 경주에 참여할 수 있으며, (a) 럭비, 축구 또는 농구 경기에 참여할 수 있고, (b) 영화, 연극 또는 텔레비전 프로그램을 시청할 수 있으며(모든 드라마는 갈등을 기반으로 함.), (c) 미스터리 또는 로맨스 소설이나 심지어 고전 문학을 읽을 수 있고, (d) 악의 없이 놀리는 것과 같은 대인 관계 활동에 참여할 수도 있다. 개인이 갈등을 보는 방식과 시간을 보내고자 선택하는 방식 간에는 종종 모순이 존재한다. 갈등은 건설적인 방법으로 직면하여 해결되는 인간 삶의 자연스러운 부분으로 받아들여져야만 한다. 사람은 자신의 삶에서 갈등을 없애기 위해 지구가 자전하는 것을 막으려고 할 수도 있다. 어떤 사람이 무엇을 하든 갈등이 생긴다. 갈등은 개인이 관심을 두는 목표를 가지고 있거나 가치 있게 여기는 관계에 개입할 때마다 특히 빈번하게 생긴다.

이론, 연구, 실천

건설적 논쟁은 이론, 연구, 실천 간의 상호작용에 대한 고전적인 사례다(〈그림 1.1〉 참조). 이론, 연구, 실천 간의 이러한 관계는 일반적으로 사회과학에서 언급은 되었지만, 실제로 거의 볼 수 없는 것이었다. 이 책에서는 건설적 논쟁에 대한 이론을 제시하고, 검증하는 연구를 검토하며, 이론의 적용에 관해 논의한다. 이론, 연구, 실천 모두는 상호작용을 하고 서로를 향상시킨다.

이론에는 다양한 기능이 있다. 이론은 ⒜ 우리가 발견할 필요가 있는 것을 우리에게 알려줌으로써 미래의 연구를 인도하고, ⒝ 우리가 알고 있는 것을 이해시킴으로써 연구를 의미 있는 개념적 틀로 요약하고 포섭하며, ⒞ 그 이론을 입증하거나 부당성을 증명하는 후속 연구를 생성하고, 가정된 관계가 발생하는 조건을 수립하며, ⒟ 적용된 상황에서 해야 할 일을 우리에게 알려줌으로써 실천을 안내한다. 이론이 의미가 있으려면 다양한 개인차, 상황 변인, 문화 및 역사적 시기에 걸쳐 상당한 타당성과 일반화를 입증할 정도로 이론 자체가 강력해야 한다. 이론은 광범위한 문제와 상황에 대한 시사점과 적용을 보여줌으로써 전략적일 필요가 있다. 마지막으로 이론은 심오할 필요가 있다. 그래야만 그 이론을 알고 있는 사람은 그 이론을 모르는 사람보다 실제 세계에 대해 더 많이 이해할 수 있다. 건설적 논쟁 이론은 이 모든 기준을 충족시킨다.

연구는 이론을 입증하거나 또는 부당성을 증명하여, 이론의 정련과 수정 그리고 이론의 폐기로 이어진다. 그러나 이론과 연구의 관계는 단일 방향적인 것이 아니다(Merton, 1957). 경험 연구는 예기치 않은 타당한 결과의 발견, 이론이 적절하게 설명하지 못하는 연구 결과의 축적, 이론적 개념의 본질에 대한 명료화 그리고 이론과 새로운 종속 변인 간의 관계 증명을 통해 이론의 발전을 조형할 수 있다.

그러나 입증된 이론을 갖는 것이 실천을 지시하거나 또는 심지어 실천에 영향을 미치는 것을 직접적으로 의미하지는 않는다. 한 번도 적용된 적이 없는 입증된 이론의 사례는 무수히 많이 있다. 효과적인 실천은 건전한 이론으로부터 파생될 수 있지만, 불건전한 이론이나 또는 무(無)이론(예: 시행착오나 행운)에서 파생될 수도 있다.

이론과 실천 사이에는 양방향 관계가 존재한다. 실천은 입증된 타당한 이론에 의해 인도될 수 있다. 효과적인 실천은 입증된 타당한 이론에서 파생될 수 있다. 그러나 이론이 매우 명확하게 진술되어 있는 경우에만, 실무자가 활용할 수 있는 효과적인 절차를 이론에서 끄집어낼 수 있다. 또한, 실천 상황에서 이론을 조작하는 것은 이론의 불충분함을 밝혀 주어 이론의 수정과 정련으로 이어진다. 그러한 변화를 검증하기 위해서는 새로운 연구가 필요하다. 실천 절차는 개정된 이론을 반영하도록 수정된다. 이러한 과정은 반복적으로 이루어진다.

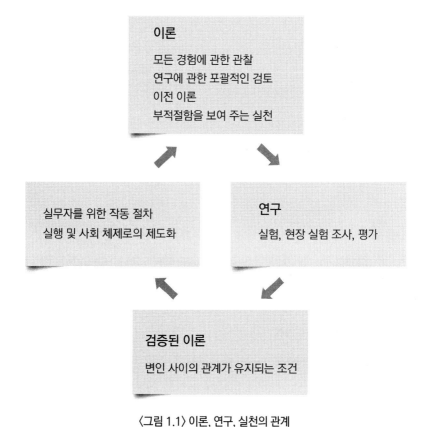

<그림 1.1> 이론, 연구, 실천의 관계

이 책의 목적

이 책의 목적은 갈등에 대한 이해와 갈등을 건설적으로 관리하는 방법을 심화시키고자 하는 사람을 위해 건설적 논쟁에 대한 이론, 연구, 실천의 통합을 제공하는 것이다. 이 책은 갈등의 한 유형인 건설적 논쟁(즉, 이론, 결론, 의견 및 아이디어 간의 갈등)에 초점을 맞춘다. 2장은 건설적 논쟁과 여타의 관련 개념의 정의를 다룬다. 3장은 건설적 논쟁의 기초가 되는 이론을 제시한다. 4장은 건설적 논쟁이 진행되는 과정을 다루고, 5장은 연구에 의해 문서화된 건설적 논쟁의 결과를 자세히 설명한다. 6장은 긍정적인 결과에 대한 건설적 논쟁의 효과를 매개하는 조건에 대해 논의한다. 마지막으로 건설적 논쟁의 다섯 가지 적용 사례를 논의한다. 건설적 논쟁은 조직의 의사결정(7장), 초등학교 1학년부터 대학원까지의 교육 기관(8장), 창의성, 혁신, 문제 해결 촉진(9장), 민주주의에서 정치 담론의 사용(10장), 세계 평화의 수립과 유지(11장)에서 활용된다. 이러한 적용 사례에 대해 나는 상세하게 논의할 것이다. 12장에서는 이 책의 전체 내용을 요약한다.

요약

건설적 논쟁은 창의성과 혁신, 양질의 의사결정, 효과적인 교수 방법, 건설적 정치 담론 그리고 다른 많은 환경을 향상시키는 가장 효과적인 방법 가운데 하나다. 그러나 건설적 논쟁은 협동과 갈등의 토대 위에 근거한다. 이 두 가지 기본 현상은 건설적 논쟁의 본질을 이해하는 데 필수적이다. 건설적 논쟁은 협동 노력에서 참가자를 결합시키는 공동의 목적을 달성하고자 하는 참가자에 근거한다. 그러나 건설적 논쟁은 상이한 견해나 결론을 가진 사람이 의견을 표명하고 서로의 추론에 도전하는 지적 갈등을 구조화하고 촉진한다.

사회적 상호의존성, 협동, 경쟁은 인간 종만큼이나 오래된 것이다. 그러나 상호의존성은 갈등의 씨앗을 낳는다. 모든 경쟁은 본질적으로 하나의 갈등이다. 다양한 개인과 집단이 함께 일하며 서로의 목표를 달성하기 위한 다양한 전략과 전망을 가지고 있으므로 협동은 갈등으로 가득하다. 두 당사자가 갈등을 겪을 때 그들은 관계가 손상되고 미래 협동을 위한 모든 잠재력이 끝날 가능성에 직면한다. 또한, 갈등으로 인해 창의성, 문제 해결, 학습, 통찰력, 혁신, 우정의 새로운 고지가 생길 수 있다. 협동 맥락에서 갈등으로 인한 긍정적 결과 또는 부정적 결과의 여부는 상당한 연구에 의해 확증된 타당한 이론에 기초하는 가용한 절차의 능숙한 사용에 달려 있다. 건설적 논쟁은 그러한 이론과 연구 프로그램을 제공한다.

　이 장에서는 건설적 논쟁의 기초가 되는 협동과 갈등이라는 근본적인 두 가지 현상에 대해 논의하였다. 다윈의 진화론에서 유래한 사회적 다원주의에 기초하여, 하나의 관점은 인간 상호작용의 기본적 본질이 경쟁이라는 사실을 발전시켰다. 지배와 승리를 위해 노력하는 적자생존은 자연과 인간 존재의 기본 법칙이었다. 그러나 대부분 과학자는 인간 본성이 우선적으로 협동적인 것이라고 믿는다. 박테리아에서 인간에 이르기까지 모든 복잡성 수준의 존재는 살기 위해 협동한다. 자연선택 이론은 개체가 자신만의 생존과 번식의 기회를 증가시키는 방식으로 행동할 것이라고 말하고 있지만, 개체가 다른 개체의 운명을 향상시키는 방식으로 행동하는 많은 사례가 있다. 인간의 상호작용에는 개인에게 좋은 것과 다른 사람 및 사회에 좋은 것 사이에 지속적인 긴장이 있는 것처럼 보인다. 또한, 갈등은 경쟁 상황보다는 협동 상황에서 상이하게 관리된다.

　협동의 본질에 관한 여러 이론이 있다(Johnson, 2003; Johnson & Johnson, 1989, 2009a, 2013). 그것은 인지 발달 이론(예: 피아제와 비고츠키), 사회 인지 이론(예: 밴두라), 행동 이론(예: 스키너), 사회적 상호의존성 이론(예: 도이치, 존슨 형제)을 포함한다. 이러한 다양한 이론 중에서 특히 건설적 논쟁과 관련이 있는 것은 바로 사회적 상호의존성 이론이다.

개인이 행동할 때 그들이 하는 일이 다른 사람의 행동과 관련될 수 있는 세 가지 방식이 있다. 한 사람의 행동은 다른 사람의 성공을 촉진하거나 다른 사람의 성공을 방해하거나 또는 다른 사람의 성공 또는 실패에 전혀 영향을 미치지 않을 수 있다. 다른 말로 하면, 개인은 다음과 같을 수 있다(Deutsch, 1949, 1962; Johnson & Johnson, 1989). (a) 공유된 학습 목표를 달성하기 위해 함께 협력하고, (b) 한 명 또는 소수만이 달성할 수 있는 하나의 목표를 달성하기 위해 서로 경쟁하며, (c) 타인의 목표와 무관한 목표를 홀로 성취하기 위해 개별적으로 활동할 수 있다. 사회적 상호의존성 이론의 기본 전제는 어떤 상황에서 구조화된 상호의존성의 유형이 개인이 서로 상호작용하는 방식 그리고 그 결과를 결정한다는 것이다. 협동은 촉진적인 상호작용을 낳고, 경쟁은 대립적인 상호작용을 낳으며, 개별 시도는 상호작용을 유발하지 않는 경향이 있다. 협동은 경쟁이나 개별 시도보다 성취, 긍정적인 관계, 심리적 건강을 더욱 증진하는 경향이 있다.

협동의 비밀 중 하나는 협동이 많은 갈등을 초래한다는 것이다. 갈등은 개인이 관심을 두는 목표를 가지고 있거나 가치가 있는 관계에 개입할 때마다 특히 빈번하다. 사람은 자신의 삶에서 갈등을 없애기 위해 지구가 자전하는 것을 막으려고 할 수도 있다. 그러나 갈등이 유익한 것인지 또는 해로운 것인지에 대해서는 의견 차이가 있다. 아이러니는 대부분 사람이 갈등에 대한 부정적인 견해를 가지고 있음에도 불구하고 참여할 갈등을 스스로 찾는 경향이 있다는 것이다. 갈등은 사람이 무엇을 하든지 간에 발생한다. 갈등이 종종 개인적으로 그리고 사회적으로 가치가 있다는 사실은 의심의 여지가 없다. 갈등은 호기심과 흥미를 자극하고, 문제를 해결하며, 정체를 방지하고, 인지적·사회적·도덕적 발달을 촉진할 수 있다. 그러나 역사적으로 갈등이 실제로 긍정적인 결과를 낳았다는 사실을 입증하는 증거는 거의 없었다.

이 책은 연구 문헌 검토, 이론의 공식화 및 요약, 이론의 검증과 정련을 위한 연구 프로그램 실시, 실제 상황에서 검증된 이론을 조작하는 운영 절차 마련, 그리고 그 절차를 많은 다양한 조직에서 실행하는 우리의 순환을 반영한다. 이 책의 목적은 갈등에 대한 이해와 그것을 건설적으로 관리하는 방법을 심화시키고자 하는 사람을 위해 건설적 논쟁에 대한 이론, 연구, 실천의 통합을 제공하는 것이다.

Chapter 02

건설적 논쟁의
본질

Chapter 02

건설적 논쟁의 본질

서론

    교외 확장을 위한 계획 수립을 담당하는 도시위원회의 A위원이 "내 말을 들어보세요!"라고 크게 소리쳤다. "도시의 보기 흉한 확장은 매년 100만 에이커에 달하는 공원, 농장, 공공용지를 파괴합니다. 그 크기는 로드 아일랜드(Rhode Island)의 전체 면적과 맞먹습니다. 우리는 매우 생산적인 농지뿐만 아니라 소중한 공원과 공공용지를 각종 가게가 즐비한 거리, 고속도로, 부자만이 살 수 있는 집으로 바꾸는 것을 원하지 않습니다. 우리는 교외 확장을 제한해야만 합니다!"

    위원회의 B위원은 "그건 말도 안 되는 소리입니다."라고 대답했다. "대도시의 인구는 계속 증가하고 있습니다. 우리가 교외 지역을 개발하지 않으면 많은 사람이 동일하게 비좁은 지역에서 강제로 살아야 합니다. 그런 인구 과잉을 방지할 수 있는 유일한 방법은 교외 지역을 확장하는 것입니다. 덧붙여, 대부분의 사람은 농지, 습지, 공원보다는 자신의 집과 뒷마당에서 훨씬 더 많은 것을 이용할 수 있습니다. 이 땅의 사용을 극대화합시다!"

"이것 보세요!"라고 A위원이 대답했다. "그것은 단지 토지 이용의 문제가 아닙니다. 교외에 사는 사람이 증가할수록 더 많은 고속도로, 하수도, 전화선, 전기선 등이 필요합니다. 교외 개발에는 많은 돈이 들어갑니다. 게다가, 도시에서 멀리 떨어진 곳에 쇼핑몰이 지어지고 기업은 고객에게 더 가까이 다가가기 위해 이전하기 때문에, 교외는 도시로부터 일자리를 빼앗아갑니다. 교외를 확장하는 것은 결코 좋은 생각이 아닙니다."

"그것은 우리에게 달려 있지 않을 수도 있습니다."라고 B위원이 말했다. "농부가 은퇴를 계획하고 있고, 농지로서의 가치보다 훨씬 높은 가격으로 자기 소유의 땅을 개발업자에게 팔 수 있다면, 우리가 그 사람을 어떻게 막을 수 있습니까? 우리가 그 농부를 제지할 권리를 갖고 있습니까? 그런데, 도시의 인구 밀도가 올라가고 새로운 도로가 건설되지 않는다면, 유일한 가능성은 교통 체증이 더욱 악화될 것입니다."

이러한 대화는 위원회가 교외 확장을 얼마나 제안할 것인지에 대한 결정이 내려질 때까지 몇 번의 회의를 통해 계속되었다. 그 이슈에 대한 양측의 활발한 토론으로 그 결정에 대한 전체 위원의 확신은 매우 높았다.

건설적 논쟁의 수준

지적인 갈등인 건설적 논쟁에 참여하는 것은 많은 수준에서 매우 중요하다. 개인 수준에서, 개인은 직업 변경, 결혼, 주택 구매에 관한 결정과 같은 다양한 선택지에 대한 찬반 논증을 고려해야 한다. 개인은 또한 합리적으로 추론하는 방법을 이해할 필요가 있고, 사이비 과학적인 사고(예: 점성술에 대한 믿음, 검증되지 않은 보건 관행)나 또는 거짓에 대한 믿음(예: 현대 의학이 유익함보다는 해로움이 더 많음.)을 회피할 필요가 있다. 개인적 차원에서, 심리 요법의 인지 치료는 왜곡된 언사를 보다 합리적인 언사로 대체하는 것을 포함한다. 교육 수준에서 학생은 수학, 과학, 사회, 기타 교과목에서의 학업 성취를 위해 추론 기술을 배워야 한다. 집단 수준에서 조직의 성원은 일자리를 위탁할지, 새로운 생산 라인을 시작할지, 새로운 생산 시설을 건설할지 등과 같은 여러 가지 행동 방안에 대한 찬성과 반대 의견의 장단점을 바라보는 것을 수반하는 결정을 내린다. 사회 차원에서 볼 때, 민주주의에서 시민의 비판적 사고 능력은 무엇보다 중요한 것이다. 또한, 시민은 유전자 변형 식품의 바람직함, 지구 온난화에 대한 해결책, 기간 시설 개선을 위한 세금 인상 여부 등과 같이 사회가 직면한 이슈에 관한 논증과 반대 논증을 평가할 필요가 있다. 따라서 인간의 상호작용의 모든 수준에서 건설적인 지적 갈등에 참여하는 역량은 필수적인 것이다.

그러나 지적 갈등을 건설적으로 관리하는 방법을 배우는 것은 자동적으로 발생하지 않는 것 같다. 많은 가정에서 아이는 부모, 경찰, 여타의 권위 있는 사람과 불일치하지 않도록 배운다. 많은 학교에서 학생은 교사와 불일치하지 않도록 배운다. 많은 조직에서 성원은 자신의 상사 및 동료와 절대 불일치하지 않도록 배운다.

지적 갈등을 피하는 개인에 관한 가장 명확한 증거는 학교에서 나온다. 1970년대 영국 초등학교(Galton, Simon & Croll, 1980)의 교실에 대한 대규모 관찰 연구는 아이들이 책상에 함께 앉는 것이 일반적인 관행이라는 것을 발견했다. 그러나 그것은 그들이 함께 작업하거나 심지어 상호작용을 한다는 것을 의미하지는 않았다. 대신에, 아이들은 책상에 나란히 앉아서 개별 과제에 집중했다. 그들은 공부하면서 서로 말하고, 심지어 자신의 과제에 대해 서로 이야기를 하였지만, 일반적으로 함께 협력하여 활동하지 않았다. 학생들이 완성해야 할 공동 과제를 부여했을 때조차도, 그들의 상호작용은 거의 생산적이지 않았다(Alexander, 2006; Bennett & Cass, 1989; Blatchford & Kutnick, 2003; Galton, Hargreaves, Comber, Wall & Pell, 1999; Kumpulainen & Wray, 2002).

1990년대 초반 구술 영어와 신기술(Spoken Language and New Technology) 프로젝트는 10개의 초등학교 교실에서 8~11세 아이의 상호작용을 관찰했다(Wegerif & Scrimshaw, 1997). 학생들이 컴퓨터에서 소집단으로 함께 활동했음에도 불구하고 대부분의 상호작용은 과제에 초점을 맞추지 않았고, 공평하거나 생산적이지도 않았다. 일부 집단은 한 명이 지배를 하여 다른 아이들은 말을 하지 않는 가운데 약간만 참여했다. 다른 집단에서는 아이들이 서로를 무시하는 경향이 있었고, 컴퓨터를 교대로 사용하면서 각자가 독립적으로 자신의 아이디어를 추구하였다. 일부 집단은 비생산적이고 매우 경쟁적인 불일치와 분규를 특징으로 하였다(Fisher, 1993; Mercer, 1995). 이러한 경쟁적 불일치가 커지면서 집단 성원이 점차 서로에게 적대감을 느끼게 되고, 격렬하게 인신공격적인 비판을 가하였다.

학생이 논증 전략을 사용하고, 의사소통적 상황에 적응하며, 학교에서 설득력 있는 문서로 된 주장을 작성할 때 효율적이지 않은 경향이 있다는 증거가 있다(Felton & Kuhn, 2001). 2002년 전국 교육 진척도 평가 보고서에 따르면 4학년 학생의 17%, 8학년 학생의 18%, 12학년 학생의 31%만이 능숙하거나 더 나은 것으로 판단되는 논증 에세이를 작성한다는 사실을 보여 주었다(Persky, Daane & Jin, 2003). 이 보고서에서 에세이는 논제와 일부 뒷받침되는 이유와 사례를 제시하면 능숙하다고 여겨졌지만, 사실 능숙한 아이의 에세이조차도 논증 간의 명확한 전환이 부족하고 대안적 관점을 반드시 고려하지 않았다. 그러나 교사가 학생에게 분명한 전략을 가르치면 학생의 작문 능력이 향상된다는 사실이 여러 연구를 통해 발견되었다(Ferretti, Andrews-Weckerly & Lewis, 2007; Ferretti, Lewis & Andrews-Weckerly, 2009; Graham, 2006).

아이와 젊은 성인이 유능한 대화에 참여할 수 없는 것은 아니다. 예를 들어, 초등학교에서 아이의 과제와 무관한 이야기를 관찰했었던 메이빈(Maybin, 2006)은 아이들이 자신의 견해에 대한 다양한 지지를 제공하는 것을 포함하여 자신에게 관련된 이슈를 논의하려고 다양한 언어 형식을 사용한다는 것을 발견했다. 가정, 보육원, 놀이 집단을 관찰한 연구는 미취학 아동조차도 형제 또는 동료와 자유로운 놀이를 하는 동안에 의견을 정당화하고 대안을 제시하며 타협에 이른다는 사실을 보여 주었다(Dunn & Kendrick, 1982; Eisenberg & Garvey, 1981; Genishi & Di Paolo, 1982; Howe & McWilliam, 2001, 2006; Orsolini, 1993). 따라서 학생은 학교에서 건설적인 지적 갈등을 피하는 경향이 있지만, 종종 학교 바깥의 상황에서는 건설적인 지적 갈등에 관여한다. 작업 상황에서도 마찬가지다. 직원은 직장에서 지적 갈등을 피하는 경향이 있지만, 여가 상황에서는 친구와 건설적인 지적 갈등에 관여한다. 건설적인 지적 갈등에 관여하는 데 필요한 역량을 개인이 키울 수 있도록 돕기 위해서는 지적 갈등을 유발할 수 있도록 수업 활동과 작업 활동을 설계해야 한다. 그러한 건설적 논쟁은 신중하게 그리고 자주 구조화될 수 있어야 한다.

건설적 논쟁의 개념 정의

건설적 논쟁은 한 사람의 생각, 정보, 결론, 이론, 의견이 다른 사람의 그것과 양립할 수 없을 때 존재하며, 두 사람은 최선의 합리적인 판단을 반영한 합의에 도달하려고 한다(Johnson & Johnson, 2007). '논쟁'이라는 단어는 라틴어 controversia에서 유래하였는데, 이 단어는 '반대'를 의미하는 contra와 '돌리다'를 의미하는 vertere의 합성어이다. 그러므로 controversia는 다른 사람이나 상황에 동의하지 않거나 싫어하는 방향으로 의견을 바꾸는 것 또는 반대 방향으로 향하는 것을 의미한다. 건설적 논쟁은 아리스토텔레스가 새로운 해결책(창의적인 문제 해결)을 종합하는 것을 목표로 삼는 심의 담론(제안된 행동의 장단점에 대한 논의)을 포함한다. 또한, 건설적 논쟁은 철학에서의 비판적 논의와 밀접하게 관련되어 있다(van Eemeren & Grootendorst, 1999). 비판적 논의는 상이한 관점을 취하고, 상충하는 의견을 해결하려고 논증, 반대 논증, 반박을 활용하는 참가자 및 정교화로 구성된다. 여기서 정교화는 학생이 아이디어 간의 연결 및 아이디어와 이전 지식 간의 연결을 생성하는 것을 뜻한다(Wittrock, 1992). 논쟁과 관련이 있는 것은 인지 갈등이다. 인지 갈등은 양립할 수 없는 아이디어가 한 개인의 마음속에 동시에 존재하거나 또는 자신이 이전에 알고 있는 것과 부합하지 않는 정보에 접할 때 발생한 다(Johnson & Johnson, 2007).

덧붙어 논쟁은 이의 제기와 논증을 포함한다(Johnson & F. Johnson, 2013). 이의 제기는 의견이나 결론이 특히 다수와 다른 것으로 정의될 수 있다. 이의 제기는 종종 논증으로 귀결된다. 논증은 적어도 하나의 이유에 의해 뒷받침되는 논제나 주장이다. 논증을 하는 것은 둘 이상의 개인이 논거를 구성하여 제시하고 비판하는 대화에 참여하는 사회적 과정이다. 논증을 하는 것은 흔히 변증법적 논증이라고 불린다. 왜냐하면, 논제와 지지 이유는 반대 논제 및 그것의 지지 이유와 모순될 수 있기 때문이다. 다른 아이디어, 입장, 결론을 탐구하고 비평하려고 협동적으로 함께 활동하는 것을 목표로 삼는 협동적 논증과 토론에서 이기는 것을 목표로 삼는 적대적 논증을 구별하기도 한다(Brown & Renshaw, 2000; Gilbert, 1997).

건설적 논쟁은 탐구 기반 옹호의 한 형태다. 옹호는 입장을 제시하고, 다른 사람이 그것을 받아들여야 하는 이유를 제공하는 것이다. 탐구는 최선의 답변이나 행동 방안을 수립하기 위해 이슈를 조사하는 것이다. 탐구는 질문하고 그 질문에 답하는 데 필요한 사실을 배우려고 하는 것이다. 탐구는 일반적으로 참가자의 주의를 끌고 어떤 것을 의미하는 초점으로 시작된다. 무관심한 사람은 탐구하지 않는다. 제시는 탐구의 초점을 만든다. 따라서 탐구 기반 옹호는 어떤 이슈를 조사하고, 행동 방안에 대한 합리적인 판단에 이르는 데 필요한 기초 사실과 논리를 수립하려고 둘 혹은 그 이상의 당사자가 반대 관점을 제시하는 것이다.

많은 환경에서 개인은 논쟁적 이슈로 어려움을 겪을 수 있다. 논쟁 절차가 논쟁적 이슈를 논의하는 데 유용할 수 있음에도 불구하고, 논쟁적인 이슈가 건설적인 논쟁과 동일한 것은 아니다. 논쟁적 이슈는 사회가 합의점을 찾지 못한 이슈로, 그 이슈를 다루기 위해 제안된 각각의 방식은 열렬한 지지자와 단호한 반대자를 가지고 있을 정도로 매우 중요한 것으로 여겨진다(Johnson & Johnson, 2007).

〈표 2.1〉 건설적 논쟁의 옹호자

시기	인물	인용
495-429 BC	페리클레스 (아테네 정치인)	… 논의를 행동의 장애물로 보는 것 대신에, 우리는 그것이 현명한 행동에 필수 불가결한 준비라고 생각한다.
470-399 BC	소크라테스 (그리스 철학자)	질문을 통해 비평형과 불확실성을 생성하는 교수 방법을 강조했다.
1608-1674	밀튼 (영국 시인)	배우려는 많은 욕망이 있는 곳에서 많은 논증을 하는 것은 필수적이다.
1709-1784	존슨 (영국 작가이자 사전 편찬자)	나는 독단적으로 단정하고 모순된다. 이러한 의견과 감정의 갈등에서 나는 간혹 기쁨을 발견한다.
1727-1797	버크 (영국 정치인)	우리와 씨름하는 사람은 우리의 신경을 강화하고 우리의 기술을 날카롭게 한다. 우리의 적은 우리의 도우미이다.
1743-1826	제퍼슨 (미국 3대 대통령)	의견의 차이는 탐구로 이어져 진리 탐구를 낳는다.
1775-1864	랜도 (영국 작가)	우리와 다르게 생각하는 사람과 거리를 두는 것보다 좁은 마음, 어리석음, 오만함을 나타내는 그 어떤 표시도 존재하지 않는다.

1806-1873	밀 (영국 철학자 및 경제학자)	어떤 주제에 대한 일반적 의견이나 지배적인 견해가 전체 진리인 경우는 거의 없거나 불가능하기 때문에, 진리의 나머지 부분을 제공할 어떤 기회를 갖고 있는 것은 오직 반대 의견의 충돌에 의한 것이다.
1819-1892	휘트맨	여러분은 여러분에게 대항하고, 여러분과 함께 그 구절을 논쟁한 사람들로부터 큰 교훈을 얻지 못하였는가?
1835-1910	마크 트웨인 (미국 작가)	우리가 모두 똑같이 생각하지 않는 것이 최상이다. 경마를 만드는 것은 의견의 차이다.
1859-1952	듀이 (미국 철학자 및 교육학자)	갈등은 생각의 등에다. 그것은 우리를 관찰하고 기억하게 한다. 그것은 발명을 유발한다. 그것은 우리가 양과 같은 수동성을 벗어나도록 우리에게 충격을 주고, 우리가 무언가를 기록하고 고안하게 한다. …갈등은 성찰과 독창성의 필수 요소다.

요약

지적 갈등에 관여하는 것은 개인 수준, 대인관계 수준, 집단 수준, 사회 수준, 심지어는 세계 수준에서도 중요하다. 인간의 상호작용의 모든 수준에서 건설적인 지적 갈등에 관여하는 역량은 필수적이다. 그러나 지적 갈등을 건설적으로 관리하는 방법을 배우는 것이 자동적으로 이루어지지는 않는다. 그것은 구조화된 건설적 논쟁에 참여함으로써 발생한다. 건설적 논쟁은 한 사람의 생각, 정보, 결론, 이론, 의견이 다른 사람의 그것과 양립할 수 없을 때 존재하며, 두 사람은 최선의 합리적 판단을 반영한 합의에 도달하고자 한다(Johnson & Johnson, 2007). 그것은 심의 담론, 창의적 문제 해결, 비판적 논의, 인지 갈등, 논증, 탐구 기반 옹호와 관련이 있다. 건설적 논쟁의 본질을 이해하기 위해서는 그것의 근거가 되는 이론을 논의할 필요가 있다. 그것이 바로 3장의 주제다.

건설적 논쟁의
이론

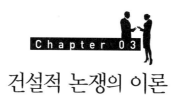

Chapter 03

건설적 논쟁의 이론

서론

인간은 지구상에서 어떤 진화적 경로가 열려 있고, 어떤 것이 영원히 닫히게 될 것인지를 결정할 수 있는 유일한 종이다. 인간의 지성과 창의성은 인류에게 그들이 살고 있는 환경을 변화시킬 수 있는 능력을 부여해 주었다. 이 동일한 능력이 인류에게 지구를 파괴할 힘을 부여한다. 인류가 창조한 유산은 우리가 동물이나 식물이 멸종되기를 바란다면, 우리는 그것을 실현시킬 힘을 가지고 있다는 것이다. 다른 생명체는 이것을 해내지 못했다. 인간 종의 다른 부류조차도 이러한 힘을 가지고 있지 않았던 것 같다. 네안데르탈인은 유럽에서 100,000년 이상 살았지만 지구 환경을 크게 변화시키지 않았다. 그러나 호모 사피엔스는 지구상에 불과 40,000년 정도 존재한 후에 지구 온난화와 지구 역사상 여섯 번째 대멸종을 일으키고 있는지도 모른다(Kolbert, 2014).

지구 온난화, 동식물의 대량 멸종, 그리고 지구의 다른 변화가 인간과 그들의 활동에 아무 관련이 없다고 믿는 과학자 집단이 있다. 그것은 자연적으로 발생하는 사이클이다. 다른 과학자 집단은 인간이 환경 변화에 책임이 있다고 믿는다. 어느 쪽이든, 그 원인과 관계없이 환경 변화는 인류의 미래를 위태롭게 한다. 우리는 아마도 우리의 장기적인 생존을 보장하기 위해 행동해야 한다. 그러나 일부 과학자는 환경 변화가 우리가 손쓸 수 없을 만큼 이미 너무 멀리 나가 있기에 우리가 지금 하고 있는 것과 상관없이 인류의 운명은 정해져 있고 머지않아 멸망하게 될 것이라고 믿고 있다는 사실을 직시해야만 한다.

인류가 취해야 할 가장 적절한 행동 방안을 결정하는 건설적 논쟁을 구조화하는 것을 여러분이 감독한다고 상상해 보자. 상황이 절망적이면 그것에 대해 이야기해도 아무 소용이 없기 때문에 "우리가 할 수 있는 일이 아무것도 없다."라는 입장이 테이블에서 제거되면, 둘 혹은 그 이상의 대안만이 남는다. 하나는 인류의 미래가 지구 온난화와 여섯 번째 대멸종이 야기하고 있는 피해를 복구하기 위한 해결책을 찾을 수 있는 인간의 창의력과 능력에 달려 있다는 것이다. 다른 하나는 인류의 미래가 지구 너머의 외계에 있다는 것이다.

건설적 논쟁을 구조화하기 위해 여러분은 두 집단의 과학자를 조직한다. 첫 번째 집단에게는 인간이 파괴할 수 있는 것을 재건할 수 있다는 입장을 부여한다. 인류가 지구 환경의 변화와 지구에 살고 있는 동식물의 지속적인 멸종의 주요 원인이라고 믿는 과학자가 있다. 그러나 지구 환경의 점진적인 파괴가 진행됨에 따라 인간은 황산염을 성층권에

산란시켜 태양빛을 우주로 반사하거나 태평양 상공에서 물방울을 쏘아 구름을 밝게 하는 방법으로 대기를 재설계하는 방법을 찾을 것이다. 또는 인간의 창의성은 아무도 생각하지 못했던 환경을 복구하는 다른 수단을 생각해 낼 수 있다. 덧붙여, 멸종된 식물 및 동물 종을 재현하기 위해 DNA 은행을 활용할 수 있다. 이 입장의 핵심은 인간이 인류의 장단기 목표를 달성하기 위해 지구 환경을 변화시키는 천재이므로, 지구 환경을 다시 안전하게 만드는 데에도 천재가 될 수 있다는 것이다.

두 번째 집단의 과학자에게는 지구의 운명이 정해져 있을 수도 있지만 인류는 그렇지 않다는 입장을 부여한다. 이 과학자 집단은 인류가 지구 환경의 변화와 식물과 동물의 지속적인 멸종의 주요 원인이라고 믿을 수 있다. 예를 들어, 인류학자인 리키(Leakey)는 호모 사피엔스가 현재 멸종 위기의 행위자일 뿐만 아니라 희생자 중 하나가 될 위험이 있다고 경고했다. 스탠퍼드 대학교의 생태학자인 에르리히(Ehrlich)는 다른 종들이 멸종되는 조건을 조성하면서 인류는 "그가 앉아있는 가지를 톱질하고 있다."라고 경고했다. 리키와 에르리히와 같은 과학자는 인간의 독창성이 인간 생명을 더 이상 지속할 수 없는 환경을 만들어 낼 수 있다고 믿는다. 그러므로 인류가 살아남기를 원한다면 다른 위성과 달을 식민지로 삼는 것을 시작해야 한다. 하루빨리 화성, 타이탄, 유로파, 달, 소행성 등에 식민지를 건설하고, 인근 항성계로 식민지 선박을 보내는 작업을 시작해야 한다. 이 입장의 본질은 우리가 지구를 넘어선 외계를 탐험하고 확장한다면 우리의 생존이 보장된다는 것이다.

그러한 건설적인 논쟁의 결과는 매우 흥미로울 것이다. 이 두 가지만이 잠재적인 행동 방안이 아니지만, 그 둘만으로도 문제 해결 과정을 시작하기에 충분할 정도로 포용적임을 인식해야 한다. 이어질 4개의 장에서 제시된 이론과 연구에 근거할 때, 인류의 생존은 창의적인 문제 해결 과정이 이루어질 수 있도록 이에 대한 찬반을 논증하는 것에 달려 있다는 사실을 충분히 예측할 수 있을 것이다. 인류는 현재 도전에 직면해 있고 앞으로도 직면할 것이며, 서로 다른 입장의 충돌을 통해서 우리는 이상적인 행동 방안을 찾을 수 있다. 이 현재의 도전도 전혀 다르지 않다.

건설적 논쟁의 이론

지적인 갈등이 긍정적인 결과를 낳는 과정은 발달 심리학자(Hunt, 1964; Kohlberg, 1969, Piaget, 1948, 1950), 인지 심리학자(Berlyne, 1966; Doise & Mugny, 1984; Hammond, 1965), 사회 심리학자(Janis, 1982; Johnson, 1970, 1980; Johnson & Johnson, 1979), 성격 심리학자(Freud, 1930), 의사소통 전문가(Smedslund, 1966), 조직 심리학자(Maier, 1970)에 의해 이론화되었다. 사회 심리학적 관점에서 아마도 가장 발전된 이론은 구조-과정-결과 이론이다(Watson & Johnson, 1972).

레빈(Lewin(1935, 1948, 1951))의 장 이론(field theory)에 근거한 구조-과정-결과 이론은 상황의 구조가 상호작용의 과정을 결정하고, 상호작용의 과정이 결과(예: 관련된 개인의 태도와 행동)를 결정한다고 가정한다(Watson & Johnson, 1972). 의사결정, 창의적 문제 해결, 학습, 창의성, 고수준의 추론 및 기타 관심의 결과는 개인의 본질적인 능력이 아니라 문화적·역사적·의사소통적·사회적 영향력의 맥락에서 개인 간의 상호작용 유형에 의해 결정된다. 따라서 상황에서 갈등이 구조화되는 방식은 개인이 서로 상호작용을 하는 방식을 결정하며, 이것은 결과적으로 관련된 결과의 질을 결정한다. 집단 성원의 아이디어, 의견, 이론, 결론

간의 갈등은 하나의 연속체를 따라 구성될 수 있다(Johnson & Johnson, 2007). 연속체의 한쪽 끝은 건설적 논쟁이고, 다른 한쪽 끝은 동의 추구다. 〈표 3.1〉과 〈그림 3.1〉에서 볼 수 있는 것처럼 갈등을 구조화하는 각 방법은 관련된 개인 간의 상호작용 유형을 변화시킨다.

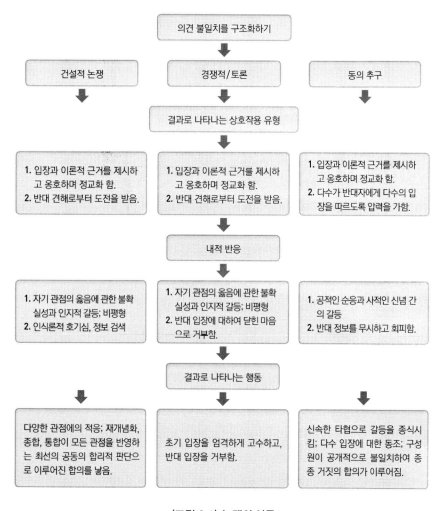

〈그림 3.1〉 논쟁의 이론

4차 산업혁명 시대의 혁신교수법

상황의 구조

상황의 구조는 (a) 개인이 상황에서 상호작용을 하는 적절한 방법과 부적절한 방법을 규정하는 역할 정의 및 규범적 기대뿐만 아니라, (b) 관련된 사람의 숫자, 공간 배열, 세력의 위계, 사회적 제재, 권력, 수행할 행동의 본질과 같은 여타의 상황적 영향력을 포함한다(Watson & Johnson, 1972). 이러한 요인 중 일부 또는 모든 변화는 체계의 과정과 성원의 상호작용을 변화시켜 결과적으로 관련된 개인의 태도와 행동 및 여타의 결과를 변화시킨다. 건설적 논쟁은 다음과 같이 구조화되어 있다.

1. **협동적 맥락을 확립하기.** 긍정적인 상호의존성은 참가자에게 문제에 대한 해결책, 문제를 해결하기 위해 취해야 할 최선의 합리적인 행동 방안, 또는 질문이나 과제에 대한 최선의 대답을 반영하는 합의에 도달하도록 요청함으로써 구조화된다.

2. **건설적 논쟁 절차를 수립하기.** 참가자는 (a) 연구하여 입장을 준비한다. (b) 자신의 입장을 제시하고 옹호한다. (c) 자신의 입장에 대한 비판에 논박하면서 반대되는 입장을 분석하고, 비판적으로 평가하고, 반박한다. (d) 모든 관점에서 이슈를 볼 수 있다는 사실을 소통하기 위해 관점을 역전시킨다. (e) 모든 쪽의 사람이 합의할 수 있는 공동의 입장으로 요약된 사실적이고 판단력 있는 결론으로 정보를 종합하고 통합한다(Johnson & Johnson, 2007). 이것은 옹호 기반의 탐구 절차다. 이 절차에 참여하면서 참가자는 자신의 최선의 판단을 반영하는 합의가 이루어질 수 있도록 하나의 입장을 옹호하고, 이슈에 대한 이해를 높이기 위해 반대 입

장에 도전한다. 고려되고 있는 이슈에 대한 자신의 생각을 발전시키고, 명료화하고, 확장하고, 정교하게 만들기 위해 논증 충돌에 의존한다. 옹호와 반대 관점에 대한 비판적 도전은 최선의 행동 방안이 무엇인지를 찾기 위한 탐구에 관여하는 핵심 요소다. 논쟁에서 참가자는 상이한 관점과 다소 다른 정보를 가지고 있다. 이것은 찬성과 반대 입장의 옹호자 사이에 정보의 상호의존성을 만들어 내므로, 참가자는 각자가 갖고 있는 정보의 상호보완성을 발견해야만 한다. 정보의 상호의존성은 참가자가 이슈에 대한 이해를 넓히기 위해 경쟁적 역학(예: 역량 위협)을 줄이고 협동적 역학(예: 정보 교환)을 증가시킨다(Buchs, Butera & Mugny, 2004).

3. **각 참가자가 적절하게 떠맡아야 할 몇 가지 역할을 채택한다.** 연구자, 옹호자, 악마의 옹호자, 학습자, 관점 채택자, 종합자가 그런 예에 해당한다. 참가자는 자신의 입장을 연구하여 그 결과를 일관되고 설득력 있는 입장으로 정리할 수 있어야 한다. 참가자는 또한 효과적인 옹호자가 되어 자신의 입장에 대해 가능한 최상의 사례를 설득력 있게 제시해야 한다. 참가자는 반대되는 입장을 비판적으로 분석하고, 정보와 논리에서 반대 입장의 약점과 결함을 지적하면서 효과적인 악마의 옹호자가 되어야 한다. 모든 입장이 도전의 대상이 된다. 참가자는 반대되는 입장과 그것의 이론적 근거를 철저하게 배울 수 있어야 한다. 이것은 악마의 옹호자로서의 비판적인 분석을 촉진할 뿐만 아니라 관점 채택자의 역할 수행을 촉진한다. 마지막으로 참가자는 모든 참가자가 동의할 수 있는 새롭고 기발한 입장에서 모든 입장으로부터의 최상

의 정보와 논리를 통합하는 효과적인 종합자가 되어야 한다.

4. **참가자가 준수해야 하는 일련의 규범적 기대 사항을 따른다.** 참가자는 최고의 합리적인 판단을 추구하는 규범을 따르고 내면화할 필요가 있다. 논쟁에서 이기는 것이 목적이 아니다. 참가자는 사람이 아니라 아이디어에 대해 비판적이어야 한다. 참가자는 비록 자신이 동의하지 않더라도, 모든 사람의 입장에 귀를 기울이고 다른 사람의 입장을 배워야 한다. 참가자는 입장을 통합하려고 시도하기 전에 먼저 입장을 구별해야 한다. 참가자는 논리적으로 그렇게 하도록 설득되었을 때에는 자신의 마음을 바꿀 필요가 있다.

〈표 3.1〉 건설적 논쟁, 토론, 동의 추구, 개별 과정

	건설적 논쟁	토론	동의 추구	개별 시도
초기 조건	결론을 유도하려고 정보를 범주화하고 정리하기	결론을 유도하려고 정보를 범주화하고 정리하기	결론을 유도하려고 정보를 범주화하고 정리하기	결론을 유도하려고 정보를 범주화하고 정리하기
구두 발표	입장과 그 근거를 발표, 옹호, 정교화하기	입장과 그 근거를 발표, 옹호, 정교화하기	입장과 그 근거를 발표, 옹호, 정교화하기	입장에 대한 구두 진술이 없음.
불확실성 수준	반대되는 의견으로부터 도전을 받는 것이 자기 견해의 옳음에 대한 개념 갈등과 불확실성을 초래함.	반대되는 의견으로부터 도전을 받는 것이 자기 견해의 옳음에 대한 개념 갈등과 불확실성을 초래함.	반대되는 의견으로부터 도전을 받는 것이 자기 견해의 옳음에 대한 개념 갈등과 불확실성을 초래함.	단지 한 의견만이 존재하는 것은 자기 견해의 옳음에 관한 높은 불확실성을 초래함.

동기 부여	인식론적 호기심이 새로운 정보와 관점에 대한 적극적인 탐색의 동기를 부여함.	반대되는 정보와 관점을 폐쇄적인 마음으로 거부함.	차이에 대해 우려하고, 자기 견해만을 폐쇄적인 마음으로 고수함.	자기 견해의 옳음에 대해 높은 확실성을 지속적으로 갖고 있음.
수정된 결론	재개념화, 종합, 통합	자기 관점을 폐쇄적인 마음으로 고수함.	지배적인 관점과 신속하게 타협함.	자기 관점을 고수함.
상대적인 결과	높은 성취, 긍정적인 관계, 심리적 건강	중간 수준의 성취, 관계, 심리적 건강	낮은 성취, 관계, 심리적 건강	낮은 성취, 관계, 심리적 건강

동의 추구의 본질

동의 추구는 한 사람의 생각, 정보, 결론, 이론, 의견이 다른 사람의 생각과 양립할 수 없을 때 그리고 두 사람이 의견 불일치나 언쟁을 피하기 위해 논의를 억제하고 합의를 강조하며 대안적 아이디어와 행동 방안에 대한 현실적인 평가를 피하려고 할 때 존재한다(Johnson & Johnson, 2007). 만약 그들이 동의한다면, 그들은 종종 지배적인 입장을 강화하기 위한 확증 정보를 찾고, 다수의 관점에서만 이슈를 바라보며, 다양한 관점의 가능한 고려를 제거한다. 따라서 동의 추구에는 사고의 수렴 및 성원에게 초점의 협소화가 존재하기 마련이다. 그릇된 합의는 집단이 취해야 할 행동 방안에 대해 모든 성원이 동의하는 결과를 가져오는 반면에, 일부 성원은 다른 행동 과정이 더 효과적일 것이라고 사적으로 생각할 수 있다.

동의 추구는 재니스(Janis, 1982)의 집단 사고(*groupthink*) 개념에 가깝다(역주: 집단 성원 간에 강한 응집력을 보이는 집단에서, 의사결정 시에 만장일치에 도달하려는 분위기가 다른 대안을 현실적으로 평가하려는 경향을 억압할 때 나타나는 성원의 왜곡되고 비합리적인 사고방식을 의미함.). 집단 사고에서 의사결정 집단의 성원은 다른 성원과 동의할 수 있도록 생성된 합의가 선호하는 모든 정책에 대한 의구심과 의혹을 제쳐 둔다. 집단 사고의 기본 동기는 개별 성원이 외부 위기의 스트레스에 대처하고 자부심을 유지하려고 의존하는 집단의 조화로운 분위기를 보존하려는 강한 욕망이다. 동의 추구는 다음에 의해 구조화된다.

1. 협동적인 맥락을 수립하기(긍정적인 상호의존성을 구축하기). 참가자는 집단에서의 지배적인 입장에 근거하여 합의에 도달해야 한다.
2. 동의 추구 절차를 수립하기. 지배적인 입장을 결정한다. 모든 참가자가 그 입장에 동의하도록 권장한다. 반대되는 입장에 대한 옹호와 지배적인 입장에 대한 비판적 분석을 회피한다. 의심과 불안감을 감추어야 하고, 자신이 지배적인 입장을 믿든지 말든지 상관없이 모든 성원이 지배적인 입장을 지지하는 외적인 동조가 장려된다.
3. 지지자와 설득자의 경우처럼 각 참가자가 적절하게 떠맡아야 할 여러 역할을 할당한다. 참가자는 지배적인 입장의 지지자가 될 필요가 있다. 참가자는 반대되는 입장을 가진 사람이 지배적인 입장을 채택하도록 그들을 설득하는 사람이 될 필요가 있다.
4. 일군의 규범적 기대 사항에 동조한다. 참가자는 지배적인 입장

에 대한 의구심과 비판을 숨기는 것, 열린 불일치를 피하려고 기꺼이 신속하게 타협하는 것, 지배적인 입장에 대해 전폭적인 지지를 표명하는 것, 집단의 다른 성원과 절대 불일치하지 않는 것, 조화로운 분위기를 유지하는 것과 같은 규범을 준수하고 내면화할 필요가 있다.

의사결정과 학습의 다른 형태

학습과 의사결정 상황에는 상황이 구조화되는 두 가지 다른 방법이 있다. 토론은 둘 이상의 개인이 서로 양립할 수 없는 입장을 주장할 때 존재하며, 심판관은 누가 자신의 입장을 가장 잘 제시했는지 그리고 가장 설득력 있게 반대 입장을 주장했는지에 따라 승자를 선언한다(Johnson & Johnson, 2007). 개별 시도는 개인의 목표가 서로 무관하고 서로 독립적인 상황에서 상호작용을 전혀 하지 않으면서 각자의 페이스대로 자신의 자료를 갖고 홀로 활동할 때 존재한다(Johnson & Johnson, 2007).

〈표 3.2〉에서 볼 수 있는 바와 같이, 갈등 절차의 효과성에서 핵심은 절차 내에서 협동 요소와 경쟁 요소가 혼합되어 있다는 것이다. 협동 요소가 많고 경쟁 요소가 적을수록 갈등은 더욱 건설적이다(Deutsch, 1973). 그러나 협동 요소만으로는 생산성을 극대화할 수 없다. 협동과 갈등 둘 모두가 반드시 있어야만 한다. 따라서 논쟁은 긍정적인 목표와 자원의 상호의존성뿐만 아니라 갈등을 특징으로 한다. 토론은 긍정적인 자원 상호의존성, 부정적인 목표 상호의존성, 갈등을 특징으로 한다. 동의 추구에서는 긍정적인 목표 상호의존성만 존재하며, 개별

적인 학습 상황에서는 상호의존성이나 지적인 갈등이 없다.

<표 3.2> 의사결정 절차의 본질

	논쟁	토론	동의 추구	개별 시도
긍정적 목표 상호의존성	있음.	없음.	있음.	없음.
자원 상호의존성	있음.	있음.	없음.	없음.
부정적 목표 상호의존성	없음.	있음.	없음.	없음.
갈등	있음.	있음.	없음.	없음.

요약

구조-과정-결과 이론은 상황의 구조가 상호작용의 과정을 결정하고, 상호작용의 과정이 결과를 결정한다는 것을 가정한다(Watson & Johnson, 1972). 상황에서 갈등이 구조화되는 방식은 개인이 서로 어떻게 상호작용하는지를 결정하며, 결과적으로 관련된 성과의 질을 결정한다. 집단 성원의 아이디어, 의견, 이론, 결론 간의 갈등은 하나의 연속체를 따라 구조화될 수 있다(Johnson & Johnson, 2007). 연속체의 한쪽 끝은 건설적 논쟁이고 다른 한쪽 끝은 동의 추구다. 갈등을 구조화하는 각각의 방법은 관련된 개인 사이의 상호작용 유형을 변화시킨다. 상황의 구조에는 (a) 개인이 상황에서 상호작용할 수 있는 적절하고 부적절한 방법을 규정하는 역할 정의 및 규범적 기대 사항뿐만 아니라, (b) 관련된 사람의 숫자, 공간 배열, 세력의 위계, 사회적 제재, 권력, 수행할 행동의 본질과 같은 여타의 상황적 영향력을 포함한다(Watson & Johnson, 1972). 건설적 논쟁은 (a) 협동적 맥락(즉, 긍정적인 상호의존성의 형성), (b)

건설적인 논쟁 절차의 확립, (c) 각 참가자가 적절하게 떠맡아야 할 필요가 있는 몇 가지 역할 할당, (d) 참가자가 준수해야 할 기대 사항 설정으로 구조화된다. 건설적 논쟁 절차는 (a) 입장을 연구하여 준비하는 것, (b) 입장을 옹호하는 것, (c) 자신의 입장에 대한 비판을 논박하면서 반대되는 입장을 반박하는 것, (d) 관점을 바꾸는 것, (e) 양측 모두가 동의할 수 있는 하나의 공동 입장으로 입장을 종합하는 것으로 구조화된다. 결정을 내리는 두 가지 다른 방식은 토론과 개별 시도를 포함한다. 다음 장에서는 건설적 논쟁과 동의 추구의 과정을 더욱 상세하게 논의할 것이다.

건설적 논쟁과
동의 추구
과정

Chapter 04

건설적 논쟁과 동의 추구 과정

서론

토네이도(tornadoes), 허리케인(hurricanes), 사이클론(cyclones)이 작동하는 방식은 한때 특히 19세기의 위대한 과학적 신비 가운데 하나였다. 하지만 토네이도라는 단어는 16세기 후반의 언젠가에 만들어진 것이다. 그것은 뇌우를 의미하는 트로나다(tronada)와 바꿈, 뒤틀림, 재발을 의미하는 토르나르(tornar)라는 두 단어가 조합된 것이다. 영국 선원들이 맨 처음에 그 단어를 사용한 것 같다. 토네이도에는 무언가 신비한 특질이 있었고, 사람들은 그것에 매료되었다. 19세기 전반부에는 토네이도의 본질과 원인에 대한 폭풍 전쟁(storm war)이 있었다. 갈등의 한편에는 에스파이(Espy)가 있었고, 다른 한편에는 레드필드(Redfield)가 있었다.

달튼(Dalton)의 아이디어를 바탕으로 1800년대 초반에 에스파이는 오늘날 대류(convection)로 잘 알려진 아이디어를 개발했다. 대류에서 열은 차가운 공기에 온기와 습기를 뿜어내어 하늘 높이 상승하는 공기 기둥을 만들어 낸다. 그러면 구름이 형성되고 비가 내린다. 그는 토네이도에 연료를 제공하는 역할을 하는 기제는 토네이도의 신비로운 검은 깔때기 안에서 빠르게 솟아오르는 뜨거운 공기 기둥이라고 믿었다. 그는 깔때기 형태의 구름이 회전하고 있다고 믿지 않았다. 오히려, 그는 바람이 마차 바퀴의 부챗살처럼 사방에서 완전히 일직선으로 중앙 기둥에 빨려 들어갔고, 거기서 구름 사이로 완벽하게 일직선으로 솟아올라 하늘로 올라간다고 믿었다. 상승 기류는 표면과 상부 공기 사이의 온도와 압력의 차이에 의해 만들어졌다. 1830년대 후반에 에스파이는 그의 출연을 취재하는 기자로부터 폭풍 왕(Storm King)이라는 칭호를 받았다.

1821년에 레드필드는 심한 폭풍의 여파를 추적하던 중에 나무 가운데 일부는 동쪽에서 불어오는 바람에 쓰러진 반면 다른 나무는 서쪽에서 불어오는 바람에 쓰러졌다는 것을 목격하였다. 표면적으로는 두 개의 동일한 폭풍이 서로 반대 방향으로 지나간 것처럼 보였지만, 그는 폭풍우가 하나의 꼭대기처럼 움직이는 중심부 주위를 빙빙 도는 거대한 회오리바람이었다고 제안했다. 레드필드가 자신의 견해를 발표했을 때, 그는 만약 원형의 움직임이 폭풍에 존재한다면, 바깥의 움직임은 폭풍을 막는 다른 알려지지 않은 힘이 없다면 즉시 폭풍을 파괴할 것이라고 믿었던 에스파이로부터 조롱과 비난을 받았다. 레드필드는 그 비판을 인신공격으로 간주하였다. 그의 반응은 복수심에 가득 찬 분노로 보였다. 그는 에스파이의 이론을 엉터리라고 조롱하기 시작했다. 레드필드는 인신공격에 관여하면서 에스파이는 거짓말쟁이이고, 그의 전체 경력이 가짜인 조작의 대가라는 견해를 표현했다. 레드필드는 에스파이가 과학계에서 받은 보증 내용이 사기성이 있는 것이라고 진술했다. 에스파이는 어떻게든 자신의 이론을 입증하는 내용을 모두 직접 작성하여 그것을 출판하고자 하였다.

에스파이는 레드필드의 반응에 충격을 받았고 곧바로 레드필드에게 필라델피아에 와서 최근에 자신이 설립한 클럽인 프랭클린 카이트 클럽(Franklin Kite Club)에 참여하라고 요청하는 사적인 회유 편지를 보냈다. 레드필드는 거부했다. 레드필드는 에스파이를 회피했으며, 자신을 만나려는 에스파이의 제안을 거절했다. 에스파이는 나중에 그들의 경쟁 이론을 공개적으로 발표하고 각 이론의 장점을 토론할 수 있는 투어에 레드필드를 초청했다. 에스파이는 토네이도에 대한 상당한 대중적 관심이 일고 있어서 많은 사람이 참여할 것이므로, 논쟁이 잘 진행된다면 그와 레드필드 모두에게 상당한 재정적 이득을 보장할 수 있다는 사실을 지적했다. 레드필드는 화를 내며 거부했다. 그는 에스파이처럼 도덕적으로 문제가 있는 사람과 같은 무대에 설 수 없음을 분명히 했다. 에스파이는 평생 동안 레드필드에게 협조 제안을 계속하면서 논쟁과 상충하는 이론에 대한 발표를 통해 돈을 벌고 명성을 얻는 방법을 모색했다. 에스파이는 자신이 옳고 레드필드가 틀리기 때문에 논쟁에서 자신이 이길 것이라고 확신했다. 레드필드는 화를 내고 경쟁적이며 파괴적인 채로 남아 있으면서 에스파이의 제안에 절대로 동의하지 않았다.

레드필드는 1857년에 폐렴으로 사망했다. 에스파이는 1860년에 사망했다. 그 무렵에 대중은 이제 더 이상 토네이도에 관심이 없었다. 에스파이와 레드필드는 죽을 때까지 다른 견해의 타당성을 전혀 고려하지 않은 채 자신의 이론만을 엄격하게 고수했다. 그러나 1856년에 페럴 (Ferrel)은 에스파이와 레드필드의 이론을 조화시킨 하나의 이론을 제안했다. 그는 폭풍우가 대류에 의해 강력해졌다는 점에서 에스파이가 옳았다고 제안했다. 그러나 대류 기둥이 상승함에 따라 그것은 코리올리 효과(지구 자전에 따라 운동하는 물체가 북반구에서는 오른쪽으로, 남반구에서는 왼쪽으로 휘는 현상)에 의해 변형된다. 코리올리 효과는 에스파이가 상상했던 직선으로 유입되는 바람을 레드필드가 설명했던 나선형 회오리바람으로 변화시킨다. 에스파이와 레드필드의 이론은 화해할 수 없는 정반대가 아니라 동일한 과정의 두 부분이었다. 아마도 두 사람이 상호작용하고, 서로의 이론과 그것을 뒷받침하는 자료를 논의하고, 각자의 이론이 어디에서 서로 양립 가능하고 모순되는지를 알아보고자 했다면, 그들은 토네이도의 본질을 이해하기 위해 계속 더 나아갈 수 있었을 것이다. 불행히도, 에스파이와 함께 토네이도의 본질을 토론하거나 심지어 이야기하는 것조차도 레드필드가 거부한 것은 두 사람이 서로의 이론의 상보성을 발견하고, 토네이도의 본질을 이해하는 것을 방해하였다.

에스파이와 레드필드는 과학을 발전시키기 위한 지적인 갈등의 성공을 나타낸다. 불행히도 그들의 경우에서 두 가지 입장을 진실에 훨씬 근접하게 통합한 사람은 바로 페럴이라는 제3자였다. 에스파이와 레드필드는 서로 다른 이론이 논의되고 이해되며, 더욱 새롭고 강력한 이론으로 창의적으로 통합되는 과정과 절차를 결여하고 있었다. 이 장에서는 건설적인 논쟁과 동의 추구의 과정을 제시한다. 만약 에스파이와 레드필드에게 논쟁의 과정이 있었다면, 모든 것이 달라졌을 것이다.

건설적 논쟁의 과정

논쟁이 양질의 학습과 의사결정, 생산성, 창의성, 혁신, 긍정적인 관계, 심리적 건강과 같은 결과를 낳는 과정은 〈표 4.1〉과 〈그림 4.1〉에 잘 요약되어 있다. 건설적 논쟁에 참여할 때, 참가자는 다음과 같은 과정을 거친다(Johnson & F. Johnson, 2013; Johnson & R. T. Johnson, 1979, 1989, 2000b, 2003, 2007, 2009a; Johnson, Johnson & Johnson, 1976). 즉, 자신의 초기 결론을 내리고, 다른 사람으로부터의 반대되는 결론에 직면하면서 자신의 결론을 옹호하며, 자신이 내린 결론의 정확성에 대해 불확실해지고, 더 많은 정보와 더 나은 관점을 찾으며, 재(再)개념화된 새로운 입장을 갖게 된다. 이것의 각 단계를 설명하면 다음과 같다.

〈표 4.1〉 논쟁과 동의 추구의 과정

논쟁	동의 추구
알려진 것을 초기 결론으로 정리하기	알려진 것을 초기 결론으로 정리하기
지배적인 입장과 근거를 제시, 옹호, 정교화하기	지배적인 입장과 근거를 제시, 옹호, 정교화하기
반대되는 견해로부터 도전을 받는 것은 자기 견해의 정확성에 대한 개념 갈등과 불확실성을 초래함.	다수는 반대 의견을 가진 집단 성원에게 다수 의견과 관점에 부합하도록 압력을 가함으로써 공적인 순응과 사적인 신념 사이의 갈등을 조성함.
개념 갈등, 불확실성, 불균형(비평형) 결과	공적인 입장과 사적인 입장 간의 갈등
지적인 호기심이 새로운 정보와 관점을 적극적으로 찾도록 동기를 부여함.	지배적인 입장과 관점을 강화하고, 지지하는 확증적인 정보를 추구하기

모든 관점을 반영하는 가운데 가장 합리적인 공동의 판단으로 구성된 합의를 도출하는 재개념화, 종합, 통합	다수 입장에 근거하여 합의함. 종종 일부 성원이 사적으로는 반대하면서 공적으로는 찬성하기 때문에 잘못된 합의에 이르는 경우가 있음.

1단계 정보를 조직화하여 결론을 도출하기

개인에게 이슈, 문제 또는 결정이 제시될 때, 그들은 현재의 그러나 제한된 정보·경험·관점을 분류하고 정리한 것에 근거하여 초기 결론을 내린다(Johnson & F. Johnson, 2013; Johnson & R. T. Johnson, 2007). 그들은 결정할 사항이나 해결해야 할 문제를 파악하고, 적절한 대안을 생각하며, 충분하게 그것을 평가하고, 가장 유망한 것을 선택함으로써 결론을 내린다. 개인은 초기 결론을 매우 크게 확신하는 경향이 있다. 즉, 그들은 인식론적 처리를 동결시킨다. 개인은 결론을 내릴 때 (a) 개념을 형성하고, (b) 그 개념을 개념적 구조와 서로 연결하며, (c) 논리적으로 결론을 도출하여 개념화해야만 한다.

개념화 과정을 방해하는 것은 문제 해결, 의사결정, 학습의 장벽이다. 세 가지 상호 연관된 장벽은 (a) 상황에 대해 무비판적으로 지배적인 반응을 보이는 것, (b) 정신적 세트(mental sets), (c) 최초에 생성된 만족스러운 해결책에 고착되는 것이다. 첫째, 반응은 위계적으로 배열될 수 있고(Berlyne, 1965; Maier, 1970), 어떤 문제에 직면할 때 개인은 그것에 대해 생각하고 평가하며 모든 대안 가운데서 선택하지 않고도 자신의 지배적인 반응으로 신속하게 반응할 수 있다. 배고픔과 같은 신체 상태에 기반을 둔 지배적인 반응은 개인이 주의를 기울여야 할 자극(Levine, Chein, & Murphy, 1942; McClelland & Atkinson, 1948), 태도와 신념과 같은 심리 상태(Allport & Postman, 1945; Iverson & Schwab, 1967; Shipley & Veroff, 1952), 그리고 개인의 전반적인 문화적 준거 틀(Bartlett, 1932)에 영향을 줄 수 있다. 두 번째 장벽인 정신적 세트는 동일한 단어가 다른 사람에게 다른 의미를 갖게 하는 것(Foley & MacMillan, 1943), 이전에 유용했던 해결책을 채택하는 것(Luchins, 1942), 기대되는 것만을 인식하는 것(Neisser, 1954), 기대를 확증하는 방식으로 모호한 사건을 해석하는 것(Bruner & Minturn, 1955)을 유발할 수 있다. 세 번째 장벽은 개인이 최초의 합당한 해결책을 만족스러운 것으로 생각하도록 고착되는 경향이다(Simon, 1976).

이러한 장벽은 많은 경우에 사람들이 게으른 인지적 처리자가 될 수 있다는 사실을 반영한다. 그들은 이용 가능한 정보를 능동적으로 처리하지 않거나 또는 그러한 정보를 이해하는 대안적인 방법을 충분하게 고려하지 않기에(Langer, Blank & Chanowitz, 1978; Taylor, 1980), 발산적으로 사고하지 않는다. 발산적 사고는 더 많은 아이디어(유창성)와 더 많은 부류의 아이디어(유연성)를 가져온다(Guilford, 1956). 참가자가 발산적 사고를 하고, 고려되고 있는 문제에 대한 모든 주요 대안이 공정한 청문회 절차를 거치도록 보장하기 위해서는 개별 대안이 완전하고 설득력 있는 방식으로 제시되어야만 한다.

논쟁은 옹호 하위 집단(advocacy subgroups)에 주요 대안을 할당하고 각 하위 집단에 (a) 그 집단의 대안을 심층적으로 발전시키고, (b) 전체 집단의 나머지 성원에게 그 집단의 대안으로 가능한 최상의 사례를 제시하는 방법을 계획하는 것을 포함한다. 문제 해결 집단 내에서 옹호할 입장을 준비하는 것은 입장을 잘 파악하고 있는 정도 그리고 입장에 대해 생각할 때 사용된 추론의 수준에 영향을 미친다. 개인이 대안 A에

4차 산업혁명 시대의 혁신교수법

대해 가능한 최선의 사례를 집단 전체에 제시하고 다른 집단 성원에게 대안 A를 채택하도록 설득하려고 할 때, 대안 A를 단순히 자신이 사용하는 것으로 고려할 때보다 대안 A를 더욱 잘 이해하는 경향이 있다는 증거가 있다(Allen, 1976; Benware, 1975; Gartner, Kohler & Reissman, 1971). 더 높은 수준의 개념 이해와 추론은 개인이 문제 상황에 대해 생각하도록 공통적인 방법으로 서로를 가르쳐야만 한다는 사실을 알고 있을 때 촉진된다(Johnson & Johnson, 1979; Murray, 1983). 사람들이 자료를 인지적으로 개념화하고 체계화하는 방법은 그들이 자신의 이익을 위해 자료를 배우는 것에 비교하여, 다른 사람에게 가르치기 위해 자료를 배울 때 현저하게 다를 가능성이 있다(Annis, 1983; Bargh & Schul, 1980; Murray, 1983). 타인을 가르치기 위해 학습한 자료는 자신만의 활용을 위해 학습한 자료보다 더 높은 개념적 수준에서 학습되는 것으로 밝혀졌다.

개인이 사실, 정보, 이론을 논제 진술을 뒷받침하는 근거로서 수집하고 정리할 조건이 있고, 그렇지 않은 조건도 있다. 개인의 준비 적절성에 영향을 줄 수 있는 세 가지 조건은 다음과 같다.

1. 논제 진술을 뒷받침하는 근거를 공식화하는 것과 관련된 사회적·인지적 기술의 존재가 첫 번째 조건이다. 개인은 관련 증거를 검색하고 그것을 일관되고 논리적인 근거로 구성하는 기술을 필요로 한다. 개인이 팀의 일원으로서 활동하려면 다양한 대인 관계 및 소집단 기술이 필요하다(Johnson & F. Johnson, 2013).
2. 그렇게 하려고 소요된 노력이 두 번째 조건이다. 개인이 노력을 많이 할수록, 그의 입장은 더욱 가치 있는 것이 된다. 개인은 일

반적으로 다른 사람의 산출물과 비교하여 자신의 산출물에 대해 더 많은 관심을 보이고(Greenwald & Albert, 1968), 입장을 준비하는 데 소요된 노력은 자신의 입장에 관한 관심을 높이는 원천이 될 수 있다(Zimbardo, 1965).

3. 개인의 노력의 기초가 되는 자아 지향(ego-oriented) 또는 과업 지향이 세 번째 조건이다. 자아 지향 노력은 자신이 옳고 더 낫다는 것에 초점을 맞추는 경향이 있지만, 과업 지향 노력은 최선의 결정을 내릴 수 있는 과정에 기여하는 것에 초점을 맞추는 경향이 있다(Nicholls, 1983).

따라서 자신이 옹호할 입장을 충분히 준비하는 것은 4가지에 달려 있다. 첫째, 관련 증거를 찾는 데 능숙하다. 둘째, 다른 사람과 협력하여 그것을 일관되고 논리적인 근거로 정리한다. 셋째, 그렇게 하려고 기꺼이 상당한 노력을 기울인다. 넷째, 과업 지향적이다.

2단계 입장을 제시하고 옹호하기

건설적 논쟁 과정의 두 번째 단계는 반대 입장을 옹호하는 다른 사람에게 자기 입장을 제시하고 옹호하는 것이다. 옹호는 입장을 제시하고 다른 사람이 그것을 채택해야만 하는 이유를 제시하는 것이다(Johnson & F. Johnson, 2013; Johnson & R. T. Johnson, 2007). 그 의도는 다른 집단 성원을 자신의 입장으로 전환시키는 것이다. 전환은 다른 집단 성원으로 하여금 발표자의 입장이 가능한 대안 중에서 가장 좋은 것이라고 확신시키는 것을 필요로 한다. 입장을 채택, 수정 또는 폐기하도록 설득하는 것을 목적으로 하는 주장과 반대 주장 과정을 통해 전환이 이루어진다. 옹호의 즉각적인 측면 중 3가지는 인지적 연습, 저항, 헌신이다. 개인이 자신의 결론과 그 이론적 근거를 다른 사람에게 제시할 때, 그는 인지적 연습과 정교화에 관여하며, 이것은 그 입장에 대한 이해를 높이고, 더 높은 수준의 추론 과정을 발견하며, 더 많은 양의 정보와 다양한 사실을 발견하고, 알려진 정보의 요점에서 변화를 초래하여 그 문제나 결정에 대한 자신의 이해를 심화시킨다(Johnson & Johnson, 1989). 발표하는 집단 성원이 자신을 전환하려고 시도하고 있음을 알게 되면, 다른 집단 성원은 전환되는 것에 대한 저항의 일부로 발표자의 입장을 자세히 조사하고 그것을 비판적으로 분석한다(Baker & Petty, 1994; Erb, Bohner, Rank & Einwiller, 2002; Hewstone & Martin, 2008; Mackie, 1987). 저항은 상반되는 신념을 강화하거나 채택하는 결과를 수반하는 압력이나 설득에 대한 정서 반응이다(Brehm & Brehm, 1981). 따라서 옹호가 듣는 사람에게 반항이나 저항을 생성하는 경우에는 옹호가 역효과를 낼 수 있다. 저항을 최소화하는 방법은 자신을 마치 듣는 사람처럼 묘사하는 것이다(Silvia, 2005). 마지막으로, 입장을 옹호하고 반박에 대해 그 입장을 방어하는 것은 그 입장에 대한 개인의 헌신을 증가시키는 경향이 있다(Johnson & F. Johnson, 2013).

입장을 옹호하고 반박으로부터 그 입장을 보호하려면 상당한 인지적 연습과 정교화가 필요하다. 많은 연구는 토론, 동의 추구, 개별 시도에 관여하는 사람에 비해 논쟁에 관여하는 사람은 논의에 대한 더 많은 정보, 더 자주 반복되는 정보, 새로운 정보 공유, 논의되는 자료의 정교화, 더 많은 아이디어의 제시, 더 많은 이론적 근거 제시, 더 높은 수준의 진술 처리, 고수준의 의사결정을 하려는 시도를 관리하는 것을 목표로 삼는 더 많은 논평 제시, 중간 수준의 인지적 진술 처리의 감소, 집단의 활동 관리에 대한 더 많은 진술 제시에 기여한다는 사실을 밝혀냈다(Johnson & Johnson, 1985; Johnson, Johnson, Pierson & Lyons, 1985; Johnson, Johnson & Tiffany, 1984; Lowry & Johnson, 1981; Nijhof & Kommers, 1982; Smith, Johnson & Johnson, 1981, 1984). 집단 안에서의 불일치는 알려진 정보의 요점에서 변화뿐만 아니라 교환되는 정보의 양과 사실의 다양성을 증가시키는 경향이 있다(Anderson & Graesser, 1976; Kaplan, 1977; Kaplan & Miller, 1977; Vinokur & Burnstein, 1974). 집단 성원은 또한 특별히 훈련된 전문가보다 정보를 서로 가르치는 데 더욱 효과적이다(Fisher, 1969; Sarbin, 1976). 개인은 다른 사람이 자신의 입장을 채택하도록 설득하려고 하는 대의에 대한 자신의 헌신을 높이려는 경향이 있다(Nel, Helmreich & Aronson, 1969). 마지막으로, 발표가 신뢰할 수 있는 것이고, 논쟁하고 있는 다른 참가자에게 영향을 미치기 위해서는 자신의 입장을 일관성과 자신감을 갖고 지속적으로 제시해야 하며, 가능하다면 한 명 이상의 사람으로부터 그 입장에 대한 옹호를 받아야 한다(Nemeth, Swedlund & Kanki, 1974; Nemeth & Wachtler, 1983).

설명하기

입장을 제시하는 한 측면은 입장을 설명하고 다른 사람이 그 입장을 채택해야 하는 이유를 설명하는 것이다. 설명의 가치에 대해서는 여러 증거가 혼재되어 있다. 웹(Webb, 1991, 1995)은 협동 집단에서 설명의 수준과 정교함은 설명을 하는 것과 관련된 가장 높은 성취도를 가지고 수학 교과에서 더 많은 개별 학습을 예측한다는 사실을 발견했다. 친과 그 동료(Chinn, O'Donnell & Jinks, 2000)는 5학년 학생을 대상으로 한 연구에서 학생의 설명이 더 복잡할수록 학습 효과가 더 커진다는 사실을 발견했다. 학생들이 가설의 실험 검증과 더불어 일반 원칙을 추상화하려고 할 때, 동료 토론이 성취도를 가장 효과적으로 증진시킨다는 증거도 있다(Amigues, 1988; Heller, Keith & Anderson, 1992; Howe, Tolmie, Greer & Mackenzie, 1995; Linn & Elyon, 2000; Teasley, 1995). 부흐스와 부테라(Buchs & Butera, 2004)는 첫 번째 연구에서 답을 주는 것은 파트너가 답을 주는 것을 듣는 것보다 기억 수행에 더 유익하며, 논쟁에 참여하는 학생이 이슈에 대한 같은 정보를 가지고 있을 때보다 보완적인 정보를 가지고 있을 때, 이슈에 대한 정보를 더 잘 기억할 수 있다는 것을 발견했다. 보완 정보는 학생이 서로 듣는 방식을 변화시키는 것처럼 보였다. 그러나 그 증거는 일관성이 없다. 플로에츠너와 그 동료(Ploetzner, Dillenbourg, Preier & Traum, 1999)는 여러 연구를 검토한 결과, 다른 사람에게 설명하는 것이 스스로에게 하는 설명보다 성취도 증가에서 덜 효과적이고, 거의 듣는 것과 비슷한 효과가 있다는 것을 밝혀냈다(Bargh & Schul, 1980; Coleman, Brown & Rivkin, 1997; Teasley, 1997). 설명하는 것은 학생이 개념적으로 자료를 재구성하여 듣는 사람이 그것을 이해할 수 있을 때만 성취도를 증가시키는 것 같다(Coleman et al., 1997). 그러나 설명 문헌에서 논의되지 않은 것은 주어진 설명이 듣는 사람의 사고에 도전하는지의 여부다. 설명하는 사람은 듣는 사람이 비판적으로 듣고 있고, 그것을 반박할 수 있도록 오류를 찾으려 한다는 것을 알게 될 것이다. 이것은 설득력 있는 설명을 제시하는 설명자의 동기를 증가시킬 수 있으며, 이것은 설명자가 설명을 하는 동안에 그 설명을 재(再)개념화할 가능성을 높여 준다.

3단계 반대 의견으로부터 도전을 받기

논쟁에서 한 입장의 옹호자는 반대되는 옹호론자의 입장에 도전한다(Johnson & Johnson, 1979, 1989, 2009a). 집단 성원은 약점과 강점을 식별하려는 시도에서 서로의 입장을 비판적으로 분석한다. 그들은 자기입장에서 공격에 반박하면서 반대 관점을 논박하려고 시도한다. 동시에 그들은 제시되는 정보를 배우고, 다른 집단 성원의 관점을 이해할 필요가 있음을 알고 있다. 반대 관점을 주의 깊게 듣는 것은 인식 과정을 해동시키는 경향이 있다. 논쟁에 참여한 개인은 다른 사람의 입장을 알고, 이해하고, 인식하려는 동기가 부여된다. 또한, 옹호되는 반대 의견을 듣는 것은 새로운 인지적 분석을 자극하고, 개인이 대안적이고 독창적인 결론을 자유롭게 내릴 수 있게 해 준다. 오류가 있는 관점에 직면하는 것조차도 더 많은 발산적 사고 및 새롭고 인지적으로 더 향상된 해결책의 생성으로 귀결될 수 있다.

집단 성원이 자신의 결론이나 주장을 발표할 때, 다른 집단 성원은 동의(현재 생각의 지속을 장려함.) 또는 동의하지 않음(현재 사고의 변화를 장려함.)으로써 그것의 타당성에 대한 평가를 하면서 반응할 수 있다. 불일치는 질문과 같은 전략을 통해 직접적 또는 간접적으로 표현될 수 있다. 불일치는 제안된 입장에서의 문제나 어려움을 인식하게 하고, 집단 성원이 그것을 다룰 자세를 취하도록 동기를 유발할 수 있다. 또한, 불일치는 이해에서 격차에 대한 인식을 창출하여 더 많은 지식을 검색할 동기를 부여한다. 비록 틀린 것이라고 할지라도, 불일치는 집단 성원의 주의력을 증가시킬 수 있다(De Dreu & West, 2001; Nemeth & Rogers, 1996). 불일치는 집단 성원이 더 많은 관점에서 문제의 더 많은 측면을 고려하도록 자극할 수 있으며, 이로 인해 집단 성원의 사고에서 창의성을 높일 수 있다. 더욱이, 불일치는 다른 사람이 다수의 관점에 반대되는 생각을 자유롭게 표현하도록, 즉 다수 의견에 동조하는 압력을 약화시키도록 해 주고(Johnson & F. Johnson, 2013; Nemeth & Chiles, 1988), 그것의 타당성과 무관하게 불일치하는 다른 입장을 정당화하는 경향이 있어서 모든 집단 성원이 특정한 불일치와 무관한 아이디어를 포함하여 자신의 아이디어를 자유롭게 표현할 수 있게 해 주는 경향이 있다(Nemeth & Chiles, 1988). 여러 연구는 반대 관점(Nemeth, 1986), 불확증 정보(Toma & Butera, 2009), 생소한 논증(Garcia-Marques & Mackie, 2001), 발산적인 증거(Kruglanski, 1980), 반(反) 직관적인 발견(Berlyne, 1960; Piaget, 1985)은 친숙한 주장이나 확증적인 증거에 직면하는 것보다 더 깊은 정보 처리와 더욱 정교한 지식을 생성할 수 있다는 것을 입증했다. 반대 관점이 더욱 진정한 것처럼 보일수록, 그것은 더욱 효과적일 수 있다(Nemeth, Brown & Rogers, 2001).

반대에 직면할 때 주요 이슈 중 일부는 사회 인지적 갈등, 논증, 다수 대 소수 영향, 그리고 확증 편향이다. 나는 아래에서 이것에 대해 설명할 것이다.

사회 인지적 갈등

사회 인지적 갈등 이론은 사회적 상호작용이 진보와 학습을 위한 맥락 그 자체를 표상한다고 말한다. 왜냐하면 집단을 가로질러 또는 한 쌍의 성원의 훈련, 지식, 관점에서의 다양성은 반대와 논의를 생성하는 잠재력을 갖고 있기 때문이다. 사회적 상호작용 동안 발생하는 반대는 사회적이고(두 명 이상의 의견 차이를 수반함.), 인지적(둘 혹은 그 이상의 간의 불일치를 의미함.)이기 때문에 사회 인지적 갈등이라고 불린다(Doise & Mugny, 1984; Doise & Palmonari, 1984; Mugny, Perret-Clermont & Doise, 1981). 반대자는 발산적 사고와 여러 관점의 고려를 자극하는 경향이 있다. 집단 성원은 반대자가 정확하지 않다는 가정에서 시작한다. 그러나 반대자가 완강하게 버티면, 그것은 그 이슈의 재평가를 자극하는 복잡성을 암시한다. 재평가는 발산적 사고, 다양한 정보 원천의 고려, 이슈에 대한 사고방식을 포함한다. 이것이 균형을 이루면 의사결정의 질이 향상되고 문제에 대한 창의적인 해결책을 찾을 수 있다(Nemeth, 1995). 일상적인 과업이 아닌 경우 결정의 본질에 대한 갈등은 집단이 정보를 더 비판적으로 평가하고(Postmes, Spears & Cihangir, 2001), 모든 가능한 대안을 철저히 고려하기 전에 성급하게 합의를 이루려는 집단의 경향성을 깨뜨릴 수 있다(Janis, 1971, 1972).

논증이 내용에 관한 개념 이해를 향상시키려면 사회 인지적 갈등 해결에 관한 논의에 초점을 맞추어야 할 필요가 있다. 참가자는 다양한 견해를 고려하고 평가해야 한다(Nussbaum, 2008a). 참가자는 논의되는 개념적 원리를 이해하기 위해 정교하고 메타 인지적인 전략을 사용할 필요가 있다. 논의에서 그들은 창의성 발휘에 필요한 사회적·인지적 규범을 구현해야 한다. 마지막으로, 논의되는 이슈와 개념적 원리 및 제안된 다양한 행동 방안을 반영하기에 충분한 시간을 할애해야 한다.

논증

반대 의견으로부터 도전을 받는 것은 논증의 시작이다. 그러므로 건설적인 논쟁의 중요한 측면은 논증이다. 논증은 개인이 공동으로 협력하여 이슈에 대한 진실 또는 가장 합리적인 판단을 내리는 사회적 과정이다(Golanics & Nussbaum, 2008; Johnson, 2007). 논증은 개인이 함께 협력하여 논거를 구성하고 비판하는 공동 목표를 달성하는 협력 활동이다(Golanics & Nussbaum, 2008). 논증이라는 단어를 사용할 수 있는 두 가지 방법이 있다. 첫 번째는 산출물로서의 논증이다. 논증은 하나의 명제를 수립하기 위한 일련의 연계된 문장으로 정의될 수 있다(Johnson & Johnson, 2007). 그것은 세 부분, 즉 논제 진술이나 주장, 그 주장을 위한 근거, 그리고 결론(논제 진술과 동일함.)으로 구성되어 있다. 따라서 논증 구조의 대표적인 한 사례는 "① 나의 논제는 지구 온난화가 존재한다는 것이다. ② A, B, C 때문에, ③ 나는 지구 온난화가 존재한다고 결론을 내린다." 논증은 모순(contradiction)과 구별될 수 있는데, 모순은 다른 사람이 하는 어떤 진술에 대한 자동적인 반대일 뿐이다. 논증이라는 단어의 두 번째 사용은 명제가 사실인지 거짓인지 여부를 결정하기 위해 두 명 이상의 사람이 반대 논거를 구성하여 서로 비판하는 대화에 참여하는 과정이다. 이렇듯 과정으로서의 논증은 명제의 수용 가능성에 대한 합리적인 비평을 납득시키기 위한 언어적·사회적·이성적인 활동이다(Van Eemeren, 2003; Van Eemeren, Grootendorst, Jackson & Jacobs, 1996). 논증에 관한 경험 연구의 대부분은 '산출물'로서의 논증에 집중되었지만, 사실 우리의 일상생활은 논쟁의 '과정'을 특징으로 한다고 볼 수 있다.

논증을 하는 사람은 자신의 관점을 지지하는 정당화를 제공하거나 또는 대안적인 입장을 반박함으로써 자신의 입장이 수용될 수 있음을 정당화할 수 있다(Van Eemeren, 2003). 지적인 논증에 관여할 때, 논증을 하는 사람은 자신의 주장이 타당할 뿐만 아니라 다른 입장이 자신의 주장보다 더 건전하지 못하거나 또는 정확하지 않다는 것을 스스로 보증할 수 있어야만 한다. 아리스토텔레스(Aristotle)부터 퀸틸리아누스(Quintilianus)에 이르기까지 확인(confirmado, 자신의 주장을 뒷받침하는 근거를 제시하는 것)과 반박(refutado, 경쟁하는 입장을 반박하기 위해 경쟁하는 입장에 반대하는 근거를 제시하는 것)은 논증 담론에서 상당한 기능을 하는 것으로 여겨져 왔다(Mosconi, 1990; Toulmin, 1958; Van Eemeren, 2003). 포퍼(Popper, 1962)는 논증을 숙련되게 하는 사람은 자신의 주장을 지지하기 위한 '추측' 및 상대방의 입장을 훼손하기 위해 상대방 논증의 약점을 보여 주는 '반박'을 활용한다고 말하였다(Baron, 2008; Ennis, 1993; Kuhn & Udell, 2007; Van Eemeren et al., 1996; Walton, 1985). 그러나 논증에 관한 경험 연구는 논증을 하는 사람이 자신의 관점을 지지하는 논거를 선택하는 것에 대한 강한 선호를 공유하고 있으며, 가능한 대안적인 주장을 반박하는 데에는 거의 관여하지 않는다는 사실을 여실히 보여 준다(Kuhn, 1991; Meyers, Brashers & Hanner, 2000; Pontecorvo & Girardet, 1993). 이것은 종종 논증에서의 확증 편향으로 알려져 왔다(Kuhn, 1991). 어떤 집단에서 논증이 일어날 수 있지만, 성원 간의 이질성이 클수록 논증에 소요되는 시간이 더 많이 걸리기 마련이다(Nijhof & Kommers, 1982).

논증의 역사에서 중요한 부분은 철학 분야에 있다. 논증의 형식적·변증법적 본질은 모두 아리스토텔레스(Walton, 2003)에 의해 논의되었으며, 논증에서의 현대 철학 저술은 주장, 근거, 보증(근거를 주장과 연결시키는 것), 지지, 반박, 수식어의 범주 사용을 강조한다(Toulmin, 1958). 월튼(Walton, 1999)의 '새로운 논증학' 모델은 설득력 있는 논의, 질의, 협상 등과 같은 특정한 종류의 논의 맥락에서 담론 규칙과 논증 도식의 활용을 분석한다(Nussbaum, 2008b; Duschl, 2007). 일부 연구자(Van Eemeren & Grootendorst, 1999)는 참가자가 반드시 따라야 하는 담론 규칙을 규정하는 비판적인 논의 모델을 개발했다. 논증에 대한 산출물과 과정 관점 둘 모두를 옹호하는 사람은 특히 다른 집단 성원이 이슈에 대한 대안적인 견해를 제시하고 그 관점의 타당성에 대한 근거와 증거를 제시할 때, 학생이 자신의 것과는 다른 아이디어를 조우하는 것에서 이득을 본다고 결론지었다(Chinn, 2006). 모든 학생은 다양한 견해를 고려하고 평가하는 논의에 참여할 필요가 있다(Nussbaum, 2008a).

다수 및 소수의 영향

건설적 논쟁이 존재하기 위해서는 여러 대안적인 행동 방안이나 해결책, 즉 입장이 제안되고 옹호되어야 한다. 그러나 이러한 입장은 동등한 수의 집단 성원에 의해 거의 지지를 받지 못한다. 대부분의 집단 성원이 지지하는 입장은 종종 하나이지만, 소수 성원이 지지하는 경향이 있는 다른 입장이 존재할 수도 있다. 따라서 한 집단에는 다수 입장 그리고 하나 혹은 그 이상의 소수 입장이 존재할 수 있다. 때로는 집단이 어떤 다수 입장이 없는 가운데 여러 개의 소수 입장을 가질 수도 있다. 개인의 인지 과정에 대한 다수 및 소수의 영향력 차이에 관한 문헌은 주로 모스코비치(Moscovici, 1980)의 전환 이론과 매키(Mackie, 1987)의 객관적 합의 접근법에서 비롯된다.

다수는 소수 성원에게 영향을 준다. 대부분의 집단에는 다수 의견을 향한 움직임이 존재한다. 다수는 긍정적인 판단과 기대로 시작한다(예: 그들은 옳으므로, 그들의 승인이 중요하다). 다수는 소수보다 더 많은 영향력을 행사한다(Tanford & Penrod, 1984). 예를 들어, 225명의 배심원에 관한 연구에서 칼벤과 자이젤(Kalven & Zeisel, 1966)은 첫 번째 투표에서 다수의 입장(7~11명의 배심원이 지닌 입장)이 사건의 85% 이상에 대한 최종 판결 문서로 만들어졌다는 사실을 보여 주었다. 다수 입장으로의 그러한 이동은 다수의 판단이 현실에 대해 보다 정확한 정보를 제공한다고 믿는 '정보 영향력'과 집단 성원은 수용되기를 원하고 비난을 피하고자 한다는 '규범적 영향력'에 근거한다(Deutsch & Gerard, 1955). 다수는 팀의 일원이 되지 못하는 두려움(일탈자가 되는 것에 대한 두려움)이나 판단력이 나쁜 사람(잘못된 사람이 되는 것에 대한 두려움)과 같은 모종의 두려움을 집단의 다른 성원에게 불러일으킴으로써 영향력을 행사할 수 있다. 소수 입장을 가진 사람은 이탈하거나 또는 잘못되는 것을 피하려고 자신의 입장을 포기하고 다수의 입장에 합류하기를 원할 수 있다. 둘 모두 배타주의(ostracism)와 존중의 상실을 초래할 수 있다. 특히 경쟁하고 있는 집단에서 성원들은 그들이 패자가 되는 것이나 또는 잘못된 사람이 되는 것을 원하지 않을 수 있다. 왜냐하면 그것은 자신들이 패자임을 분명하게 나타내기 때문이다.

다수의 영향력은 순응과 동조를 통해서 작동할 수도 있다(Moscovici, 1980). 불행하게도, 지배적인 관점을 받아들이는 순응은 그것이 동료 학습에서 일방적 결정에 따른 것이든(Carugati, De Paolis & Mugny, 1980-1981; Mugny & Doise, 1978) 또는 비대칭적인 성인과 아동의 관계에서(Mugny, Giroud & Doise, 1978-1979) 비롯된 것이든지 간에 인지적 추론과 학습을 감소시킨다(Mugny, De Paolis & Carugati, 1984; Mugny, Doise & Perret-Clermont, 1975-1976). 다수의 입장에 노출될 경우, 소수 입장을 가진 집단 성원은 그것의 내용을 자세히 조사하지 않고도 다수의 입장에 종종 동조한다(Nemeth & Rogers, 1996). 소수의 의견에 직면한 다수는 진단적인 비확증 사례를 생성할 가능성, 즉 비확증 편향을 보일 가능성이 더 크지만(Butera, Mugny, Legrenzi & Perez, 1996), 다수 의견에 접한 소수는 자신의 입장을 입증·확증·강화하는 정보를 찾으려는 확증 편향을 보일 수도 있다. 다수에 속하는 사람은 출처에서 제안한 전략이 불합리한 경우라 할지라도 확증적인 전략의 사용을 유도하는 경향이 있었으며(Legrenzi, Butera, Mugny & Perez, 1991), 다수는 출처가 제시한 전략이 비(非)확증적일 때에도(Legrenzi, Butera, Mugny & Perez, 1991) 그리고 출처에 의해 제안된 해결책이 옳지 않다는 표적(소수 사람)의 인식에 무관하게 확증 전략의 사용을 유도하는 경향이 있다(Butera & Mugny, 1992). 다수의 입장에 직면했을 때, 사람들은 다른 입장을 배제한 채 다수가 제기한 관점에서 그 이슈를 파악하고, 그 문제를 해결하기 위한 다른 전략을 무시하면서 다수가 제안한 전략을 활용하며(Nemeth & Kwan, 1987), 다수의 초점 차원만을 활용하고(Nemeth, Mosier & Chiles, 1992; Peterson & Nemeth, 1996), 다른 입장을 고려하지 않은 채 다수 입장에 동의하며(Nemeth & Wachtler, 1983), 정보를 덜 상기하고(Nemeth et al., 1992), 훨씬 적은 창의성을 보이는 경향이 있다(Nemeth & Kwan, 1985). 메시지 처리를 장려하는 2차 과업이 없는 한, 다수의 영향력을 따라 형성된 태도는 반대 설득에 굴복되는 경향이 있다(Martin, Hewstone & Martin, 2007).

다수 입장으로의 이동은 대개 집단 논의에서 일찍 발생한다(Asch, 1956). 다수의 관점은 처음부터 심각하게 고려되는 것처럼 보인다. 다수는 그들이 제안한 입장에 대한 집중을 유도한다(Nemeth, 1976, 1986). 반대되는 다수 견해에 노출된 사람들은 다수의 입장에 적절한 자극의 측면에 초점을 맞추고, 수렴적인 방식으로 생각하며, 새로운 해결책이나 결정을 무시한 채 제안된 해결책을 채택하려는 경향이 있다. 따라서 어떤 해결책이나 결정의 질은 초기 시점에서 다수 입장의 타당성에 달려 있는 것이다. 다수의 영향력은 대개 다수 관점에 대한 사적인 또는 잠정적인 변화가 없이 명백한 순응을 초래한다(Allen, 1965; Moscovici & Lage, 1976).

마지막으로, 소수의 영향력 상황보다는 다수의 영향력 상황에서 훨씬 더 많은 스트레스가 보고되고 있는데, 그 이유는 다수의 영향력 상황에서 사람들은 자신이 틀렸다는 것 그리고 다수가 자신을 거부한다는 것을 두려워하는 반면에, 소수의 영향력 상황에서 사람들은 소수 및 소수의 반대 관점을 조롱할 수 있기 때문이다(Asch, 1956; Maass & Clark, 1984; Nemeth, 1976; Nemeth & Wachtler, 1983). 다수에 의해 유발된 스트레스는 집중의 초점을 좁히고, 가장 강력하고 가장 지배적인 반응에 관여할 가능성을 증가시키는 경향이 있다(Zajonc, 1965). 소수 반대에 직면했을 때 경험하는 더욱 온건한 스트레스는 개인이 상황에 대한 더 많은 측면과 더욱 가능한 결론을 고려하도록 자극할 수 있다.

맥키(Mackie, 1987)의 객관적 합의 접근법은 집단 성원이 소수 집단에 의해서만 유지되는 입장보다 대부분의 집단 성원이 갖고 있는 입장이 타당할 가능성이 있다고 추론한다는 사실을 예측한다. 따라서 집단 성원은 일반적으로 다수 의견에 동의할 것으로 기대한다. 그러나 다수 의견이 타당하지 않은 것처럼 보일 때, 소수 입장을 유지하는 집단 성원은 다수의 메시지 내용을 엄밀하게 조사하려는 동기를 갖게 된다(De Dreu & De Vries, 1996; Mackie, 1987). 따라서 소수뿐만 아니라 다수는 특정 조건에서 광범위하고 신중한 정보 처리를 촉진할 수 있다(Shuper & Sorrentino, 2004).

소수는 다수 성원에게 영향을 준다. 다수 입장에 대한 대안이 한 명 이상의 집단 성원에 의해 제시될 때, 다수 입장을 지지하는 사람은 (a) 소수 입장에 순응해야 할 압력을 느끼지 않고, (b) 소수 입장이 종종 무효하거나 바람직하지 않거나 심지어 위협적이라고 여기기 때문에 소수 입장을 자유롭게 거부하는 경향이 있다. 따라서 다수는 소수 입장을 무시할 수 있다. 소수의 영향력은 전환에 기초한다(Moscovici, 1980). 다수 입장의 소유자는 소수 입장에 대해 그 내용을 심도 있게 조사한 후에만 반응할 수 있으며, 여기에는 소수 입장과 그것의 타당성을 위한 근거가 모두 포함된다. 다수의 입장은 그렇지 않지만, 소수의 입장은 그것의 장점에 대해 설득력이 있어야 한다. 소수 입장을 심층적으로 조사한 후에 다수 입장을 옹호하는 사람은 과제를 완성하기 위한 더 많은 전략을 활용하고(Nemeth & Kwan, 1987), 더 많은 정보를 상기하며(Nemeth et al., 1992, 사고에서 더 많은 유연성을 보여 주고(Peterson & Nemeth, 1996), 더 많은 독창성을 보여 주며(Nemeth & Kwan, 1985), 올바른 해결책을 더 자주 발견하는 경향이 있다(Atsumi & Bumstein, 1992; Nemeth & Wachtler, 1983). 집단 성원이 소수 입장을 제시할 때 귀납 추론(Butera, Mugny, Legrenzi & Perez, 1996; Legrenzi, Butera, Mugny & Perez, 1991)과 정보 추구(Maggi, Butera, Legrenzi & Mugny, 1998)에서의 확증 편향이 감소하는 경향이 있다. 소수가 의견을 달리할 때, 이슈의 모든 측면에 대하여 더 많은 정보를 얻으려고 상대적으로 공정한 탐색이 이루어진다. 즉, 반대되는 소수의 관점을 접한 사람은 반대되는 다수의 관점을 접한 사람보다 기사나 논문을 더 많이 읽어보는 것을 선택했다(Nemeth & Rogers, 1996). 끝으로, 소수 입장을 발표하는 것은 소수 입장의 논증에 대한 체계적인 처리를 유도하여 반대 설득에 저항하는 태도를 이끌어낸다(Martin et al., 2007).

소수 입장의 집단 성원이 다수 입장의 성원에게 영향을 미치는 데 어려움을 겪는 몇 가지 이유가 있다(Johnson & F. Johnson, 2013). 첫째, 회의론이다. 소수 입장은 종종 부정확하고 다수 입장을 지지하는 성원에 의해 기각된다. 소수 입장은 종종 부정적으로 여겨지며 때로는 철저한 조롱거리가 된다(Nemeth & Wachtler, 1983).

둘째로, 다수 입장의 성원은 자신의 견해를 바꾸는 것을 두려워할 수 있다. 그들은 자신이 틀렸다는 것을 두려워할지도 모른다. 다른 다수 성원이 그들을 비웃고, 그래서 패자로 인식될 수도 있다. 그들은 다수의 성원이 자신을 거부하여 다수에 속한 많은 성원을 잃는 것을 두려워할 수도 있다(Asch, 1956; Maass & Clark, 1984; Nemeth, 1976; Nemeth & Wachtler, 1983).

셋째로, 다수 입장을 가진 집단 성원은 소수 입장을 믿는 정보와 논리를 통해 전환되어야만 한다. 이것은 새로운 정보를 학습하고 소수의 논증이 가진 타당성을 비판적으로 평가하기 위해 노력해야 한다는 것을 의미한다. 다수와 비교하여 소수는 자신의 입장에 대한 더 많은 고려를 자극하므로, 반대되는 소수 입장에 접한 사람은 더 많은 인지적 노력을 기울이고, 상황의 더 많은 측면에 주의를 기울이며, 더욱 발산적으로 사고하고, 더 많은 새로운 해결책과 결정을 탐색한다(Nemeth, 1976, 1986). 결국, 새로운 해결책과 결정은 더 정확하거나 또는 질적으로 더 나은 경향이 있다. 또한, 처음에 다수 입장을 지지한 성원은 소수 입장을 고려함으로써 전체 상황을 재평가하도록 고무되었고, 그들의 재평가는 제안된 것과는 다른 대안을 포함할 수 있다. 달리 말해, 그들의 사고 과정은 발산을 특징으로 하므로, 새로운 해결책과 결정을 탐색할 잠재력이 풍부하다.

넷째, 소수의 영향력은 잠재되어 있을 수 있으므로, 개인이 독자적으로 판단하는 후속 상황에서 감지될 수도 있다(Moscovici & Lage, 1976; Moscovici, Lage & Naffrechoux, 1969; Mugny, 1982; Nemeth & Wachtler, 1974). 다시 말해, 소수 영향력의 효과는 즉각적일 수도 있고 간혹 지연될 수도 있다.

다섯째, 소수의 영향력이 발휘되기까지는 다소 시간이 걸릴 수 있다. 소수 입장으로의 이동은 집단 토론의 말미에 종종 발생한다(Nemeth et al., 1974; Nemeth & Wachtler, 1974, 1983). 소수 관점은 시간을 필요로 한다. 왜냐하면 소수 입장이 심각하게 고려되려면 일관성과 신뢰성 있게 소수 입장을 논증할 수 있어야 하기 때문이다(Moscovici & Faucheux, 1972; Moscovici & Nemeth, 1974). 시간이 지남에 따라 소수 편에 대한 일관성과 확신이 생기면서, 사람들은 "어떻게 자신들이 그렇게 틀릴 수 있고, 그러면서도 그렇게 확신할 수 있었을까?"라고 물을 수도 있다.

마지막으로, 이슈의 적합성은 소수 입장의 영향력에 영향을 줄 수 있다. 적합성이 높은 조건에서 소수 입장을 제시하는 것은 적합성이 낮은 조건에서(즉, 집단 성원에게 직접적인 결과를 초래하지 않을 때) 다수 입장을 제시하는 것보다 그 내용에 대한 면밀한 조사를 촉진할 수 있다는 일관된 증거가 있다(Martin & Hewstone, 2003; Mucchi-Faina & Cicoletti, 2006; Tomasetto, Mucchi-Faina, Alparone & Pagliaro, 2009). 다수 입장을 제시하는 것이 이슈의 적합성이 높은 조건에서 소수 입장을 제시하는 것보다 더 광범위한 조사를 촉진한다는 일관된 증거는 거의 없다(Martin et al., 2007). 이슈의 적합성이 낮을 때 소수 입장에 접한 참가자는 다수 입장에 접한 참가자보다 더 많은 반박을 보였지만, 이슈의 적합성이 높을 때에는 반박 횟수 간에 차이가 나타나지 않았다(Tomasetto et al., 2009). 따라서 소수의 영향력이 의사결정에 유익한 영향을 미칠 수 있는 것은 적합성이 낮은 이슈에만 해당할 수 있다. 따라서 전환 이론은 적합성이 높은 조건에서는 적용되지 않을 수도 있다.

요약하면, 다수의 영향력은 논증이나 입장에 관한 비판적 분석이 없이도 순응과 동조를 이끌어내지만, 소수의 영향력은 다수 성원에 의한 비판적 분석과 심층적인 이해를 이끌어낼 수 있다. 다수의 입장에 접하게 되면, 많은 집단 성원은 확증 편향을 찾는 데 관여할 수 있다.

확증 편향

다수 입장에 접할 때, 소수 입장을 가진 집단 성원은 다수 입장을 입증·확증·강화하는 정보를 종종 검색한다. 확증 편향이란 대안적 관점에 도전하는 반증보다는 자신의 주장을 지지하는 논증을 생성하는 경향이다(Klaczynski, 2000; Kuhn, 1991; Perkins, Farady & Bushey, 1991). 때로는 자신의 선입견을 확증하는 방식으로 정보를 검색하거나 해석하는 경향도 확증 편향으로 여겨진다. 확증 편향은 하나의 가능성에만 초점을 맞추고 대안을 무시하는 일방적인 방식으로 아이디어를 검증하는 것을 함의한다. 자신의 입장을 확증하는 증거만을 검색하는 것은 의사결정에 해를 끼칠 수 있는 확산된 경향이다. 확증 편향은 형식 추론(Kahneman, 2003; Wason, 1960), 정보에 대한 선택적 노출(Fisher, Jonas, Frey & Schultz-Hardt, 2005), 사회적 지각(Zuckerman, Knee, Hodgins & Miyake, 1995), 고정관념(Leyens, Dardeene, Yzerbyt, Scaillet & Snyder, 1999)에서 발견되었다. 자신의 주장을 뒷받침하는 논증에 대한 선호는 고학력 성인 사이에서도 지속한다(Means & Voss, 1996; Sandoval & Millwood, 2005). 사람들은 비(非)지지적인 정보보다는 지지적인 정보를 더욱 선호한다는 상당한 증거가 있다(Brock & Balloun, 1967; Ehrich, Guttman, Schonbach & Mills, 1957; Freedman & Sears, 1963, 1965, 1967; Lowin, 1967, 1969; Mills, 1967; Sears & Freedman, 1967). 특히 선택(Frey & Wicklund, 1978)과 결정의 비가역성(Frey, 1981, 1986; Frey & Rosch, 1984)이 있을 때에는 더 그렇다.

건설적 논쟁에서 효과적인 해결책을 발견하려면 확증 편향을 줄여야만 한다. 자신의 논증을 뒷받침하는 정보를 제시하는 것만큼이나 반대 논증을 반박하는 데 초점을 맞추어야 한다. 반박 비율은 연령과 교육(Felton & Kuhn, 2001; Kuhn, 1991; Kuhn & Udell, 2003; Piolat, Roussey & Gombert, 1999), 좋은 사고 전략에서 특정한 전문 기술 습득(Hidi, Berndorff & Ainley, 2002; Knudson, 1992; Kuhn, 1991; Kuhn, Shaw & Felton, 1997)에 따라 증가한다. 이슈에 대한 개인의 흥미와 적합성이 증가할수록 반박 비율도 증가한다(Kuhn & Udell, 2003).

마이 사이드 편향(myside bias). 확증 편향과 밀접하게 관련된 것은 마이 사이드 편향이다. 마이 사이드 편향은 사람들이 자신의 이전 의견과 태도를 선호하여 증거를 평가하고, 증거를 생성하며, 가설을 검증하는 경향이다(Stanovich, West & Toplak, 2013). 비판적으로 사고하는 사람은 증거와 논증에 관한 평가로부터 이전의 신념과 의견을 분리할 수 있어야 하므로, 마이 사이드 편향은 확증 편향의 하위 부류이고(McKenzie, 2004), 적극적인 열린 사고와 부적인 상관관계를 맺고 있다(Baron, 2008). 그것은 자기중심성(egocentrism)의 한 형태다. 따라서 마이 사이드 편향이 클수록, 개인이 창의적이고 제대로 형성된 의사결정이나 답변을 할 가능성은 줄어든다.

4단계 개념 갈등, 비(非)평형, 불확실성

개인은 다른 대안이 옹호되고 있음을 들을 때, 자신의 입장이 비난과 논박의 대상이 될 때, 자신의 결론과 양립할 수 없는 정보에 의해 도전을 받을 때 개념 갈등, 비평형, 불확실성을 경험하는 경향이 있다 (Johnson & Johnson, 1979, 1989, 2007, 2009b). 건설적 논쟁 과정의 4단계를 이해하기 위해서는 개념 갈등, 비평형, 불확실성의 개념을 규정할 필요가 있고, 이 세 가지 현상이 발생하는 데 필요한 조건을 논의할 필요가 있다.

인지 갈등과 개념 갈등이라는 두 용어는 모두 인지적 추론과 학습의 성장을 가져오는 내적 갈등을 묘사하는 데 사용된다. 여기서는 후자인 개념 갈등이라는 용어를 사용할 것이다. 개념 갈등은 양립할 수 없는 생각이 한 사람의 마음속에 동시에 존재하거나 자신이 받은 정보가 이미 알고 있는 것과 일치하지 않는 것처럼 보일 때 발생한다(Berlyne, 1957, 1966). 예를 들어, 같은 양의 물을 두 잔에 부어 넣는다. 이때 하나의 잔은 크기가 높고 폭이 좁은 잔이고, 다른 잔은 크기가 작고 폭이 넓은 잔이다. 학생은 각 잔이 같은 양의 물을 담고 있음을 알고 있지만 동시에 크고 좁은 잔이 더 많은 물을 담고 있다고 믿는다. 한 가지 이상의 답변이 가능하다면, 자기 대답의 타당성에 의문을 제기할 잠재성이 존재하여 인지 갈등을 일으킬 수 있다(Berlyne, 1960; Limon, 2001, Piaget, 1985). 자기 답변의 타당성에 대해 의문을 제기하는 것은 자신의 관점에서 벗어나서 다른 사람의 입장을 진지하게 고려할 수 있게 해 준다(Butera & Buchs, 2005). 서로 다른 관점의 존재를 설명하기 위해서는, 다른 사람이 왜 다른 입장을 갖고 있는지를 설명할 수 있는 요소를 처리하고 이해해야 하는데, 이것은 지식의 증가를 초래할 수 있다. 결론적으로, 사회 인지적 갈등은 개인이 자신의 관점을 재고하고 다른 사람의 견해를 통합하도록 촉구한다. 듀이(Dewey, 1910), 훼스팅거(Festinger, 1957), 피아제(Piaget, 1964), 벌린(Berlyne, 1965) 모두 인지 발달과 학습에서 개념 갈등의 중요성에 대해 논의했다. 그러나 인지 갈등을 일으키는 것 그 자체가 개념의 변화를 반드시 촉진하지는 않는다(Dekkers & Thijs, 1998; Dreyfus, Jungwirth & Eliovitch, 1990; Elizabeth & Galloway, 1996). 왜냐하면 집단 성원은 자신의 아이디어와 직접적인 갈등을 일으키는 아이디어를 수용하는 것을 단순히 거부할 수 있기 때문이다(Bergquist & Heikkinen, 1990). 개념 갈등이 중대한 영향을 미칠 수 있는 것은 협동적인 맥락과 같은 특정 조건에서만 발생한다.

비평형은 (a) 현재의 지식 및 그것과 연관된 인지적 틀, (b) 환경에서 마주하는 것(다른 사람이 제시한 결론이나 자신이 목격한 것) 사이에 불균형이 생길 때 존재한다(Piaget, 1964). 피아제는 사람들이 오래된 도식을 적용하거나(새로운 정보를 기존의 도식에 동화시키는 것) 또는 정보를 조절하는 새로운 도식을 개발함으로써 평형 상태를 유지하도록 자연스럽게 노력한다는 사실을 이론으로 만들었다. 균형을 회복하는 과정을 일컬어 평형이라고 한다. 새로운 정보가 기존의 도식에 들어맞지 않을 때, 비평형의 불쾌한 상태가 생기고, 이것은 대개의 경우 조절(새로운 경험에 맞게 기존 도식을 수정하거나 확장하는 것)을 통해 평형을 회복하려는 시도에 동기를 부여한다. 피아제에 따르면, 인지 발달과 학습은 평형을 깨뜨리는 것 그리고 비평형을 해결하려는 후속 시도에 달려 있다. 비평형은 인지적으로 성장하고 발전할 기회를 제공한다. 이 과정은 한결같은 속도로 진행되는 것이 아니라 오히려 신속하게 진행된다.

반대 의견에 직면하면, 자신의 관점과는 다른 관점이 가능하다는 사실을 깨닫게 되어 불확실성이 생긴다(Butera, Mugny & Tomei, 2000; Damon, Doll & Butera, 2007; Hardin & Higgins, 1996). 불확실성은 결론이나 예상되는 결과에 대한 의심이다(Johnson & Johnson, 2007). 그것은 미래 사건을 예측하는 것에 적용된다. 그것은 현재의 실상과 미래 결과의 본질에 대한 지식이 제한되어 있는 상태다. 건설적 논쟁에서 불확실성은 다른 집단 성원이 표현한 반대 견해로부터 자신의 결론과 의견이 도전을 받을 때 생긴다. 미래의 결과를 예측할 수 있도록 현실을 정확하게 보려는 인간의 경향성이 존재하는 것 같다. 따라서 불확실성은 적어도 불편함과 불안을 유발한다. 대부분의 조건에서 불확실성을 해결하는 것은 모든 집단 성원에게 우선순위를 차지한다. 다시 말해, 불확실성은 인식론적 처리를 해동시킨다.

상당히 많은 연구가 개념 갈등, 비평형, 불확실성을 조사하였다. 집단 성원 간의 불일치가 클수록, 의견 불일치가 자주 발생할수록, 한 개인의 입장에 동의하지 않는 사람의 수가 많을수록, 논쟁의 맥락이 더욱 경쟁적일수록, 개인이 모욕감을 더 많이 느낄수록, 개인이 경험하는 개념 갈등과 비평형 그리고 불확실성은 더욱 커지기 마련이다(Asch, 1952; Burdick & Burnes, 1958; Festinger & Maccoby, 1964; Gerard & Greenbaum, 1962; Inagaki & Hatano, 1968, 1977; Lowry & Johnson, 1981; Tjosvold & Johnson, 1977, 1978; Tjosvold, Johnson & Fabrey, 1980; Worchel & McCormick, 1963). 집단 성원이 서로 좋아할수록 서로 의견이 엇갈리고 다투는 경향이 있다는 점은 매우 흥미롭다. 친구는 친구가 아닌 사람에 비해 지식을 공유하고, 아이디어에 도전하고, 증거를 평가하고, 선택권에 대해 추론하는 것에 더 많이 관여하기 때문에(Azmitia & Montgomery, 1993; Hartup, French, Laursen, Johnston & Ogawa, 1993; Miell & MacDonald, 2000) 개념 갈등, 비평형, 불확실성을 더 크게 만든다.

개념 갈등, 비평형, 불확실성을 극대화하기 위해 (a) 집단 성원은 자신의 의견을 자유롭게 표현할 수 있어야 하고, (b) 반대되는 정보와 추론을 정확하게 인식해야 하며, (c) 정보 과부하 상태가 되지 않아야 하고, (d) 반대되는 정보를 유용한 것으로 보아야 하며, (e) 다른 집단 성원으로부터 도전을 받고, (f) 타당한 정보로부터 도전을 받아야 한다.

독립적인 의견을 표현할 자유

하나 이상의 견해에 노출되면 다수 의견에 동조하고 타인의 의견을 무비판적으로 수용하려는 경향성이 줄어든다(Asch, 1956). 옹호되고 있는 반대 의견을 듣는 것은 참가자에게 다수 의견에 순응하지 않는 것의 스트레스를 받지 않는 가운데 문제에 대한 대안적이고 독창적인 해결책을 조사할 자유를 부여한다(Nemeth, 1986).

반대되는 정보와 추론을 오해하기

반대 입장을 지지하는 근거를 이해하고자 하는 것은 단순한 기획이 아니다. 자신의 입장과 추론에 모순되는 정보를 이해하는 것이 편향과 선택적 지각의 수중에 놓이게 되는 여러 가지 방법이 있다. 첫째, 개인은 자신의 신념을 확증하고 지지하는 정보를 찾고 배우고 상기하려는 경향이 있다(Levine & Murphy, 1943; Nisbett & Ross, 1980; Snyder & Cantor, 1979; Swann & Reid, 1981). 예를 들어, 르빈과 머피(Levine & Murphy, 1943)는 개인이 자신의 입장에 반하는 진술보다 자신의 입장에 부합하는 정보를 더 잘 배우고 파지한다는 것을 발견했다. 둘째로, 어떤 기대를 하고 있는 개인은 모종의 정보와 사건을 인식할 것이지만 다른 것들은 인식하지 못할 것이다(Dearborn & Simon, 1958; Foley & MacMillan, 1943; Iverson & Schwab, 1967; Neisser, 1954; Postman & Brown, 1952). 셋째, 개인의 선입관과 관점은 정보의 이해와 상기에 영향을 미친다(Allport & Postman, 1945; Bartlett, 1932; Pepitone, 1950). 마지막으로, 어떤 이슈에 대해 강한 믿음을 지닌 사람은 안면 가치에서 확증 증거를 받아들이지만, 매우 비판적인 평가에 대한 증거를 확증하지 않으려 한다(Lord, Ross & Lepper, 1979).

반대되는 정보로 과부하 되기

우리가 반대 견해와 상반되는 정보를 배워야만 할 때, 정보 과부하 및 이슈의 복잡함으로 혼동할 위험이 존재한다(Ackoff, 1967). 주어진 시간에 인간이 처리할 수 있는 정보의 양에는 한계가 있다. 참가자가 다룰 수 있는 것보다 더 많은 정보에 노출되면 정보 가운데 많은 것이 손실된다. 때때로 정확성이나 객관성을 도모하기 위해서 너무나 많은 정보가 매우 짧은 시간 안에 꽉 차서 거의 모든 정보를 잃게 되는 경우가 있다. 이것을 정보 과부하라고 부른다.

반대 입장의 유용성을 인식하기

개인이 자신의 학습, 문제 해결, 의사결정의 질을 향상시키려고 반대 정보를 사용할 계획을 세우고 있다면, 그 사람은 정보를 학습하고 활용할 것이라는 증거가 있다(Johnson & Johnson, 1989). 예를 들어, 일부 연구자(Jones & Aneshansel, 1956)는 개인이 나중에 그 관점에서 논쟁할 준비가 되어 있어야 하므로 자신의 입장에 반하는 정보를 배워야 할 때 정보에 동의하는 사람보다 반대되는 관점을 더 잘 배우고, 그래서 그 사람은 그러한 논증을 이미 수중에 갖고 있음을 발견했다.

타당한 또는 잘못된 입장으로부터 도전 받기

잘못된 정보와 추론을 기반으로 한 도전이 타당한 정보와 추론을 기반으로 하는 도전과 동일한 영향을 미치는지에 대한 상당한 의문이 있다. 이전에 논의한 바와 같이, 심지어 잘못된 것이라 할지라도 반대되는 입장에 접하는 것은 창의적인 기여를 한다. 논쟁의 가치는 반대되는 입장의 정확성에 있는 것이 아니라 오히려 그것이 유도하는 주의력과 사고 과정에 있다. 관점이 틀린 것이라 해도 개인이 하나 이상의 관점에 접할 때 더 많은 인지적 처리가 발생할 수 있다(Nemeth & Wachtler, 1983). 신뢰할 수 있지만 잘못된 소수 견해를 접한 피험자는 일관된 하나의 견해를 접한 피험자보다 문제에 대한 더 많은 해결책과 더 정확한 해결책을 생성했다. 더 높은 수준의 추론 과정으로의 진전은 반대되는 잘못된 관점에 직면하여 촉발된 것으로 입증되었다(Cook & Murray, 1973; Doise, Mugny & Perret-Clermont, 1976; Murray, 1974).

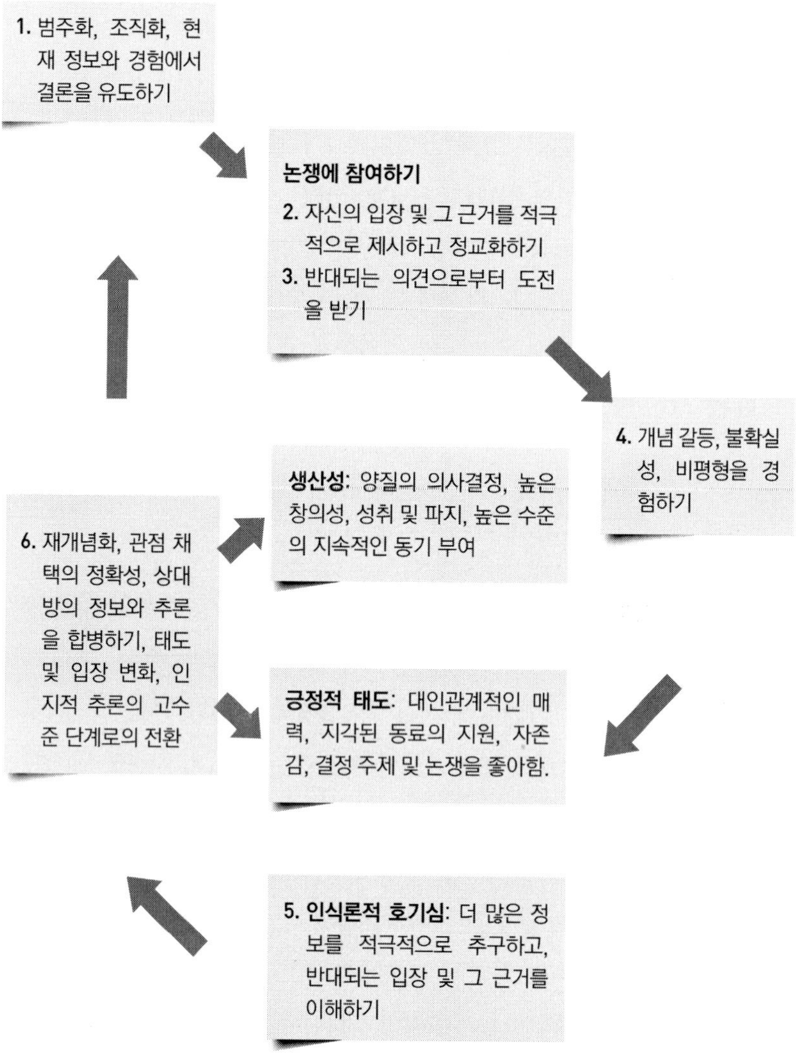

1. 범주화, 조직화, 현재 정보와 경험에서 결론을 유도하기

논쟁에 참여하기
2. 자신의 입장 및 그 근거를 적극적으로 제시하고 정교화하기
3. 반대되는 의견으로부터 도전을 받기

4. 개념 갈등, 불확실성, 비평형을 경험하기

생산성: 양질의 의사결정, 높은 창의성, 성취 및 파지, 높은 수준의 지속적인 동기 부여

6. 재개념화, 관점 채택의 정확성, 상대방의 정보와 추론을 합병하기, 태도 및 입장 변화, 인지적 추론의 고수준 단계로의 전환

긍정적 태도: 대인관계적인 매력, 지각된 동료의 지원, 자존감, 결정 주제 및 논쟁을 좋아함.

5. **인식론적 호기심**: 더 많은 정보를 적극적으로 추구하고, 반대되는 입장 및 그 근거를 이해하기

〈그림 4.1〉 논쟁의 과정 1

4차 산업혁명 시대의 혁신교수법

요약

옹호되고 있는 반대 견해를 듣는 것은 새로운 인지 분석을 자극하고 개인이 대안적이고 독창적인 결론을 자유롭게 생성하게 한다. 상반된 정보가 당면 과제를 완료하는 데 분명하게 적합하지 않을 때, 증거를 뒷받침하기 위해 편향된 방식으로 무시·경시되거나 또는 지각될 수 있다. 그러나 개인이 언젠가 곧 상반된 정보를 알아야 할 책임이 있음을 깨달을 때, 그 사람은 상반된 정보를 배우는 경향이 있다. 너무 많은 정보는 정보 과부하를 유발한다. 반대되는 견해가 다수가 아닌 사람에 의해 제시될 때 발산적 사고와 효과적인 문제 해결을 증진하는 데 더욱 효과적이다. 잘못된 관점에 직면해도 더욱 발산적인 사고와 새롭고 인지적으로 더 나은 해결책의 생성을 초래할 수 있다.

5단계 인식론적 호기심과 관점 채택

논쟁 과정의 다섯 번째 단계는 집단 성원이 인식론적 호기심을 경험하는 것으로, 이것은 논의되는 주제에 대해 더 많은 정보를 찾고 그 이슈를 볼 수 있는 더 적절한 관점을 찾으려는 시도를 야기한다. 반대되는 입장에 접하여 생성된 개념 갈등, 비평형, 불확실성은 반대되는 입장의 정보를 학습하고 다른 집단 성원의 관점을 이해할 필요가 있다는 인식으로 귀결된다.

논쟁 소지가 있는 통로에 의해 생성된 불확실성은 논의되고 있는 주제에 관해 더 많이 학습하려는 욕망을 뜻하는 인식론적 호기심에 동기를 부여하는 경향이 있다(Berlyne, 1965, 1966). 결국 인식론적 호기심은 불확실성을 해결하려는 희망에서 (a) 더 많은 정보와 새로운 경험 (특정 내용의 증가), (b) 더 적절한 인지적 관점과 추론 과정(타당성의 증가)에 대한 적극적인 탐색을 수반한다. 그것은 발산적인 주의력과 사고 과정을 자극한다. 협동적인 맥락에서 지적인 반대에 직면할 때 개인은 서로에게 더 많은 정보를 요구하고, 그 이슈의 모든 측면에서 정보를 살펴보며, 사실을 보는 더 많은 방법을 활용하는 경향이 있다(Nemeth & Goncalo, 2005; Nemeth & Rogers, 1996). 인식론적 호기심은 불확실성을 고무시키는 의견 불일치에 달려 있다. 슈와르츠와 그 동료(Schwarz, Neuman & Biezuner, 2000)는 저학력의 이스라엘 고등학생을 대상으로 한 연구에서 서로 다르지만 잘못된 개념 전략을 가진 학습 파트너들은 한 학생이 처음에 올바른 전략을 사용했던 쌍보다 의견 불일치를 해결하기 위해 가설 검증을 사용하는 경향이 많았다는 사실을 발견했다. 후자의 경우, 올바른 전략을 활용한 학생은 불확실하지 않았으므로 그 쌍의 가설 검증은 덜 효과적인 경향이 있다. 동의 추구나 합의와 비교하여 논쟁을 포함한 논의는 더 많은 개념 갈등을 인식하고 더 많은 인식론적 호기심을 경험하게 했다(Tjosvold & Field, 1986).

연구진(Kang et al., 2009)은 인식론적 호기심(새로운 정보를 배우려는 열망과 배울 정보가 가져다주는 보상에 대한 기대감)이 호의적인 상호성(Fehr & Camerer, 2007; King-Casas, Tomlin, Anen, Camerer, Quartz & Montague, 2005), 사회적 협동(Rilling, Gutman, Zeh, Pagnoni, Berns & Kitts, 2002), 이타적 처벌(de Quervain, Fischbacher, Treyer, Schellhammer, Schnyder, Buck & Fehr, 2004), 경매 낙찰(Delgado, Schotter, Ozbay & Phelps, 2008)과 같은 다양한 일차적 및 이차적 강화 인자(Delgado, Locke, Strenger & Fiez, 2003; Delgado, Nystrom, Fissell, Noll & Fiez, 2000)를 가로질러 예상된 보상과 상

관된 것으로 이전에 알려졌던 뇌의 꼬리 모양 부위에서의 활성화와 상관되어 있음을 발견했다. 연구진(Kang et al., 2009)은 개인이 호기심이 많을 때 답을 찾기 위해 희소 자원(제한된 토큰이나 대기 시간)을 더 많이 사용한다는 사실을 발견했다. 또한, 기능적 자기 공명 영상(fMRI)은 참가자가 부정확하게 추측했을 때 기억 영역의 활동이 증가했다는 것을 보여 주었고, 이것은 호기심이 놀라운 새로운 정보에 대한 기억력을 향상시킬 수 있다는 것을 암시한다. 연구진은 초기 세션에서 더 높은 수준의 호기심이 1주와 2주 후에 놀랄 만한 답변을 더 잘 기억할 수 있다는 사실을 발견했다. 호위와 그 동료(Howe, Tolmie & Rogers, 1992; Howe, Tolmie, Greer & Mackenzie, 1995; Tolmie, Howe, Mackenzie & Greer, 1993)는 다른 집단 성원이 자신의 입장과 논증에 도전하고 평가하는 대화는 집단 과제를 완료한 후 오랫동안 그 과제에 대해 성찰하려는 동기를 부여한다는 사실을 발견했다. 연구진은 지속적인 인식론적 호기심을 촉진하는 것은 지적인 도전이고, 결국 그것은 새로운 학습을 지속적으로 동기화한다고 결론지었다.

대인 관계적인 의견 불일치는 처음에 각 개인이 자신의 결론을 의심하게 만들 수 있기 때문에 내적 갈등이 되는 대인 관계적인 갈등을 일으킨다. 따라서 논증은 대인 관계적인 갈등과 개인 내적인 갈등을 어느 정도 동시에 해결하는 것을 목표로 삼는다. 대인 관계적인 갈등 해결은 개인의 인지 갈등 또는 개념 갈등의 해결을 촉발한다(Ames & Murray, 1982; Doise, Mugny & Perez, 1998; Gilly & Roux, 1984; Mugny et al., 1975-1976; Mugney et al., 1978-1979). 이 연구는 아동과 성인 모두에게 수행되었다.

피아제 학파의 과제를 수행하는 아동이 정답에 대해 대인 관계적인 갈등을 겪었을 때, 정답을 찾음으로써 갈등을 해결한 아이들은 동의 또는 순응을 통해 갈등을 해결한 아이들보다 인지적으로 더 발달하는 경향이 있었다(Carugati, De Paolis & Mugny, 1980-1981; Mugny et al., 1978-1979).

협동적 맥락에서 지적인 반대에 접할 때 개인은 서로에게 더 많은 정보를 요청하고, 그 이슈의 모든 측면에서 정보를 살펴보려고 하며, 사실을 보는 더 많은 방법을 활용하는 경향이 있다(Nemeth & Goncalo, 2005; Nemeth & Rogers, 1996). 개념 갈등은 인식론적 호기심, 즉 불확실성을 해결하려는 희망에서 더 많은 정보를 적극적으로 찾도록 동기를 부여한다. 논쟁이 없는 토론, 동의 추구 토론, 개별 시도와 비교하여 논쟁에 참여하는 사람은 다른 사람의 입장을 알고 그것에 대한 이해와 인식을 발전시키도록 동기가 부여되고(Tjosvold & Johnson, 1977, 1978; Tjosvold et al., 1980; Tjosvold, Johnson & Lemer, 1981), 다른 입장에 대한 보다 정확한 이해를 발전시킨다(Smith et al., 1981; Tjosvold & Johnson, 1977, 1978; Tjosvold et al., 1980). 인식론적 호기심의 지표는 개인이 적극적으로 (a) 더 많은 정보를 찾고, (b) 반대되는 입장과 근거를 이해하며, (c) 반대되는 관점에서 상황을 보려는 시도를 포함한다. 끝으로 낯선 논증(Garcia-Marques & Mackie, 2001), 발산적인 증거(Kruglanski, 1980), 반대되는 견해(Nemeth, 1986), 비(非)확증적인 정보(Toma & Butera, 2009), 반(反)직관적인 발견(Berlyne, 1960, Piaget, 1985)은 익숙한 논증이나 확증 증거에 직면하는 것보다 더 깊은 정보 처리와 더욱 정교한 지식을 생성할 수 있다.

정보 검색

논쟁이 더 많은 정보를 적극적으로 검색하게 한다는 증거가 있다. 로우리와 존슨(Lowry & Johnson, 1981)은 논쟁에 참여한 사람이 동의 추구에 참여한 사람과 비교하여 관련성 있는 자료를 더 많이 읽고, 관련 자료를 더 많이 검토하고, 여가 시간 동안 더 많은 정보를 수집하고, 타인에게 더 자주 정보를 요청했다는 사실을 발견했다. 스미스와 그 동료(Smith et al., 1981)는 동의 추구와 개별 시도와 비교할 때 논쟁이 관련 자료의 사용을 증진하고, 더 많은 정보를 수집하려고 자유 시간을 더 자주 포기한다는 사실을 발견했다. 존슨과 존슨(Johnson & Johnson, 1985), 존슨과 그 동료(Johnson et al., 1984)는 토론과 개별 시도와 비교하여 논쟁이 교실 밖에서 더 많은 정보를 더 많이 검색하려는 것을 촉진한다는 사실을 밝혀냈다. 존슨과 그 동료(R. Johnson et al., 1985)는 논쟁에 참여한 개인이 동의 추구나 개별 시도에 참여하는 개인에 비해 논의되고 있는 주제에 대해 더 많이 배우려는 관심을 높여 준다는 사실을 발견했다. 비치(Beach, 1974)는 협동적으로 활동하는 소규모 토론 집단이 전통적인 강의-경쟁 구도보다 대학의 심리학 강좌에서 보고서를 작성하기 위해 더 많은 책을 참조했다는 사실을 발견했다. 또한, 호베이와 그 동료(Hovey, Gruber & Terrell, 1963)는 대학의 심리학 과정에서 협동적인 토론 집단에 참여한 개인이 전통적인 강의-경쟁 구도에 비해 자신의 지식을 확장하기 위해 독서를 더 많이 하고, 강좌 경험 후에 더 많은 호기심을 나타냈다는 사실을 발견했다. 공유, 도전, 평가를 포함하는 대화에 참여하는 학생은 그 과제를 완료된 후에도 오랜 시간 그 주제에 대해 성찰하려는 동기를 부여받는 경향이 있다(Howe, Tolmie & Rogers, 1992;

Howe, McWilliam & Cross, 2005; Tolmie, Howe, Mackenzie & Greer, 1993).

반대되는 입장을 이해하기

논쟁에 참여하는 사람은 다른 사람의 입장을 알도록 그리고 그것을 이해하고 인식하는 것을 발전시키도록 동기가 부여되는 경향이 있다(Tjosvold & Johnson, 1977, 1978; Tjosvold et al., 1980; Tjosvold, Johnson & Lemer, 1981). 반대되는 입장을 이해하려는 시도는 이득이 있다. 논쟁에 참여한 사람은 논쟁이 없는 토론, 동의 추구 토론 또는 개별 시도에 참여한 사람에 비해 다른 입장에 대한 정확한 이해를 발전시켰다(Smith et al., 1981; Tjosvold & Johnson, 1977, 1978; Tjosvold, Johnson & Fabrey, 1980).

관점 채택

모든 집단 성원이 수용할 수 있는 하나의 종합에 도달하려면 이슈를 모든 관점에서 바라볼 수 있어야만 한다. 다른 옹호 팀이 제시하는 정보를 이해하는 것만으로는 충분하지 않다. 반대하는 성원이 말하는 관점을 명확하게 이해하는 것도 필요하다. 집단 성원은 반대자가 제시하는 정보를 이해하고, 반대자가 정보를 정리하고 해석하는 데 사용하는 인지적 관점을 이해할 수 있어야 한다. 인지적 관점은 개인의 지식에 의미를 부여하기 위해 사용되는 인지적 조직화와 개인의 추론 구조로 구성된다. 티조스볼트와 존슨(Tjosvold & Johnson, 1977, 1978) 그리고 티조스볼트과 그 동료(Tjosvold, Johnson & Fabrey, 1980)는 3가지 실험을 수행하여 논쟁의 존재는 논쟁의 부재보다 다른 사람의 인지적 관점에 대한 더 많은 이해를 증진한다는 것을 발견했다. 논쟁에 참여한 개인은 논쟁이 없이 상호작용하는 개인보다 미래의 문제를 해결할 때 상대방이 어떤 추론 노선을 사용하는지를 더 잘 예측할 수 있었다. 관점 채택 기술은 논쟁에서 정보와 의견을 교환하는 것, 공개된 정보의 양에 영향을 주는 것, 의사소통 기술, 반대되는 입장 이해와 파지의 정확성 그리고 정보 교환 과정의 친숙함을 위해 특히 중요하다(Johnson, 1971).

스미스와 그 동료(Smith et al., 1981)는 논쟁, 동의 추구, 개별 시도의 상대적인 영향력을 비교했다. 84명의 6학년 아이들은 능력과 성별로 분류된 조건(두 집단 조건 안에서 4개의 집단)에 무작위로 배정되었다. 이 연구는 90분 동안 진행되었다. 경계 수역 국립공원에서 벌목, 채굴, 스노모바일과 모터보트의 사용을 허용하는 것의 바람직함과 석탄의 노천 채굴을 권장하는 것의 바람직함이라는 두 가지 이슈가 연구되었다. 연구진은 논쟁에 참여한 개인이 동의 추구 토론이나 개별 시도에 참여한 사람보다 상대방의 관점을 이해하는 것이 더 정확하다는 사실을 발견했다. 존슨과 그 동료(Johnson et al., 1985)는 또한 논쟁 조건에 참여하는 개인이 동의 추구 토론에 참여하는 개인보다 반대되는 관점을 더 잘 채택한다는 것을 발견했다.

사회적 투사

관점 채택의 정반대는 자기중심성이다. 자기중심성과 밀접하게 관련되어 있는 것은 사회적 투사(social projection), 즉 그 상황에서 자기가 행동하는 것처럼 타인도 그렇게 행동할 것이라고 믿는 기대다(Krueger, 2013). 사회적 투사 이론은, "상대방의 관점은 무엇이며, 따라서 상대방은 어떻게 행동할 것인가?"라고 생각하는 대신에, "그 상황에서 내가 무엇을 할 것인가? 따라서 상대방은 그렇게 할 것이다."라고 생각할 것이라고 진술한다. 개인은 타인의 관점이 자신의 것과 동일하다고 가정한다. 이 이론은 개인이 다른 사람이 할 수 있는 것에 대한 정보가 없다고 가정한다. 사회적 투사는 사람들이 자신과 다른 사람을 같은 집단의 성원으로 간주할 때 가장 강한 것으로 가정된다(Robbins & Krueger, 2005).

건설적 논쟁에서 개인은 이슈에 대해 최고의 합리적인 판단을 내리려는 공동 목표를 가진 같은 집단의 일원이므로, 사회적 투사로의 문을 열어젖힌다. 사회적 투사가 이슈를 다양한 관점에서 보는 데 방해가 되는 경향은 사회적 투사가 자기중심성의 한 형태가 되도록 만든다. 그러므로 사회적 투사는 관점 채택 및 양질의 창의적인 결정이나 답변에 도달하는 데 하나의 장애가 될 수 있다.

⑥단계 재개념화, 종합, 통합

명백한 논쟁이 대안을 확인하고 각 대안을 위한 최상의 사례를 옹호하도록 성원을 할당함으로써 구조화될 때, 그 목적은 대안 중 하나를 선택하는 것이 아니다. 오히려 목적은 모든 다양한 대안으로부터 최고의 추론과 결론의 종합을 만들어 내는 것이다. 종합은 개인이 여러 가지 아이디어와 사실을 하나의 입장으로 합병할 때 발생한다(Johnson & Johnson, 2007). 지식인은 아이디어와 사실을 모으고 많은 양의 정보를 하나의 결론이나 요약으로 재(再)진술하는 귀납적 추론을 활용한다. 종합은 종종 증거의 본체 안에서 새로운 유형을 보고, 다양한 관점에서 이슈를 보고, 증거를 통합하는 몇 가지 선택적 방법을 만들어 내는 것을 포함하는 창조적인 과정이다. 이것은 지식을 개연적인 것으로, 즉 확실성의 정도에서 가용한 것으로 보는 것을 필요로 한다. 여기서 피해야 할 것은 지식을 이중적인 것으로 보아서 오직 옳고 그름만 있을 뿐이고 권위를 의심해서는 안 된다고 보는 것 또는 상대적인 것으로 보아서 권위가 때로는 옳지만 옳고 그름은 자신의 관점에 달려 있다고 보는 것이다.

종합의 두 가지 목적은 최선의 가능한 결정을 내리는 것 그리고 모든 집단 성원이 그 결정을 실행하는 것에 헌신할 수 있는 하나의 입장을 발견하는 것이다. 의사결정을 내리기 위한 합의가 필요할 때, 반대하는 성원은 자신의 견해를 오랫동안 유지하는 경향이 있고, 심의가 더욱 강력해지는 경향이 있으며, 집단 성원은 정의가 제대로 구현되었다고 느끼는 경향이 있다(Nemeth, 1977). 집단 성원이 다른 사람의 인지적 관점과 추론을 이해하고 자신의 것에 적합하게 만들 때 새롭고 재(再)개념화되고 재(再)조직화된 결론이 도출될 수 있다. 새로운 해결책과 결정은 모든 것을 감안할 때 최초 입장보다 질적으로 더 좋은 것으로 감지되는 경향이 있다.

합의에 이르거나 입장 간의 차이를 해결하는 것이 학습 및 효과적인 의사결정에 필수적인 것은 아니라는 점에 유의해야 한다(Howe, Rogers & Tolmie, 1990; Howe, Tolmie & Rogers, 1992; Howe, Tolmie, Thurston, Topping, Christie, Livingston, Jessiman & Donaldson, 2007). 차이를 해결하지 못하는 집단이 일반적으로 차이를 해결하는 집단만큼 효과적일 수 있다. 따라서 중요한 것은 해결이 아니라 해결하려고 노력하는 과정이다.

마지막으로, 누스바움과 슈라우(Nussbaum & Schraw, 2007)는 논증의 강점은 하나의 결론이 반박, 무시 또는 반대 논증의 수용에 의해 또는 가능한 반대를 제거하는 창의적인 해결책에 의해 반대 논증을 얼마나 잘 물리치는지의 기능이라고 여기는 논증-반대 논증 개념을 제안하였다. 그러나 그들은 여러 입장을 통합하는 것과 상관없이 반대되는 입장을 논의하는 것의 이점을 강조하지 않는다. 그들은 논증-반대 논증 통합 모델을 여러 대학의 학부 수준에 적용하였다(Nussbaum, 2008b; Nussbaum & Schraw, 2007; Nussbaum, Winsor, Aqui & Poliquin, 2007).

타인의 정보와 추론을 통합하기

상대방의 입장, 추론, 관점에 대한 더욱 정확한 이해는 상대방의 추론을 자신의 입장에 통합하는 결과를 가져오는 것으로 가정되었다. 논쟁이 없는 토론, 동의 추구 토론, 개별 시도에 참여하는 것과 비교할 때 논쟁에 참여하는 것은 상대방의 논증과 정보를 더 많이 합병하게 된다는 증거가 있다(Johnson & Johnson, 1985; Johnson, Johnson & Tiffany, 1984; Tjosvold, Johnson & Lemer, 1981).

중요한 질문은 다음과 같다. 어떤 조건에서 반대되는 정보가 자신의 추론에 통합되고 어떤 조건에서는 그렇지 않은가? 반대되는 정보의 합병에 영향을 미칠 것으로 가정되고 있는 두 가지 조건은 (a) 협동 요소 또는 경쟁 요소가 상황을 지배하는지, (b) 참여자가 능숙하게 또는 미숙하게 동의하지 않는지의 여부이다. 티조스볼트와 존슨(Tjosvold & Johnson, 1978)은 펜실베이니아 주립 대학교 학부생 45명을 대상으로 하는 연구를 수행했다. 그 연구는 협동 맥락에서의 논쟁, 경쟁 맥락에서의 논쟁, 논쟁이 없음이라는 세 가지 조건을 포함하고 있었다. 학생들은 어떤 행동 방안을 취해야 할지를 개별적으로 결정하고, 파트너와 함께 도덕 딜레마에 관한 토론을 준비하고, 다른 집단의 한 학생과 그 도덕 딜레마와 대한 토론을 준비하고, 연구에 대한 요약 설명을 들었다. 실험 세션은 90분 동안 진행되었다. 연구진은 맥락이 협동적일 때 반대 입장을 열린 마음으로 더욱 경청한다는 사실을 발견했다. 논쟁이 경쟁적인 맥락에서 일어났을 때, 개인은 상대방의 견해에 대해 양보하지 않으려 하고, 상대방 견해의 어떤 것도 자신의 입장에 합병하는 것을 폐쇄적인 마음으로 거부하였다. 경쟁적인 맥락에서 논쟁으로 인해 생긴 이해의 증가는 자기 자신의 입장에 대한 방어적인 고집을 위해 무시되는 경향이 있었다.

로윈(Lowin, 1969) 그리고 클라인헤셀링크와 에드워즈(Kleinhesselink & Edwards, 1975)는 개인이 자신의 입장이 정확하다고 확신할 수 없어서 자기 입장이 쉽게 반박될 수 있을 때에는 비확증 정보에 접하는 것을 선택했는데, 그 이유는 아마도 그러한 반박이 그 자신의 신념을 확증할 수 있기 때문일 것이라는 사실을 발견했다. 반 블러콤과 티조스볼트(Van Blerkom & Tjosvold, 1981)는 상황이 경쟁적이기보다는 협동적일 때 개인은 반대되는 입장을 가진 동료와 이슈를 논의하는 것을 더욱 빈번하게 선택한다는 것 그리고 경쟁 상황에서 개인은 이슈를 함께 논의할 상대로 덜 유능한 동료를 더욱 자주 선택한다는 것을 발견했다. 티조스볼트(Tjosvold, 1982) 그리고 티조스볼트와 디머(Tjosvold & Deemer, 1980)는 상황이 경쟁적일 때 논쟁에 참여하는 사람은 타인의 정보와 아이디어를 이해하지만 그것을 활용하지 않는다는 사실, 그리고 상황이 협동적일 때에는 상대방이 제공한 정보와 아이디어를 활용한다는 사실을 발견했다.

협동 또는 경쟁 풍토가 상황을 지배하는 것에 덧붙여, 개인이 서로 동의하지 않는 기술 역시 상대방의 추론을 자신의 견해에 합병하는 정도에 영향을 미친다. 티조스볼트와 그 동료(Tjosvold, Johnson & Fabrey, 1980; Tjosvold, Johnson & Lerner, 1981)는 논쟁에 참여한 개인이 상대방으로부터 자신의 개인적 역량을 확증 받지 못했을 때에는 상대방의 입장, 정보, 추론에 대한 폐쇄적인 마음의 거부로 종결된다는 사실을 밝혀냈다. 생성된 방어력의 양은 개인이 상대방의 입장을 정확하게 이해했을 때조차도 개인이 상대방의 정보와 추론을 자신의 입장에 합병하는 정도에 영향을 주었다.

태도와 입장 변화

논쟁에 참여하면 태도와 입장이 바뀌는 경향이 있다. 집단 안에서의 의견 불일치는 더 많은 양의 정보와 다양한 사실을 제공하고, 알려진 정보의 요점에서의 변화가 생겨서 개인의 판단을 바꾸는 것으로 알려져 왔다(Anderson & Graesser, 1976; Kaplan, 1977; Kaplan & Miller, 1977; Nijhof & Kommers, 1982; Vinokur & Bumstein, 1974). 논쟁은 동의 추구, 논쟁이 없는 논의, 개별 시도보다 더 많은 태도 변화를 촉진시킨다(Johnson & Johnson, 1985; Johnson, Brooker, Stutzman, Hultman & Johnson, 1985). 퍼트남과 가이스트(Putnam & Geist, 1985)는 입장 변화를 요구하는 의견 일치의 가능성은 수용 가능한 합의를 찾는 방법으로서 수식어 및 의구심의 발달에 이어 강력한 찬반 논증이 있었을 때 가장 높았다는 사실을 발견했다.

인지적 추론의 한 단계에서 다음 단계로의 이동

인지 발달 이론가(Flavell, 1963; Kohlberg, 1969; Piaget, 1948, 1950)는 개인이 타인의 관점을 인식하도록 계속해서 강요를 받게 되는 대인 관계적 논쟁이 ⓐ 인지 발달과 도덕 발달, ⓑ 논리적 사고 능력, ⓒ 자기중심적 추론의 감소를 촉진한다고 주장했다. 그러한 대인 관계적인 갈등은 개인의 인지 구조 내에서 비평형을 발생시키는 것으로 추측되며, 그것은 더욱 적절하고 성숙한 추론 과정을 찾도록 동기를 부여한다. 머레이(Murray, 1972) 그리고 실버맨과 스톤(Silverman & Stone, 1972)은 인지적으로 전조작기의 아이들과 조작기의 아이들이 서로 짝을 짓게 한 다음에, 그들이 여러 문제에 대한 해결책에 관해 합의하거나 또는 교착 상태에 빠질 때까지 계속해서 토론을 하게 하였다. 상호작용 후에 개별적으로 시험을 보았을 때, 하위 수준 학생의 80~94%는 더욱 전통적인 훈련 시도에 대한 연구에서 보고된 매우 낮은 성공률에 비해 수행에서 상당한 성과를 거두었다(Beilin, 1977; F. Murray, 1978). 머레이(Murray, 1972)의 연구는 사전 검사에서 12점 만점에 0점을 기록한 15명의 아동 중 8명이 여러 번의 사후 검사에서 12점 만점에 11점 또는 12점을 받았음을 보여 주었다.

보존 개념을 이해하는 아이를 보존 개념을 이해하지 못하는 아이와 짝을 짓게 하고, 그 쌍에게 해결할 보존 과제를 부여하여, 합의 또는 교착 상태가 될 때까지 토론하도록 지시하는 것은 대부분의 보존 시험에서 보존 개념을 이해하는 아이의 대답이 지배적이고, 보존 개념을 이해하지 못하는 아이가 보존 방법을 학습하게 한다는 것을 증명하는 몇 가지 연구가 있다(Ames & Murray, 1982; Botvin & Murray, 1975;

Doise & Mugny, 1979; Doise et al., 1976; Knight-Arest & Reid, 1978; Miller & Brownell, 1975; Mugny & Doise, 1978; Murray, 1972; Murray, Ames & Botvin, 1977; Perret-Clermont, 1980; Silverman & Geiringer, 1973; Silverman & Stone, 1972; Smedslund, 1961a, 1961b).

이나가키(Inagaki, 1981) 그리고 이나가키와 하타노(Inagaki & Hatano, 1968, 1977)는 아이들(⅔의 아이들이 보존 개념을 이해하지 못함.)을 소집단에 배정하고 보존 과제를 부여하여 서로 토론하게 하는 것은 서로 토론하지 않았던 아이들과 비교할 때 더욱 적절하고 고수준의 설명을 하도록 만들었다는 사실을 발견했다. 실험에 참가한 아이들은 보존 원리를 다양한 상황으로 일반화하는 것에서 큰 진전을 보였으며, 명백하게 비(非)보존적인 사건을 보았을 때 소거에 더욱 자주 저항하는 경향이 있었다. 과제 자체에 대한 논의는 그러한 효과를 창출하지 못했다. 나타날 효과에 대한 개인의 설명 사이에 갈등이 반드시 있어야만 했다.

인지적 추론과 도덕적 추론에 대한 논쟁의 효과는 정상적인 아이와 의사소통 장애는 없지만 학습 장애가 있는 아이(Knight-Arest & Reid, 1978), 소수 인종과 백인, 사회경제적 지위에서 중산층 및 하류층에 속하는 유치원, 1학년, 2학년, 3학년, 5학년 아이를 대상으로 한 쌍(Silverman & Geiringer, 1973; Silverman & Stone, 1972), 한 아이 대 2명의 아이(Murray, 1972), 두 아이 대 세 명의 아이(Botvin & Murray, 1972; Silverman & Geiringer, 1973; Silverman & Stone, 1972)에서 일관되게 발견되었다.

그러나 보리스와 스피츠(Borys & Spitz, 1979)는 사회적 상호작용이 정신 지체로 보호 시설에서 생활하는 청소년(IQ = 66, 정신연령 = 10세, 연대기적 연령 = 20세)에게 특히 효과적이라는 것을 발견하지 못했다. 이러한 아이들과의 합의는 종종 신속하게 이루어졌다. 밀러와 브라우넬(Miller & Brownell, 1975)은 50초 이내에 서의 절반의 합의가 이뤄졌고, 합의하는 데 4~5분이 소요되지 않는 것으로 나타났다. 더 큰 사회적 영향이나 높은 지능 또는 더 능숙한 논쟁자이기 때문에 또래보다 더 나은 아이들이 우세하지 않았다. 최고의 TV 쇼 및 발달 속성이나 필수 속성이 없는 개념에 대한 논쟁에서 더 나은 아이는 90개의 논증 가운데 단지 41개만 이겼고, 38개는 졌으며, 11개는 교착 상태였다(Miller & Brownell, 1975). 최초의 견해와 그것의 정당화에 반복적으로 초점을 맞추는 경향이 있는 미성숙한 아이와 비교하여 발달적으로 더 진보한 아이는 약간 더 자주 토론을 시작하고, 대답을 약간 더 자주 하고, 좋은 이유를 더 자주 제시하고, 조금 더 자주 반대하고, 자극을 더 자주 옮기며, 자신의 논증에서 약간 더 유연했다(Miller & Brownell, 1975; Silverman & Stone, 1972). 성장은 굴복하는 아이에게서만 일어나는 경향이 있는데, 그들은 그 시간의 60~80%를 그렇게 했다(Silverman & Geiringer, 1973). 성장은 더 나은 동료의 답변을 앵무새처럼 따라 하는 것이 아니라 실제적인 통찰력을 통해 발생하는 경향이 있었다(Botvin & Murray, 1975; Doise et al., 1976; Gelman, 1978; Murray, 1981). 변화는 단일 방향적이고 비가역성을 띤 경향이 있었다. 보존 개념을 이해한 아이는 잘못된 전략을 채택하지 않았고, 보존을 이해하지 못하는 아이는 보존에 대한 더 큰 이해로 나아가는 경향이 있었다(Miller & Brownell, 1975; Silverman & Geiringer, 1973). 답에 대해 잘못된 입장을 논증했던 2명의 미성숙한 아이조차도 보존에 대한 이해를 향해 온건하지만 의미 있는 이득을 얻는 경향이 있었다(Ames & Murray, 1982).

도덕적 추론에 관해서도 유사한 연구가 수행되었다. 전형적으로, 도덕 딜레마를 해결하기 위해 낮은 수준의 도덕적 추론을 사용하는 아이는 높은 수준의 전략을 사용하는 동료와 협동하여 쌍을 이루었고 두 사람은 도덕 딜레마를 해결하는 방법에 대한 공동 결정을 내리는 과제를 부여받았다. 논쟁이 필연적으로 발생했다. 이러한 절차를 활용한 연구는 초기에 미성숙한 아이가 도덕적 추론 수준에서 상향 이동을 보인다는 사실을 발견했다(Blatt, 1969; Blatt & Kohlberg, 1973; Crockenberg & Nicolayev, 1977; Keasey, 1973; Kuhn, Langer, Kohlberg & Haan 1977; LeFurgy & Woloshin, 1969; Maitland & Goldman, 1974; Rest, Turiel & Kohlberg, 1969; Turiel, 1966).

〈그림 4.1〉 논쟁의 과정 2

4차 산업혁명 시대의 혁신교수법

종합하면, 이 연구들은 개인 간의 논쟁이 인지적 추론 및 도덕적 추론의 상위 단계로의 전환을 촉진한다는 증거를 제시한다. 이러한 발견은 인지적 추론과 도덕적 추론의 높은 수준이 직접적으로 가르쳐질 수 없다는 것은 이제껏 거의 의심의 여지가 없었기 때문에 특히 중요한 것이다(Inhelder & Sinclair, 1969; Sigel & Hooper, 1968; Sinclair, 1969; Smedslund, 1961a, 1961b; Turiel, 1973; Wallach & Sprott, 1964; Wallach, Wall & Anderson, 1967; Woholwill & Lowe, 1962).

요약

학생들은 보다 높은 수준의 사고와 추론 과정을 사용하고, 정보를 비판적으로 분석하며, 연역적 추론과 귀납적 추론을 모두 사용하여 종합에 도달한다. 종합은 학생들이 잠정적으로 결론을 내리고, 반대되는 관점을 정확히 이해하며, 새로운 정보를 그들의 개념적 틀에 합병하고, 그들의 태도와 입장을 바꿀 것을 요구한다.

동의 추구의 과정

집단이 신속한 결정을 위해 집단 성원의 결론 사이에 동의를 구할 때, 성원들은 의견 불일치나 반대를 피하고, 집단 성원 간의 합의를 강조하며, 대안적 아이디어와 행동 방안에 대한 현실적인 평가를 회피한다(Johnson & Johnson, 1979, 1989, 2007, 2009b). 달리 말해, 모든 사람이 집단 안에서 지배적인 다수의 의견에 동조해야 한다는 압력이 존재하므로, 성원들은 그들이 진정으로 믿지 않는 결정에 동의하는 그릇된 합의에 도달하게 된다. 동의 추구 과정의 단계는 다음과 같다.

1단계: 지배적인 입장을 유도한다

해결해야 할 문제나 내려야 할 결정에 직면했을 때, 가장 큰 힘을 가진 집단 성원(즉, 상사) 또는 대부분의 성원은 현재의 지식, 관점, 지배적인 반응, 기대, 과거 경험에 기초한 상황 분석으로부터 초기 입장을 도출한다. 그들은 처음 결론에 대해 높은 수준의 자신감을 갖는 경향이 있다. 그들은 인식론적 처리를 동결시킨다.

2단계: 지배적인 입장을 제시하고 옹호한다

지배적인 입장은 집단의 가장 강력한 성원 또는 다수의 대표자가 제시하고 옹호한다. 모든 집단 성원이 신속하게 동의하여 제안된 입장을 채택할 것으로 예상하므로, 설명은 자세하게 또는 간략하게 이루어진다. 개인이 자신의 결론과 그 근거를 다른 사람에게 제시할 때 인지 리허설에 참여하여 그들이 말하는 대로 자신의 입장을 재인식하여 자신의 입장에 대한 이해를 심화시키고, 보다 높은 수준의 추론 전략을 발견한다. 또한, 자신의 입장에 대한 헌신이 커져서 다른 입장에 대해 더욱 폐쇄적인 마음을 갖게 된다.

3단계: 성원은 동의하고 동조할 요구에 직면한다

성원은 제안된 입장에 동의해야 할 암묵적 또는 명시적 요구에 직면한다. 동조 압력은 평가에 대한 불안감을 일으키는데, 이것은 동의하지 않는 성원은 부정적으로 지각되어 배척을 당할 것이라는 우려를 의미한다(Diehl & Stroebe, 1987). 동조 압력은 또한 성원이 새로운 아이디어를 제안하지 못하도록 함으로써 창의력을 방해한다(Moscovici, 1985a, 1985b). 지배적인 사람 또는 성원의 대부분은 집단의 다른 성원에게 이슈에 대한 자신의 견해를 강요하는 경향이 있으므로, 모든 성원은 지배적인 준거 틀에서 그 이슈를 바라보게 되고, 이것은 사고의 수렴과 성원의 사고에서 초점의 축소를 가져온다.

4단계: 공적 입장과 사적 입장 간의 갈등

제안된 입장에 동의하지 않는 성원은 선택권을 갖는다. 즉, 지배적인 견해에 동의하거나 또는 지배적인 견해에 반대하여 있음 직한 조롱, 거부, 배척, 혐오에 직면하는 것이다(Freese & Fay, 2001; Nemeth & Goncalo, 2011). 집단의 가장 강력한 사람이나 대부분의 성원에 의한 옹호는 공적인 순응과 사적인 신념 간의 갈등을 유발한다. 반대하는 사람이 침묵을 지킬 때 이러한 갈등은 상당한 고통을 유발할 수 있으며, 반대하는 사람이 자신의 의견을 표명할 때는 아마도 더 많은 스트레스가 생길 수 있다(Van Dyne & Saavedra, 1996). 반대자들은 자신이 계속해서 반대 입장을 유지하면 (a) 부정적으로 보일 수 있어 동료와 상사가 자신을 싫어하고 고립시키거나, (b) 파괴적으로 관리되는 갈등으로 인해 집단을 적대적으로 분리시킬 수 있음을 깨닫는다. 이러한 잠재적 처벌 때문에 많은 잠재적인 반대자들은 침묵을 유지하고 자신의 진정한 의견을 억누르는 것이 더욱 쉽다고 생각한다.

5단계: 성원은 확증 정보를 찾는다

성원은 비판적인 분석 없이 지배적인 입장과 그 근거에 대해 공개적으로 동의한다. 또한, 그들은 지배적인 입장을 강화하기 위한 증거를 찾아내고 지배적인 관점에서만 그 이슈를 바라본다. 따라서 그들은 다양한 관점을 고려하지 않을 수 있다. 결과적으로 그들은 문제에 대한 독창적인 해결책을 탐색하는 것이 상대적으로 불가능하다(Nemeth & Wachtler, 1983). 사고의 수렴 및 성원의 사고에서 초점의 축소가 발생한다. 반대자들은 두 가지 이유로 다수의 입장을 채택하는 경향이 있다. 그들은 진실이 숫자에 있는 것이므로 다수가 아마도 정확할 것이라고 가정하거나 또는 공개적으로 반대하면 조롱과 거절을 당할 수도 있음을 우려한다. 따라서 그들은 다수의 입장을 좋아하고 수용하는 척 가장하기 마련이다.

합의에 대한 열망은 새롭거나 상이한 아이디어의 표현을 감소시킬 수 있다. 입장을 지지하는 정보와 입장과 상충되는 정보를 모두 가진 성원은 지지하는 정보만을 공개하고, 아무도 모르는 새로운 정보를 생성할 수 있는 통찰력에 저항할 수 있다(Larson, Christiansen, Abbott & Franz, 1996).

6단계: 공적 합의

모든 성원은 집단이 취해야 할 대답, 결론 또는 행동 방안에 공개적으로 동의하지만, 일부 성원은 다른 대답, 결론 또는 행동 방안이 더 효과적일 것이라고 사적으로 믿을 수 있다.

요약

건설적 논쟁과 동의 추구는 이론적으로 한 연속체의 양 극단이다. 그것을 상황에 구조화하면 상이한 상호작용 과정이 생긴다. 건설적 논쟁의 과정은 6가지 단계로 구성된다. (a) 정보를 조직화(정리)하여 결론을 유도하기, (b) 설명을 포함하면서 입장을 제시하고 옹호하기, (c) 반대되는 의견으로부터 도전을 받기(사회 인지적 갈등, 논증, 다수와 소수의 영향력, 확증 편향, 마이스페이스 편향을 포함함.) (d) 개념 갈등, 비평형, 불확실성(독립적인 의견을 표현할 수 있는 자유, 반대하는 정보와 추론을 잘못 이해하는 것, 반대하는 정보로 과부하가 되는 것, 반대 입장의 유용성을 인식하는 것, 타당하거나 오류가 있는 입장으로부터 도전을 받는 것을 포함함.), (e) 인식론적 호기심과 관점 채택(정보 검색, 반대되는 입장 이해, 관점 채택, 사회적 투사를 포함함.), (f) 재개념화, 종합, 통합(다른 사람의 정보와 추론을 합병하기, 태도와 입장 변화, 그리고 인지적 추론의 한 단계에서 다음 단계로의 이동을 포함함). 동의 추구 과정은 다음과 같은 단계를 포함한다. (a) 지배적 입장 도출, (b) 지배적 입장 제시 및 옹호, (c) 성원이 동의하고 동조해야 할 요구 사항, (d) 공적인 입장과 사적인 입장 간의 갈등, (e) 확증 정보 탐색, (f) 공적 합의. 이러한 과정은 각기 다른 결과를 가져오는 경향이 있다. 이러한 결과가 무엇인지를 알아보는 것이 다음 장의 초점이다.

건설적 논쟁의
결과

Chapter 05

건설적 논쟁의 결과

잉클링스

20세기에 가장 영향력 있는 영국 작가 중 2명은 톨킨(Tolkien)과 루이스(Lewis)였다. 톨킨은 호빗(*Hobbit*)과 반지의 제왕(*Lord of the Rings*) 3부작을 집필했다. 루이스는 순전한 기독교(*Mere Christianity*), 나니아 연대기(*The Narnia Chronicles*)와 같은 일련의 신학 서적을 집필했다. 두 사람 모두 천재적인 작가로 인정을 받고 있지만, 많은 사람은 두 사람이 아주 친한 친구였고, 서로의 일에 깊이 관여하였으며, 서로의 사고와 집필에 크게 영향을 받았다는 사실을 잘 알지 못한다.

이렇듯 이질적인 사람이 어떻게 아주 가까운 친구가 되었는지에 대한 대답은 암시, 제안 또는 모호한 생각을 의미하는 잉클링스(The

4차 산업혁명 시대의 혁신교수법

Inklings)라고 알려진 집단에서 찾을 수 있다. 잉클링스 회원들은 일주일에 두 번씩 정기적으로 모임을 가졌다. 그 모임에서 회원 중 한 명이 미리 작성해 온 원고(시, 이야기, 챕터)를 큰 소리로 읽는다. 그 후에 다른 회원의 비판과 지지가 뒤따른다. 그러면 그 절차가 일반적인 토론으로 흘러들어가서 우연히 생긴 거의 모든 주제에 대해 격론을 벌이기 전에 더 많은 독서를 하는 경우가 있을 수 있다. 이 과정은 여러 가지 중요한 결과를 만들어 냈다.

첫 번째 결과는 격려였다. 톨킨은 루이스에게서 감상적이고 동정적인 청중의 모습을 발견했다. 몇 년 후에 톨킨은 루이스에 대해 "내가 그에게 빚진 갚을 수 없는 부채는 통상적으로 이해되는 '영향'이 아니라 순수한 '격려'였다."라고 썼다.

두 번째 결과는 동기 부여다. 톨킨은 월터 후퍼(Walter Hooper)에게 "나는 루이스가 실마릴리언(Silmarillion)에서 하나의 이야기를 만들어 내도록 반지의 제왕을 썼다."라고 말했다. 잉클링스의 만남은 서로를 창조적으로 만들어 주는 정신의 네트워크를 대표했다.

세 번째 결과는 일에 대한 압력이었다. 1944년 초에 톨킨은 몇 달 동안 반지의 제왕을 거의 집필하지 못했다. 친구의 진척이 없음을 알아차린 루이스는 톨킨에게 일을 재개하라고 재촉했다. "나는 약간의 압력이 필요했고, 아마도 응답할 것이다."라고 톨킨은 편지에 썼다. 4월이 되자 그는 다시 글을 쓰고 있었다.

네 번째 결과는 아이디어의 교차 수정이었다. 각자의 글을 발표하고 비판을 받게 함으로써, 모든 회원은 서로의 아이디어와 그러한 생각을 표현하는 스타일을 접하게 되었다. 예를 들어, 루이스의 나니아 연대기는 톨킨의 글에 깊은 영향을 받았다.

지적 갈등은 잉클링스 회원 간의 상호작용에서 매우 중요한 것이었다. 예를 들어, 1944년 11월 전쟁이 끝나갈 무렵, 톨킨은 루이스와 윌리엄스와의 만남에 대해 썼는데, "부분적으로는 우리 모두가 동의하기 때문에 이성의 위업과 영혼의 흐름을 거의 기억할 수 없다."라고 말했다. 같은 달 말, 그의 아들 크리스토퍼에게 보낸 편지에서 톨킨은 저녁에 잉클링스에서 있었던 위대한 사건에 대해 이렇게 썼다. "이 모임에서 바필드(Barfield)는 루이스에게 모든 것을 정의하게 하고, 미묘한 구분으로 루이스의 가장 독단적인 언행을 가로막았다. 그 결과는 가장 재미있고 논쟁의 여지가 많은 저녁 시간이었는데, 만약 누군가가 우리 이야기를 엿들었다면 그 사람은 아마도 우리가 서로 총을 꺼내들기 전에 상대방에게 치명적인 모욕을 퍼붓는 적들의 모임이라고 생각했을 것이다."

건설적 논쟁의 과정이 뒤따를 때에는 많은 긍정적인 결과가 발생한다. 이 장에서는 이러한 결과를 검토할 것이다.

결과

논쟁 연구의 일반적 특징

이론은 의미 있는 개념적 틀로 기존 연구를 적절하게 포섭하고, 그 이론을 검증하거나 부인하여 가설적 관계가 발생하는 조건을 설정하는 추가 연구를 생성하지 않는 한, 아주 제한된 가치를 갖는 경향이 있다. 건설적 논쟁 이론은 이 2가지 모두를 성공리에 마쳤다. 그러나 이론과 연구의 관계는 단일한 방향이 아니다(Merton, 1957). 경험 연구는 예상하지 않은 타당한 결과의 발견, 이론이 적절하게 설명하지 못하는 연구 결과의 축적, 이론적 개념의 본질에 대한 명료화 그리고 이론과 새로운 종속 변인 간의 관계 입증을 통해 이론의 발전을 구체화할 수 있다. 여기서는 사회적 상호의존성에 초점을 맞춘 연구의 수와 특징을 기술하고, 그 결과를 제시하며, 사회적 상호의존성과 그것의 결과 간의 관계를 매개하는 변인에 대해 논의할 것이다.

건설적 논쟁에 대한 연구는 실험실 형태와 현장 실험 형태로 많은 다양한 참가자 모집단과 많은 상이한 과제를 사용하여 여러 환경에서 수많은 연구자에 의해 수행되었다. 건설적 논쟁을 지지하는 모든 연구의 상세한 목록은 존슨과 존슨(Johnson & Johnson, 2009b)의 연구를 참조하면 된다. 모든 연구는 참가자를 무작위로 조건에 할당했다. 박사 학위 논문 1개를 제외하고 모든 논문은 학술지에 게재되었고, 높은 내적 타당도를 갖고 있으며, 연구를 수행하는 데 적게는 1시간에서부터 많게는 60시간까지 걸렸다. 또한, 많은 연구가 초등학생, 중등학생, 대학생을 대상으로 시행되었다. 그런 연구는 1시간에서부터 30시간까지 걸렸다. 종합하면, 연구 결과는 상당한 타당도와 일반화 가능성을 갖는다. 이론을 입증하거나 거부하기 위한 데이터를 제공하려고 우리는 이용 가능한 연구에 대한 일련의 메타 분석을 실시했다(Johnson & Johnson, 1979, 1989, 2003, 2007, 2009b). 논쟁에 관한 수많은 결과는 연구에 의해 공식적으로 문서화되었다.

〈표 5.1〉 논쟁 연구의 메타 분석: 평균 효과 크기

종속 변인	평균	표준편차	수
의사결정의 질/성취			
논쟁/동의 추구	0.68	0.41	15
논쟁/토론	0.40	0.43	6
논쟁/개별 시도	0.87	0.47	19
인지적 추론			
논쟁/동의 추구	0.62	0.44	2
논쟁/토론	1.35	0.00	1
논쟁/개별 시도	0.90	0.48	15
관점 채택			
논쟁/동의 추구	0.91	0.28	9
논쟁/토론	0.22	0.42	2
논쟁/개별 시도	0.86	0.00	1
동기 부여			
논쟁/동의 추구	0.75	0.46	12
논쟁/토론	0.45	0.44	5
논쟁/개별 시도	0.71	0.21	4
태도			
논쟁/동의 추구	0.58	0.29	5
논쟁/토론	0.81	0.00	1
논쟁/개별 시도	0.64	0.00	1
대인관계 매력			
논쟁/동의 추구	0.24	0.44	8
논쟁/토론	0.72	0.25	6
논쟁/개별 시도	0.81	0.11	3
토론/개별 시도	0.46	0.13	2
사회적 지지(지원)			
논쟁/동의 추구	0.32	0.44	8
논쟁/토론	0.92	0.42	6
논쟁/개별 시도	1.52	0.29	3

토론/개별 시도	0.85	0.01	2
자부심			
논쟁/동의 추구	0.39	0.15	4
논쟁/토론	0.51	0.09	2
논쟁/개별 시도	0.85	0.04	3
토론/개별 시도	0.45	0.17	2

의사결정과 문제 해결의 질, 성취, 파지

논쟁은 학습되는 자료와 기술의 숙달 및 파지에서 동의 추구(효과 크기=0.70), 토론(효과 크기=0.62), 개별 학습(효과 크기=0.76)보다 훨씬 효과적인 것으로 밝혀졌다(Johnson & Johnson, 2009b). 건설적 논쟁은 윤리적 딜레마와 관련된 결정을 포함하여 양질의 결정 그리고 다른 관점이 그럴듯하게 발전할 수 있는 복잡한 문제에 대한 양질의 해결책을 가져오는 경향이 있다(Boulding, 1968; Glidewell, 1953; Hall & Williams, 1966, 1970; Hoffman, Maier & Hoffman, 1964; Maier & Solem, 1952). 건설적 논쟁에 참여하는 것은 동의 추구, 토론, 개별 시도와 비교하여 볼 때, (a) 자기 자신과 타인의 입장에 포함된 정보와 추론을 회상하는 능력을 현저히 향상시키고, (b) 그 학습을 새로운 상황에 더욱 능숙하게 전이시키며, (c) 학습한 원리를 더욱 다양한 상황에 일반화시킨다. 상호 이익을 위한 의견의 불일치는 문제나 이슈에 대하여 통합적인 양질의 해결책을 산출하는 경향이 있다(Lovelace, Shapiro & Weingart, 2001; Nauta, De Dreu & Van Der Vaart, 2002). 전문 출처의 결론을 좇는 동의 추구는 향후 진단 전략을 사용하는 것을 오히려 감소시키는 것으로 나타났으므로(Butera, Mugny & Tomei, 2000, Study 1), 동의 추구는 새로운 상황에 대한 학습의 전이를 감소시킬 수 있다.

교과 학습

건설적 논쟁에 참여하는 것은 과학(Driver, Newton & Osborne, 2000), 수학(Lampert, Rittenhouse & Crumbaugh, 1996), 독서(Anderson, Nguyen-Jahiel, McNurlen, Archodidou, Kim, Reznitskaya, Tillmanns & Gilbert, 2001) 와 같은 과목에서의 학습, 그리고 역사와 사회 과목의 이슈에 관한 이해(De La Paz, 2005)를 향상시킨다. 스태비와 버코비츠(Stavy & Berkovits, 1980)는 전통적 교수법과 비교하여 개념 갈등을 유발하는 수업이 기온 개념에 대한 아동의 이해를 상당히 증가시킨다는 사실을 발견했다. 마-나임과 그 동료(Ma-Naim, Bar & Zinn, 2002)는 전통적 교수법과 개념 갈등을 비교하여 개념 갈등이 열역학 관련 개념에 대한 성인 학생의 이해를 크게 향상시키는 것을 발견했다. 마지막으로, 차이점의 해결이 학습에 필수적이지 않다는 증거가 있다(Howe, 2006; Howe, Rogers & Tolmie, 1990; Howe, Tolmie & Rogers, 1992; Howe, Tolmie, Thurston, Topping, Christie, Livingston, Jessiman & Donaldson, 2007). 차이점을 해결하지 못한 집단 성원은 차이점을 해결한 집단 성원보다 더 많은 것을 배우는 것으로 나타났다. 중요한 것은 추론과 결론에서 차이점을 해결하는 것이 아니라, 해결책을 완성하려는 시도 과정을 경험하는 것 같다.

건설적 논쟁은 더욱 심층적인 문제 탐색(Tjosvold, 1982, Tjosvold & Deemer, 1980)을 통해 고수준의 학습을 촉진하고, 실수로부터 팀이 학습하는 것(Tjosvold, Yu & Hui, 2004)과 일을 더 잘 수행하기 위한 매니저의 학습을 증가시켜 준다(Tjosvold & Halco, 1992). 조하르와 네멧(Zohar & Nemet, 2002)은 9학년생을 대상으로 9개의 교실 수업에서 유사 실험을 수행하였다. 실험 집단은 효과적인 논쟁에 참여하는 방법(예: 관련성, 건전성, 반박 논증 고려)을 배웠다. 그들은 논쟁에 관해 배운 것을 활용하여 인간의 유전에 관한 두 가지 딜레마에 대해 논의했다. 통제 집단은 단순히 표준적인 인간의 유전 문제를 해결했다. 실험 집단 학생은 통제 집단 학생보다 인간의 유전에 관한 지식에서 더 높은 점수를 받았다. 애스터한과 슈와르츠(Asterhan & Schwarz, 2007)는 통제 집단에게는 공동으로 최선의 해결책에 도달하도록 지시하고, 실험 집단에게는 서로 다른 해결책에 대해 찬반 논쟁을 벌이면서 비판적 논의를 하도록 지시하는 2개의 실험을 수행하였다. 실험 조건의 학생은 개별적으로 관리되는 개념 이해 테스트에서 사전 검사로부터 1주일 후의 사후 검사까지 증가를 유지한 반면에, 통제 조건의 학생은 즉각적인 사후 검사에서 증가를 보였지만 그 증가가 보전되지는 않았다. 연구진은 두 번째 실험에서 실험 집단에서 비판적 토론이 훨씬 더 용이하게 진행될 수 있도록 파트너에게 질문을 하도록 실험 조건의 각 쌍에 실험 공모자 학생을 활용하였다. 비판적인 논쟁에 참여하게 된 학생은 개념 이해에 관한 즉각적인 사후 검사 및 지연된 사후 검사 모두에서 유의미하게 높은 성적을 보였다. 호위와 그 동료(Howe, Tolmie, Thurston, Topping, Christie, Livingston, Jessiman & Donaldson, 2007)는 10~12세 초등학생의 대화를 기록하였다. 아이들은 증발 및 결로에 대한 확장 과제를 통해 3주 이상 협동하였다. 학습 집단에서 반대되는 의견의 표현은 학습 이득에 대한 가장 중요한 단일 예측 인자였다. 학습 이득은 단지 몇 주 간격으로 실시된 사전 검사와 사후 검사만이 아니라, 18개월이라는 시간이 지난 후에도 계속해서 유지되는 것으로 나타났다(Howe, Tolmie, Thurston, Topping, Christie, Livingston, Jessiman & Donaldson, 2007).

논쟁 조건에서 발견된 장기간 파지에 대한 설명 중 두 가지는 다음과 같다. 하나는 논쟁에 참여하는 것이 이러한 관계를 나타내는 신경 연결을 강화하고 사전 지식과의 연결을 포함한 추가 연결을 생성하여 나중에 학생이 그 지식을 회상하고 재구성할 수 있게 해준다는 것이다. 또 다른 설명은 논쟁이 참가자가 함께 구성하고 수정하는 다이어그램이나 텍스트와 같은 공동 표현(joint representations)으로 이어질 수 있다는 것이다. 슈와르츠(Schwartz, 1995)는 과학적 문제를 다룰 때 쌍을 이루어 활동하는 사람이 혼자 활동하는 사람보다 추상적 시각화를 더 잘 만드는 경향이 있음을 발견했다. 그들은 집단의 모든 사람이 참조할 수 있는 공통의 표현을 만들기 위해 그렇게 했다. 다시 말해, 한 명 이상의 사람이 존재하는 것은 개인이 생각하고 있는 현상을 개념화하는 방식을 변화시키는 의사소통을 필요로 한다. 또한, 동의를 추구하는 것이 새로운 상황으로의 학습 전이를 감소시킬 수 있다는 증거가 있다. 부테라와 그 동료(Butera et al., 2000, Study 1)는 전문 출처의 결론을 채택하여 따르는 동의 추구가 추후에 진단 전략을 사용하는 것을 감소시킨다는 사실을 밝혀냈다.

의사결정

효과적인 집단의 결정은 집단 성원의 자원을 완전히 활용하고, 시간을 잘 사용하며, 정확한 또는 양질의 결정을 내리고, 필요한 모든 집단 성원이 결정을 완전히 수행하며, 집단의 문제 해결 능력을 개선하거나 또는 적어도 최소한 감소시키지는 않는다(Johnson & F. Johnson, 2013). 효과적인 의사결정에 대한 중요한 영향력은 지적인 불일치와 도전, 즉 건설적 논쟁이다. 모든 의사결정은 대안적인 행동 방안 중에서 선택을 수반하므로 논쟁이 반드시 필요하다. 논쟁은 하위 옹호 집단의 사용을 통해 문제 해결 집단 내에서 구성된다. 의사결정 과정에 능동적으로 참여하려면 집단 성원이 입장을 준비하여 옹호하고, 비판으로부터 방어하며, 대안적인 입장을 비판적으로 평가하고, 모든 관점에서 문제를 볼 수 있어야 하며, 모든 해결책의 가장 좋은 부분을 종합하여 통합해야만 한다.

즉, 효과적인 의사결정은 건설적 논쟁의 발생에 달려 있다. 논쟁의 여지가 없는 의사결정과 비교할 때, 논쟁을 통한 의사결정은 특히 의사결정을 하는 사람이 냉담한 비언어적 행동보다는 온정적인 행동을 표현하고(Tjosvold & Sun, 2003), 서로의 사회적 얼굴을 확인하며(Tjosvold, Hui & Sun, 2004), 해결책에 대한 공유된 책임감을 표현하고(Tjosvold, 1988), 강압적 행동보다는 설득을 하려는 행동을 보일 때(Tjosvold & Sun, 2001), 더욱 통합적이고 복잡한 결정을 내리는 것을 가능하게 한다(Smith, Petersen, Johnson & Johnson, 1986; Tjosvold, 1982; Tjosvold & Deemer, 1980). 의사결정을 위협이 아닌 하나의 도전으로 간주하는 집단 성원은 반대 관점에 개방적이며, 다른 성원의 주장과 정보를 통합하여 복잡한 결정을 내림으로써 두 가지 입장의 최상의 아이디어를 통합하려고 한다(Tjosvold, 1984). 건설적 논쟁은 의사결정이 논쟁의 여지가 없이 성취한 결과보다 훨씬 더 높은 의사결정의 예측 가능성을 갖는다(Tjosvold, Wedley & Field, 1986). 마지막으로, 다른 연구자(Kirchmeyer & Cohen, 1992)는 건설적 논쟁이 소수 민족이 포함되어 있는 다문화 집단 내에서 부분적으로 의사결정의 질을 향상시키는 경향이 있다고 보고했다.

생산성

건설적 논쟁의 결과에 초점을 맞춘 일련의 연구는 수행(Hui, Wong & Tjosvold, 2007; Tjosvold & Halco, 1992), 효율성(Tjosvold, Meredith & Wong, 1998), 효과성(Alper, Tjoosvold & Law, 1998; Tjosvold, Law & Sum, 2003), 생산성(Etherington & Tjosvold, 1998; Tjosvold, 1998b, 2002; Tjosvold, Hu & Law, 1998; Tjosvold et al., 2004; Tjosvold & Poon, 1998)과 같은 생산성의 측면을 평가한다. 여러 연구자는 과제 진척, 목표 달성, 문제 해결 진행 상황 및 사람들이 효율적이고 효과적으로 함께 일하는 방식을 평가하였다. 이러한 여러 가지 작동 방식을 생각할 때 건설적 논쟁은 종업원(Etherington & Tjosvold, 1998; Tjosvold & Halco, 1992; Tjosvold et al., 1998), 매니저(Etherington & Tjosvold, 1998; Tjosvold & Halco, 1992; Tjosvold et al., 1998; Tjosvold & Poon, 1998), 부하와 상사(Hui, Wong & Tjosvold, 2007; Tjosvold et al., 1998; Tjosvold et al., 2004) 간의 생산성을 증대하는 것으로 밝혀졌다. 개인 수준에서의 이러한 연구 이외에도 팀 수준에서 건설적 논쟁과 생산성 간에 긍정적인 관계가 존재한다는 사실을 분명하게 밝혀 준 여러 연구가 있다(Alper, Tjosvold & Law, 1998; Tjosvold, Law & Sun, 2003).

인지적 추론과 도덕적 추론

피아제(Piaget, 1950), 콜버그(Kohlberg, 1969), 플래벨(Flavell, 1963)과 같은 인지 발달 이론가들은 반복적인 대인 관계적 논쟁은 인지적·도덕적 발달, 논리적으로 사고하는 능력, 자기중심적 추론의 감소를 촉진하는 관점 채택을 계속해서 활용하게 해 준다고 가정했다. 그러한 대인 관계 논쟁은 문제에 대한 올바른 대답에 관한 내적 갈등을 만들어 비(非)평형 상태를 유발한다. 내적 갈등은 개인이 새롭고 높은 수준의 평형에 도달하는 재(再)평형화 과정을 유발한다. 한 개인이 자신의 비평형 사태를 유발할 수는 있지만, 다른 사람과 협력하면 비평형 경험을 더욱 촉진할 수 있다. 개인의 인지 구조 안에서 비평형은 더욱 적절하고 성숙한 추론 과정을 찾도록 동기를 부여한다. 인지 발달 이론가의 논리는 윤리적 추론이 일단 시작되면 최초의 제한적인 윤리적 틀에 대항하여 개인을 항상 더욱 보편적인 관점으로 이끈다는 다윈(Darwin, 1874)의 입장을 따른 것이다. 논쟁이 인지적·도덕적 추론에 미치는 영향력은 다양한 규모의 집단 그리고 다양한 학생 집단에서 뚜렷하게 발견되었다(Johnson & Johnson, 2007).

건설적 논쟁에 참여하는 개인은 동의 추구(효과 크기=0.84), 토론(효과 크기=1.38) 또는 개별 시도(효과 크기=1.10)에 참여하는 개인보다 더 높은 수준의 추론과 메타 인지적 사고를 사용하는 것으로 귀결된다(Johnson & Johnson, 2009b). 보존 개념을 이해하는 아이를 보존 개념을 이해하지 못하는 아이와 짝을 이루게 하고, 두 사람에게 해결할 보존 문제를 부여하여, 합의나 교착 상태가 될 때까지 서로 논쟁하도록 지시하는 것은 대다수의 보존 시도에 대해 보존 개념을 이해하는 아이의 대답이 지배적이고, 보존 개념을 이해하지 못하는 아이는 보존 방식을 배운다는 것을 입증하는 몇 가지 연구가 있다. 워커(Walker, 1983)는 자신의 견해에 반대하고 자신의 추론보다 한 단계 위에 있었던 학생이 제시하는 이유에 직면했을 때 많은 학생이 추론 단계에서 진전을 이뤘음을 발견했다. 학생들은 또한 동일한 수준의 추론 단계로부터 반대 의견에 직면했을 때조차도 인지적으로 발달했다. 보존을 이해한 어린이는 잘못된 전략을 채택하지 않았고, 보존을 이해하지 못한 아이는 보존에 대한 이해가 높아지는 경향이 있었다. 심지어 그 대답에 대해 잘못된 입장을 주장했던 미성숙한 두 아이조차도 보존에 대한 이해에서 온건하지만 중요한 진전을 이뤄내는 경향이 있었다. 과제 자체에 대한 논의는 그러한 효과를 가져오지 못했다. 효과가 나타나려면, 개인의 설명 사이에 갈등이 반드시 있어야 했다. 그러므로 사회적 상호작용은 다른 관점을 실제로 제시하고 주장할 때만 학습과 인지 발달을 증가시키는 것처럼 보인다(Mugny, Doise & Perret-Clermont, 1975-1976; Mugny, Giroud & Doise, 1978-1979).

더 구체적으로 머레이(Murray, 1972, 1982)는 보존 개념을 이해하는 아이와 이해하지 못하는 아이가 짝을 이루어 협동적으로 보존 판단을 내리게 한 결과, 협동적인 경험을 마친 후 1주일 후에 행해진 사후 검사에서 보존 개념 이해에 상당한 진전이 있음을 발견했다. 인지적 추론에서 진전을 이뤄내는 것으로 보인 것은 두 관점 간의 갈등이었다. 글래찬과 라이트(Glachan & Light, 1982)는 보존과 공간 조작 과제에 관한 연구에서 볼 때, 인지적 성장은 보존 개념을 이해하는 이이가 자신의 입상을 지지하는 주장을 하고 상대방에게 반론을 제기할 때 가장 두드러진다고 결론지었다.

로이와 호위(Roy & Howe, 1990)는 도덕적 추론에 대한 일련의 연구에서 대조적인 결론의 교환이 도덕적 추론에서 진전을 이룬다는 것을 발견했으며, 데이먼과 킬렌(Damon & Killen, 1982)은 결론을 대조하는 것이 개인적 적대감을 유발했을 때에는 인지적 발달 및 도덕적 발달에 대한 이득이 상실되었다는 사실을 밝혀냈다. 초·중등학생을 대상으로 했

4차 산업혁명 시대의 혁신교수법

던 연구는 문제 해결에 대한 결론이 서로 다른 성원으로 구성된 집단은 모든 성원이 같은 의견을 가진 집단의 학생과 비교하여 인지적·도덕적 추론 수준이 크게 높아진 것을 보여 주었다(Braee, 1990; Damon & Phelps, 1988; Howe, Tolmie & Mackenzie, 1995a; Howe, Tolmie, Anderson & Mackenzie, 1992; Miell & MacDonald, 2000; Pontecorvo, Paoletti & Orsolini, 1989; Schwarz, Neuman, & Biezuner, 2000). 스넬과 그 동료(Snell, Tjosvold & Su, 2006)는 건설적 논쟁이 국제 정의 및 관리자와 직원 사이에 높은 도덕적 강도를 지닌 윤리적 딜레마를 다루는 것을 향상시킨다는 증거를 제공한다. 티치와 그 동료(Tichy, Johnson, Johnson & Roseth, 2010)는 개별 학습과 비교하여 건설적 논쟁이 도덕 발달의 4가지 구성 요소에 미치는 영향을 조사했다(Narvaez & Rest, 1995). 비록 그들이 도덕적 민감성에 대한 일관된 영향력을 찾지는 못했지만, 논쟁은 도덕적 동기 부여, 도덕적 판단, 도덕적 성품의 수준을 상당히 높여 주는 경향이 있었다.

구두 상호작용 유형

일부 연구자는 고수준의 추론을 촉진하는 주장의 교환 유형을 확인하고자 학생의 언어적 상호작용을 분석하였다. 그러한 상호작용 유형은 탐색적 대화, 협력 추론, 운영 교섭을 포함한다. 반스와 토드(Barnes & Todd, 1977, 1995)는 그들이 탐색 대화라고 이름을 붙인 대화 형식을 확인했다. 그것은 정보의 효과적인 공유, 의견에 대한 명확한 설명, 설명에 대한 비판적인 검토를 주요 특징으로 한다. 그것은 아이디어와 창의적 사고를 촉진하는 것은 일종의 사고방식일 뿐 아니라, 본질상 파트너가 서로의 생각을 가지고 유목적적으로 비판적·건설적으로 참여하는 협력 활동이다(Mercer & Littleton, 2007). 학생들은 다른 학생들이 증거와 대안적인 가설에 근거하여 도전하고 반박하는 공동의 고려 사항에 대한 진술과 제안을 제시하고, 그다음에 공동으로 결정을 내린다. 탐색적인 대화에서 논증은 상호 목표를 성취하기 위한 것이다. 유동성 지능을 측정하는 RPM(Raven's Progressive Matrix)을 풀기 위한 최상의 방법에 대한 탐색적인 대화는 갈등적인 담론이나 합의 지향 담론보다 더 큰 개별 수행을 유발한다는 증거도 있다(Wegerif, Mercer & Dawes, 1999).

연구자들은 그들이 협력 추론이라고 부르는 언어적 상호작용의 유형을 확인했는데, 여기서 아이들은 추론과 지지 증거의 복잡한 네트워크로 이루어진 주장을 구성하려고 적극적으로 협동하여 활동한다(Anderson, Chinn, Wagoner & Nguyen, 1998; Chinn & Anderson, 1998; Kim, Anderson, Nguyen-Jahiel & Archodidou, 2007). 연구자들은 아이들이 공동으로 주장을 구성할 때 학생들의 개별적인 추론의 질이 일상적인 교실 토론보다 훨씬 높다는 것을 발견했다.

연구에서 강조된 또 다른 대화 형태는 운영 교섭이다. 운영 교섭은 추론을 취하여 그것을 어떤 형식으로 변형한다. 예를 들어, '나는 그 상자가 나무이기 때문에 뜰 것이라고 생각한다.'는 추론을 '그것은 물로 반쯤 차 있어서 가라앉을 것이다.'로 변형한다. 변형은 이러한 예시에서처럼 의견 불일치에 대한 정당화를 포함할 수 있지만, 명료화와 정교화를 포함할 수도 있다. 운영 교섭의 효과는 버코위츠와 깁스(Berkowitz & Gibbs) 그리고 나중에 여러 학자(Krugger, 1992; Roy & Howe, 1990)가 도덕적 이슈와 법률적 이슈에 대한 이해를 증진시키고, 밀과 맥도날드(Miell & MacDonald, 2000)가 음악에서 아이들의 협력적인 작곡 활동을 지원하는 것을 통해 입증되었다.

이러한 3가지 상호작용의 유형 모두에서 개인은 지식을 공유하고, 아이디어에 도전하며, 증거를 평가하고, 합리적이고 공평한 방식으로 선택지를 고려한다. 개인은 아이디어가 공유되고, 공동으로 분석되며 비판적으로 평가되는 데 필요한 만큼 명확하고 명시적으로 자신의 아이디어를 제시한다.

정답을 유도하는 2가지 오답

논쟁과 문제 해결에 관한 흥미로운 질문은 '참가자가 잘못된 정보를 제시하면 어떻게 되는가?'이다. 간단히 말해서, 2개의 상충하지만 잘못된 해결책을 옹호하는 것이 참가자로 하여금 올바른 해결책을 발견하도록 이끌 수 있는가? 이제껏 수행된 대부분의 연구에서 문제 해결 집단의 성원은 2개의 상충하지만 정당한 대안적인 해결책을 옹호하였다. 그러나 비록 반대 입장이 틀렸을지라도, 반대 입장에 의해 만들어질 수 있는 창조적인 공헌이 있다. 논쟁 과정의 가치는 그것이 이끌어 내는 주의력과 사고 과정에 놓여 있으며, 반대 입장의 정확성은 그다지 중요하지 않다. 비록 관점이 부정확한 경우라 할지라도, 개인이 하나 이상의 관점에 노출될 때에는 더 많은 인지적 처리가 발생할 수 있다. 네메스와 와흐틀러(Nemeth & Wachtler, 1983)는 신뢰할 수 있는 소수의 관점에 노출된 피험자가 소수의 관점이 옳았다고 할지라도 일관되게 하나의 관점에 노출된 피험자보다 문제에 대한 더 많은 해결책과 정확한 해결책을 생성함을 발견했다. 인지적 추론에 관한 일련의 연구는 보존 개념을 이해하지 못하는 인지적으로 미성숙한 아동이 보존에 대한 비판적 통찰력을 얻도록 영향을 줄 수 있는 방법에 초점을 맞추었다. 비록 정확한 정보를 받았을 때만큼 크게 성장하지는 않았지만, 초기 입장과 상충되는 잘못된 정보를 아이에게 제시하는 것은 의견의 불일치가 생길 때조차도 더 낮은 수준의 인지적 추론을 하는 아이에게서 약간의 인지적 성장을 촉진하는 것으로 밝혀졌다(Cook & Murray, 1973; Doise & Mugny, 1979; Doise, Mugny & Perret-Clermont, 1975, 1976; Mugny, Giroud & Doise, 1978-1979, Study 2; Mugny, Levy & Doise, 1978; Murray, 1972). 논쟁 이후에 개별적으로 행해진 후속 사후 검사에서 중요한 성과가 나타났다. 글래찬과 라이트(Glachan & Light, 1982)는 '두 가지 오류가 하나의 옳음을 만든다.' 현상에 관련된 아이들이 평소에 활용하지 않을 인지 전략을 만드는 경우가 많으므로, 그들의 원래 전략이 비효율적이라는 것을 발견하게 된다고 주장한다. 그들의 결론은 슈와르츠와 그 동료(Schwarz et al., 2000)가 소수 문제를 해결하는 이스라엘의 학업 성취도가 낮은 학생을 대상으로 한 연구를 통해 다시 한번 확인되었다. 그들은 다른 개념 전략을 가지고 있는 한 쌍의 파트너들이 한 학생이 올바른 전략을 사용했던 다른 한 쌍에 비해 그들의 의견 차이를 해결하기 위해 가설 검증을 사용하는 경향이 있었기 때문에 그런 효과가 나타났다고 결론지었다. 후자의 경우, 올바른 전략을 사용한 학생은 참여가 저조하고 불확실성의 조건에서 활동하지 않는 경향이 있기 때문에 의견의 불일치와 가설 검증은 덜 효과적인 경향을 보여 주었다. 아메스와 머레이(Ames & Murray, 1982)는 보존 개념을 이해하지 못하는 인지적으로 미성숙한 아이의 수행과 관련하여 논쟁, 모델링, 비사회적 정보 제시가 보존 과제에 미치는 영향을 비교했다. 연구진은 미성숙한 아이들에게 그들의 초기 입장과 상충하는 잘못된 정보를 제시하였다. 그들은 보존 수행에서 온건하지만 상당한 진전이 있음을 발견했다. 18점 만점에 0점을 받은 3명은 사후 검사에서 18점 만점에 16점에서 18점 사이, 초기 0점을 받은 11명은 5점에서 15점 사이였다. 그들은 '갈등으로서의 갈등'이 인지석으로 동기 부여를 해 줄 뿐만 아니라 갈등의 해결이 올바른 수행 방향으로 향할 가능성이 높다고 결론짓는다. 이렇게 제한적인 방식에서, 2개의 오답이 오히려 하나의 정답을 만들어 내었다.

전문 지식 교류

동의 추구, 토론, 개별 시도와 비교할 때, 논쟁은 전문 지식의 교류를 유발하는 경향이 있다(Johnson & Johnson, 1989, 2007, 2009b). 학생들은 종종 서로 다른 정보와 이론을 알고 있고, 상이한 가정을 하고, 서로 다른 의견을 가지고 있다. 모든 협동학습 집단에서는 다양한 전문 지식과 관점을 가진 학생이 개별 성원의 학습을 극대화하기 위해 협력하고, 과제의 각기 다른 부분을 공부하는 학생은 자신의 전문 지식을 집단의 다른 성원과 공유해야 하므로, 자연적으로 논쟁은 불가피한 것이 된다. 정보와 관점을 교류하는 절차 및 지적 논쟁에 참여하는 방법을 아는 것은 학습과 성장을 극대화하기 위한 필수 역량이다.

관점 채택

모든 관점을 이해하고 고려하는 것은 어려운 이슈를 논의하고, 공동으로 합리적인 판단을 내리고, 결정을 이행하겠다는 다짐을 높이는 데 도움이 된다. 대부분의 상황에서 집단 성원은 종종 자신이 속한 집단에 있는 다른 성원의 대안적 관점, 준거 틀 그리고 그의 대안적 관점이 정보와 지식의 축적 및 이해에 미치는 잠재적 효과에 대해 잘 알지 못한다(Tversky & Kahneman, 1981). 서로 다른 관점을 사용하여 정보를 해석하는 2명의 집단 성원은 자신의 사고의 한계를 인식하지 못한 채 직접적으로 서로 상충하는 결론을 도출할 수 있다. 집단 성원은 때때로 전체 그림을 보지 못한다. 그들은 자신의 관점에서 볼 수 있는 것만을 보고, 자신이 내린 결론의 타당성을 상당히 과장하는 경향이 있다. 또한, 집단 성원은 액면 가치에서 확인된 증거를 수용하고, 확인되지 않은 증거는 매우 비판적인 평가를 거치게 하면서 편향된 방식으로 정보를 처리하기 십상이다(Lord, Ross & Lepper, 1979). 합리적인 판단을 내리기 위해서는 집단 성원이 모든 관련된 관점에서 그 이슈를 볼 수 있어야 한다.

건설적 논쟁은 동의 추구(효과 크기=0.97), 토론(효과 크기=0.20), 개별 시도(효과 크기=0.59)보다 반대되는 관점에 대하여 더욱 정확하고 완전한 이해를 촉진하는 경향이 있다(Johnson & Johnson, 2009b). 논쟁에 참여하는 것은 논쟁이 없는 것보다 다른 사람의 인지적 관점에 대한 이해를 높이는 경향이 있으며, 논쟁에 참여한 개인은 논쟁이 없는 상호작용을 하는 개인보다 앞으로의 문제를 해결할 때 상대방이 어떤 추론을 사용하는지를 더 잘 예측할 수 있는 경향이 있다. 반대 관점에 대한 이해의 증가는 학생의 학업 성취 수준에 상관없이 논쟁에 참여하는 데서 비롯된다. 동의 추구 논의나 개별 시도에 비해 논쟁에 참여할 때 학생은 반대 관점을 가장 잘 이해할 수 있다. 그 이유는 관점 채택의 증가가 갈등에서 유익한 합의를 발견하는 개인의 능력을 향상시키는 경향이 있기 때문이다(Galinsky, Maddux, Gilin & White, 2008). 마지막으로, 집단 성원이 다른 사람의 추론을 변형·확장·요약하는 의견을 제시할 때 더욱 효과적인 도덕적 토론이 발생하는 경향이 있다(Berkowitz & Gibbs, 1983; Berkowitz et al., 1980).

창의성

논쟁은 개인이 (a) 문제를 다른 관점에서 보고, (b) 해결책에 대한 새로운 지향을 제시할 수 있는 방식으로 문제를 재구성하는 데 영향을 줌으로써 창의적 통찰력을 증진하는 경향이 있다(Johnson, 1979; Johnson & Johnson, 1989, 2007, 2009b).

논쟁은 창의적인 문제 해결에서 아이디어의 수, 아이디어의 질, 자극과 즐거움의 감정, 표현의 독창성을 증가시킨다(Bahn, 1964; Bolen & Torrance, 1976; Dunnette, Campbell & Jaastad, 1963; Falk & Johnson, 1977; Peters & Torrance, 1972; Torrance, 1970, 1971, 1973; Triandis, Bass, Ewen & Midesele, 1963). 신뢰할 수 있는 대안적 견해에 직면하는 것은 새로운 해결책(Nemeth & Wachtler, 1983), 다양한 전략(Nemeth & Kwan, 1987), 독창적인 아이디어(Nemeth & Kwan, 1985)를 낳는다. 또한, 논쟁은 논쟁을 포함하지 않는 집단의 시도보다 더 많은 창의적인 문제 해결과 집단의 만족감을 수반한다는 증거가 있다(Glidewell, 1953; Hall & Williams, 1966, 1970; Hoffman et al., 1962; Maier & Hoffman, 1964; Rogers, 1970). 또한, 이러한 연구는 논쟁이 집단 성원으로 하여금 문제를 파헤치고, 이슈를 제기하며, 사용 중인 다양한 아이디어의 장점을 보여 주는 방식으로 문제를 해결하도록 격려했으며, 문제를 해결하기 위한 높은 수준의 감정적 관여와 헌신을 초래했다는 것을 보여 주었다. 또한, 신뢰할 수 있는 대안적 견해에 직면하는 것은 더 많은 새로운 해결책(Nemeth & Wachtler,

1983), 다양한 전략(Nemeth & Kwan, 1987), 독창적인 아이디어(Nemeth & Kwan, 1985)를 생성하였다. 여러 연구자(Torrance, 1957; Levi, Torrance & Pletts, 1955)는 미국 공군 관계자를 대상으로 하는 일련의 실험을 통해 집단의 창의성에 영향을 미치는 가장 중요한 요인은 의사결정의 불일치를 용인하려는 의지이며, 이것은 더 나은 결정, 창의성 증가, 전투 수행 능력 향상으로 이어진다는 결론을 내렸다. 토랜스(Torrance, 1963, 1965)는 초등학교 3~5학년 학생을 대상으로 하는 일련의 연구를 통해 이러한 결과를 다시 확인했다(Torrance, 1963, 1965). 마지막으로, 창의성과 밀접한 관련이 있는 것은 바로 혁신이다. 건설적 논쟁은 개인의 혁신성(Chen & Tjosvold, 2002; Chen, Liu & Tjosvold, 2005)과 팀의 혁신성(Tjosvold & Yu, 2007)을 증가시킨다.

개방성

다양한 관점에서 최상의 정보와 생각을 통합하는 합리적인 결정을 도출하기 위해서는 모든 관점을 개방적인 마음으로 고려해야 한다. 협동적 맥락에서 논쟁에 참여하는 개인은 경쟁적 맥락에서 논쟁에 참여하는 개인보다 더 개방적인 경향이 있다(Tjosvold & Johnson, 1978). 도덕적 딜레마를 해결하는 방법을 결정하면서 상황이 협동적일 때 참가자는 반대 관점을 더욱 개방적으로 경청하였다. 상황이 경쟁적일 때, 참가자는 상대방의 관점에 대해 비교적 양보할 마음이 없다고 느끼고, 폐쇄적인 마음으로 그중 어느 것도 자신의 입장에 포함시키는 것을 거부하였다. 경쟁적인 맥락에서 참가자는 자신의 입장을 방어적으로 고수하기 위해 논쟁을 통해 생기는 이해력 증가의 기회를 무시하는 경향이 있었다.

보다 일반적으로, 협동적인 맥락에서의 논쟁은 반대 입장을 개방적으로 경청하는 것, 상대방의 논증을 더 많이 들으려는 동기 부여가 되는 것, 상대방 입장을 더욱 정확하게 이해하려는 것을 유도하는 경향이 있는 것으로 밝혀졌다(Johnson, 1971, 1975a, 1975b; Tjosvold, 1995, 1998a). 반대로, 경쟁적인 맥락에서의 논쟁은 상대방의 아이디어와 정보에 대해 폐쇄적인 무관심과 거부를 표명하는 것, 상대방의 관점을 자기 자신의 관점으로 통합하는 것을 거부하는 것, 자기 자신의 입장을 방어적이고 엄격하게 고수하는 것을 초래하는 경향이 있다. 경쟁적인 맥락에서 참가자는 자신의 논증을 구성할 때 그것을 옹호하려고 종종 개방성을 희생시키기도 한다(Baron, 1995; Perkins, Farady & Bushey, 1991; Voss & Means, 1991).

이해 증진을 위한 동기 부여

어떤 이슈에 관해 학습하려는 지속적인 동기 부여는 장기적인 학습의 질, 의사결정, 창의성, 정치 담론과 같은 것에 매우 중요하다. 건설적 논쟁에 참여하는 사람은 동의 추구(효과 크기=0.68), 토론(효과 크기=0.73), 개별 시도(효과 크기=0.65)에 참여하는 사람보다 이슈에 대해 학습하려는 지속적인 동기 부여가 더 많이 이루어지고, 최상의 합리적인 판단에 이를 가능성이 훨씬 크다(Johnson & Johnson, 2009b). 논쟁에 참여하는 사람은 불확실성을 해소하려는 희망에서 (a) 더 많은 정보와 새로운 경험, (b) 보다 적절한 인지적 관점과 추론 과정을 찾는 경향이 있다. 또한, 건설적 논쟁에 참여하는 사람은 타인의 입장을 배우고, 타인의 입장에 대한 이해와 인식을 발달시키는 것에 적극적인 관심을 갖는다.

예를 들어, 로우리와 존슨(Lowry & Johnson, 1981)은 동의 추구에 관여하는 학생들과 비교하여 논쟁에 참여하는 학생들이 도서관 자료를 더 많이 읽고, 교실 자료를 더 많이 검토하고, 휴식 시간 동안에 대안적인 영화를 더욱 빈번하게 보았고, 타인에게 정보를 더욱 빈번하게 요청하였다는 사실을 발견하였다. 따라서 논의되고 있는 이슈에 대한 이해를 향상시키기 위한 지속적인 동기 부여는 다른 의사결정 방법보다 논쟁을 통해 더 많이 촉진되는 경향이 있다.

이슈와 과제에 대한 태도 변화

논쟁에 참여하는 것은 참가자의 태도와 입장을 변화시키는 경향이 있다(Johnson & Johnson, 1989, 2007, 2009b). 논쟁에 참여하는 사람은 이슈에 대한 자신의 태도를 재평가하고, 반대자의 논증을 자신의 태도에 통합하는 경향이 있다. 논쟁에 참여하는 것은 개인이 그 이슈에 대해 읽을 때 발생하는 태도 변화를 넘어서서 나타나는 경향이 있으며, 이러한 태도 변화는 시간이 지남에 따라 상대적으로 안정된 경향이 있다. 또한, 논쟁에 참여하는 사람은 동의 추구 토의(효과 크기=0.35), 토론(효과 크기=0.84), 개별 시도(효과 크기=0.72)에 참여하는 사람보다 과제를 더욱 좋아하는 경향이 있다(Johnson & Johnson, 2009b).

논쟁 절차 및 의사결정에 대한 태도

참가자가 결정을 이행하고 향후 의사결정에 참여하려면, 참가자는 그 결정을 내릴 가치가 있는지를 결정해야만 한다. 논쟁에 참여하는 사람은 동의 추구 토의(효과 크기=0.63)에 참여하는 사람보다 의사결정 과제를 더욱 좋아하는 경향이 있다(Johnson & Johnson, 2009b). 논쟁에 참여하는 사람은 개별적으로 활동하는 사람보다 그 절차를 더 좋아했고, 논쟁에 참여하는 것은 토론, 동의 추구 토의 또는 개별 시도에 참여하는 것보다 의사결정 경험에 대한 긍정적인 태도를 항상 촉진시켰다(Johnson & Johnson, 1985; Johnson, Johnson, Pierson & Lyons, 1985; Johnson, Johnson & Tiffany, 1984; R. Johnson, Brooker, Stutzman, Hultman & Johnson, 1985; Lowry & Johnson, 1981; Smith, Johnson & Johnson, 1981, 1984). 논쟁 경험은 논쟁이 타당하고 가치가 있다는 강한 믿음을 더욱 강화시켜 주었다.

헌신

건설적 논쟁은 개인, 팀 그리고 조직 수준에서 다양한 형태의 헌신을 증가시키는 경향이 있다. 매니저와의 토의에 활용된 건설적 논쟁은 자신의 업무에 대한 직원의 헌신을 증가시키는 경향이 있다(Chen, Tjosvold & Su, 2005; Chen, Tjosvold & Wu, 2008). 건설적 논쟁은 팀에 대한 직원의 헌신에도 긍정적인 영향을 미친다(Tjosvold, 2002). 연구자(Tjosvold, 1998b)는 토의에서 건설적 논쟁을 활용할 때 직원이 공통 과제에 대한 더 높은 헌신을 보이는 경향이 있음을 발견했다. 마지막으로, 조직 헌신도 건설적 논쟁과 관련되어 있다(Cozier & Dalton, 1990; Dalton & Cozier, 1989). 연구진(Tjosvold et al., 1998)은 건설적 논쟁이 매니저와 종업원 간의 관계 강화와 민주적 리더십 유형의 예측 인자임을 보여 주었다.

참가자 사이의 대인 관계

논쟁에는 좋은 관계를 수립하는 데 어려움을 일으킬 수 있는 의견 불일치, 변론, 반박이 존재한다. 그러나 건설적 논쟁은 동의 추구(효과 크기=0.32), 토론(효과 크기 =0.67), 또는 개별 시도(효과 크기=0.80)보다 참가자 사이에 더 큰 호감을 유도하는 것으로 밝혀졌다(Johnson & Johnson, 2009b). 토론은 개별 시도보다 대인 관계적 매력을 높이는 데 효과가 큰 것으로 나타났다(효과 크기=0.46). 따라서 모종의 갈등 유형, 즉 건설적 논쟁은 참가자 간의 관계의 질을 크게 향상시킬 수 있다.

조직 내에서 연구 조사는 직원 간, 부하 직원과 상사 간, 또는 매니저 간의 관계에 초점을 맞추었다. 건설적 논쟁은 문화적 경계를 가로질러 부하 직원과 상사 간의 대인 관계의 질을 향상시킨다(Chen & Tjosvold, 2006; Tjosvold et al., 1998). 건설적 논쟁은 갈등 상황에 있는 직원 사이에서(Tjosvold & De Dreu, 1997), 직원 간의 비용 절감 논의에서 (Tjosvold, 1998b), 직원 간의 분노 관리 상황에서(Tjosvold, 2002; Tjosvold & Su, 2007) 긍정적인 대인 관계를 촉진한다.

부하 직원과 상사 사이의 관계는 건설적 논쟁이 협동적 맥락에서 일어날 때(Tjosvold & Sun, 2003), 집단 성원이 냉랭한 행동보다는 온화한 행동으로 참여할 때(Tjosvold & Sun, 2003), 토의가 강압 방식보다는 설득 방식으로 행해질 때(Tjosvold & Sun, 2001), 문제에 대한 접근법을 비난하지 않고 선택할 때(Tjosvold et al., 2004), 토의가 서로의 사회적 얼굴을 확인하는 것을 허용할 때(Tjosvold, Hui & Law, 1998), 더욱 강력하고 협동적인 것으로 여겨졌다. 마지막으로, 건설적 논쟁은 라인 매니저와 회계 매니저(Tjosvold & Poon, 1998) 그리고 상이한 부서의 매니저(Etherington &

Tjosvold, 1998; Tjosvold et al., 1998) 간의 긍정적인 관계를 증가시켜 준다.

사회적 지지와 지원

건설적 논쟁은 동의 추구(효과 크기=0.50), 토론(효과 크기=0.80), 개별 시도(효과 크기=2.18)보다 참가자 사이의 더 많은 사회적 지지와 지원을 증진하는 경향이 있다(Johnson & Johnson, 2009b). 토론은 개별 시도보다 참가자 사이의 더 많은 사회적 지지와 지원을 증진하는 경향이 있다(효과 크기=0.85). 건설적 논쟁은 과제 지원과 개인적 지원(Tjosvold, XueHuang, Johnson & Johnson, 2008) 둘 모두와 유의미한 상관관계가 있는 것으로 나타났다.

심리적 건강

건설적 논쟁에 참여하는 경향은 삶의 만족 및 낙관적인 삶의 지향과 유의미하게 정적인 상관관계가 있다는 사실이 발견되었다(Tjosvold et al., 2008). 또한, 논쟁은 역량 증진(empowerment), 평등주의, 개방성 가치와 유의미하게 관련되어 있다. 이러한 결과는 건설적 논쟁이 참가자의 심리적 건강을 향상시킨다는 증거를 제시한다. 심리적 건강의 2가지 지표는 자존감(self-esteem)과 가치(values)다.

자존감: 건설적 논쟁은 동의 추구(효과 크기=0.56), 토론(효과 크기=0.58) 또는 개별 시도(효과 크기=0.85)보다 참가자의 자존감을 더 높여주는 경향이 있다(Johnson & Johnson, 2009b). 토론은 개별 시도보다 자

존감을 더욱더 높여 주는 경향이 있다(효과 크기=0.45). 건설적 논쟁은 과제 자존감(Tjosvold et al., 2008)과 유의미하게 상관되어 있다는 사실이 밝혀졌다. 또한, 승패 조건에서 논쟁에서 질 수 있다는 위협감은 학생들이 다른 학생 및 자신에게 투사하는 이미지를 심각하게 손상시킬 수 있다(Chiu, 2008; Lampert et al., 1996).

가치: 다른 영향력과 마찬가지로 우리가 결정을 내리고 가르치기 위해 사용하는 방법은 참가자에게 각인을 남긴다. 결정을 내리거나 학습 경험을 시작할 때 개인이 행동하는 방식으로부터 우리는 이전의 매니저와 교사에 관해 많은 것을 알 수 있다. 건설적 논쟁을 빈번하게 사용하면, 참가자는 일관된 지적 주장을 세우고, 설득력 있게 발표하고, 다른 사람의 입장을 비판적으로 분석하여 도전하며, 다른 사람의 도전을 반박하고, 다양한 관점에서 이슈를 바라보고, 합리적인 판단을 모색하는 것을 포함하는 개방적인 탐구 유형으로 각인된다. 참가자는 옹호와 비판의 목적이 승리하는 것이 아니라, 여러 가지 행동 방안의 강점과 약점을 명료화하여 가장 합리적인 판단을 나타내는 것이 무엇인지에 관한 공동 합의에 도달할 수 있음을 알게 된다.

달리 말해, 건설적 논쟁 절차에 참여하는 것은 암묵적으로 가치를 가르친다. 그 결과와 관계없이 그 과정 자체는 (a) 개인이 자신의 결론, 이론, 신념을 옹호할 권리와 의무를 모두 갖고 있고, (b) 통찰력과 이해는 아이디어와 결론이 옹호되고 지적 도전에 종속되는 논쟁의 경로에서 비롯되며, (c) 진실은 반대되는 생각과 입장의 상충에서 비롯되고, (d) 이슈를 반드시 모든 관점에서 바라보아야 하며, (e) 겉으로 보기에 반대되는 입장을 포섭하는 종합을 모색하는 것이 바람직하다는 사실을 가르친다(Johnson & Johnson, 2007). 또한, 논쟁 과정에 참여하는 것은 미래에 대한 희망과 낙관주의를 가르치고, 역량 강화 의식을 부여한다(Tjosvold et al., 2008). 마지막으로 그것은 평등주의, 개방성 유지, 상호 존중과 지지, 그리고 조직 상사에 대한 존중의 중요성에 대한 신념을 가르친다.

요약

동의 추구, 토론, 개별 시도와 비교할 때 건설적 논쟁 과정이 생성하는 결과는 ⓐ 양질의 의사결정, 문제 해결, 성취, 파지, ⓑ 높은 인지적 추론과 도덕적 추론, ⓒ 더 많은 전문 지식 교류, ⓓ 보다 빈번하고 정확한 관점 채택, ⓔ 더 많은 창의성, ⓕ 더 많은 개방성, ⓖ 이해를 증진하기 위한 더 많은 동기 부여, ⓗ 이슈와 과제에 대한 더 많은 태도 변화, ⓘ 논쟁 절차와 의사결정에 대해 더욱 긍정적인 태도, ⓙ 과정과 결과에 대한 더 큰 헌신, ⓚ 참가자 사이의 더 많은 대인 관계 매력 및 지지, ⓛ 더 큰 사회적 지지, ⓜ 높은 자부심, ⓝ 더욱 민주적인 가치다. 그러나 이러한 결과는 특정 조건에서만 달성될 수 있는 것이다. 그것이 바로 다음 장에서 다룰 내용의 초점이다.

Chapter 06

건설적 논쟁의
효과를 매개하는
조건

건설적 논쟁의 효과를 매개하는 조건

서론

1847년에 셈멜바이스(Semmelweiss)는 여러 동료 의사에게 아이를 분만시키기 전에 손을 깨끗하게 씻으라고 단호하게 말했다. 그는 이유를 정확하게 알지 못했지만, 주치의의 손이 깨끗한 경우에는 더 많은 아기와 산모가 생존할 것이라고 결론을 내렸다. 그는 여러 가지 질병을 앓고 있는 사람을 치료하고, 산욕열로 사망한 여성을 부검한 결과 병적인 독이 의사의 손에서 분만 중인 여성에게 전이되었다는 사실을 설명하고자 노력했다. 따라서 셈멜바이스는 환자를 치료하기 전에 자신의 의료진과 학생에게 염소 살균 용액으로 손을 깨끗하게 씻으라고 명령했다. 이후 산욕열로 인한 사망률은 급격히 떨어졌다. 그러나 자신의 동료가 더러운 손으로 환자를 살해하고 있다고 셈멜바이스가 주장하자, 많은 동료는 방어적인 자세로 돌변하여 자신의 행동을 바꾸는 것을 완강하게 거부했다. 셈멜바이스의 주장은 상대방으로부터 승인과 인정보다는 오히려 그의 논지에 대한 방어력과 폐쇄적인 거부를 창출했기 때문에, 이후에 얼마나 많은 여성이 산욕열로 사망했는지는 아무도 모른다. 셈멜바이스는 그의 논지와 지지 논거를 귀담아들을 수 있는 조건을 전혀 만들지 않았다. 이 장에서는 이러한 조건에 대해 논의할 것이다.

논쟁의 효과를 매개하는 조건

논쟁이 유익한 방식으로 작동할 수 있지만, 모든 조건에서 항상 그런 것은 아니다. 모든 유형의 갈등과 마찬가지로, 건설적 결과 또는 파괴적 결과에 대한 논쟁의 잠재력은 여전히 논쟁거리다. 논쟁이 긍정적인 결과를 가져오는지 아니면 부정적인 결과를 가져오는지의 문제는 논쟁이 발생하는 조건과 논쟁을 관리하는 방식에 따라 사뭇 다르다. 이러한 조건과 절차는 논쟁이 발생하는 사회적 맥락, 참가자의 이질성, 참가자 사이에 분배되어 있는 관련된 정보의 양, 참가자의 사회적 기술을 포함한다(Johnson & Johnson, 1989, 2007, 2009b).

협동적 맥락

갈등이 발생하는 맥락은 갈등이 건설적인 것이 되는지 아니면 파괴적인 것이 되는지에 큰 영향을 준다(Deutsch, 1973). 논쟁을 위해 2개의 가능한 맥락이 존재한다(Johnson & Johnson, 1979). 협동적 맥락은 건설적 논쟁을 조장하는 경향이 있으며, 경쟁적 맥락은 파괴적인 논쟁을 조장하는 경향이 있다. 다음의 조건을 충족할 때 논쟁은 더욱 건설적인 결과를 가져오는 경향이 있다.

1. 정보와 아이디어를 정확하게 소통한다. 정보의 소통은 경쟁적인 맥락에서보다 협동적인 맥락에서 훨씬 더 완전하고, 정확하며, 권장되고, 활용된다(Johnson, 1974).

2. 집단 성원이 서로의 아이디어에 충분히 도전할 만큼 안전하다고 느끼는 지지 풍토(supportive climate)가 존재한다. 협동은 경쟁보다 훨씬 더 많은 지지 풍토를 제공한다(Johnson & Johnson, 1991).

3. 논쟁을 중시한다. 협동 경험은 논쟁이 타당하고 가치가 있다는 강한 믿음을 조장한다(Johnson, Johnson & Scott, 1978; Lowry & Johnson, 1981; Smith, Johnson & Johnson, 1981).

4. 아이디어와 정보뿐만 아니라 감정을 다룬다. 협동은 다른 사람이 느끼는 것과 다른 사람이 그렇게 느끼는 이유를 이해하는 데 정적으로 관련되지만, 경쟁은 부적으로 관련된다(Johnson, 1971, 1975a, 1975b).

5. 논쟁을 협동적 맥락에서 해결할 문제로 정의한다. 경쟁적인 맥락에서 논쟁은 승패의 상황으로 정의되는 경향이 있다(Deutsch, 1973).

6. 입장 간의 차이만이 아니라 유사성을 인식한다. 협동적 맥락에서 논쟁에 참여하는 집단 성원은 경쟁적인 맥락에서 논쟁에 참여하는 성원보다 입장 간의 유사성을 더 많이 식별한다(Judd, 1978).

7. 모든 관점을 개방성(열린 마음)으로 고려한다. 협동적인 맥락에서 논쟁은 반대 관점에 대한 열린 마음의 경청, 상대방의 논증에 대해 더 많이 들으려는 동기 부여, 상대방의 입장에 대해 더욱 정확한 이해를 유도하는 경향이 있다(Johnson, 1971, 1975a, 1975b, Tjosvold, 1995, 1998a). 반대로, 경쟁적인 맥락에서 논쟁은 상대방의 아이디어와 정보에 대한 폐쇄적인 무관심과 거부, 상대방의 견해를 자기 자신의 견해로 통합하는 것을 거부하는 것, 자기 자신의 견해에 대한 방어적이고 엄격한 고수를 초래하는 경향이 있다. 경쟁적인 맥락에서, 사람들은 종종 논거를 구성할 때 자신을 옹호하기 위해 개방성을 희생시킨다(Baron, 1995; Perkins, Farady & Bushey, 1991, Voss & Means, 1991).

8. 분배된 지식과 상이한 관점을 보완적이고 상호 의존적인 것으로 간주하는 경향이 있다. 협동적 맥락에서 정보와 관점에서의 차이는 문제를 해결하는 데 도움이 되는 자원이므로, 참가자는 학습과 생산성 증대로 이어지는 협동 노력을 향상하기 위해 서로 다른 관점을 조정하는 데 주의를 집중한다(Butera, Huguet, Mugny, Prez, 1994; Butera, Mugny & Buchs, 2001; Gruber, 2006). 경쟁적인 맥락에서 정보와 시각의 차이는 자신의 승리 기회에 대한 위협이므로, 거부되거나 무시되는 경향이 있다.

이러한 증거는 협동적인 맥락이 건설적 논쟁의 효과를 증가시킨다는 것을 보여 준다. 긍정적인 목표 상호의존성과 건설적 논쟁 간에는 유의미한 정적인 상관관계를 보여 주는 경향이 있다(Snell, Tjosvold & Su, 2006; Tjosvold, 1998b; Tjosvold & De Dreu, 1997). 상황을 경쟁적인 것으로 지각하는 것은 오히려 학습을 저해한다(Buchs & Butera, 2004; Doise & Mugny, 1984). 협동적 맥락은 또한 정보의 부당성을 증명하는 것에 대한 참가자의 관심을 높이고, 역량 위협을 줄이며, 하향식의 사회적 비교를 감소시키고, 논쟁자를 편향된 사람으로 인식하는 것을 줄이며, 리더십의 양상을 지각하는 것을 증가시키는 경향이 있다.

정보의 부당성을 증명하는 것에 대한 관심

협동적 맥락에서 논쟁은 반대 입장을 토론하고, 자신 및 상대방의 결론과 추론이 최종적인 입장으로 종합되는 보다 통합된 입장에 도달하는 것에서 편안함, 즐거움, 유용함의 감정을 유발하는 경향이 있다(Tjosvold, 1995, 1998a). 로윈(Lowin, 1969) 그리고 클라인헤셀링크와 에드워즈(Kleinhesselink & Edwards, 1975)는 경쟁적인 맥락에서 개인이 자기 입장의 정확성을 확신할 수 없을 때에는 자신을 향한 상대방의 반박이 오히려 자신의 신념을 확인시켜 줄 수 있기 때문에, 자기가 쉽게 상대방을 논박할 수 있을 때 개인은 부당성을 입증하는 정보에 노출되는 것을 선택한다는 사실을 발견했다. 논쟁을 피하는 것은 반대되는 생각과 정보에 대해 적은 관심과 실제의 지식을 수반하고, 오로지 자기 관점만을 반영한 결정을 내리는 결과를 초래한다.

역량 위협

논쟁에 대한 경쟁적 맥락은 역량 위협을 초래하는 경향이 있다. 역량 위협은 자신의 역량이 관련된 다른 개인의 역량보다 낮다고 판정되는 것을 두려워할 때 생기는 혐오감이다. 무능감은 개인의 자부심에 대한 인식에 상당한 영향을 줄 수 있다(Covington, 1984, 1992; Steele, 1988; Tesser, 1988). 그러면 그 사람은 자신의 역량을 방어하고 보호하면서 반응할 수 있다. 예를 들어, 그 사람은 자신이 옳고 다른 사람이 틀렸다는 것을 증명함으로써 반응할 수 있다. 이를 일컬어 관계적인 갈등 조절이라고 부른다. 역량에 대한 경쟁적인 사회적 비교가 이루어지면, 참가자는 타인의 역량을 부정하고, 과제를 해결하는 대신에 자신의 관점을 확인하려고 한다(Butera & Mugny, 1995). 이것이 발생하는 이유는 경쟁 상황에서 타인의 역량이 자기의 역량을 위협하기 때문에, 개인은 상대방의 역량을 인정하지 않으려는 경향이 있기 때문이다(Butera & Mugny, 2001; Mugny, Butera, Quiamzade, Dragulescu & Tomei, 2003). 이것은 비경쟁적인 상황에서는 발생하지 않는다. 비경쟁적인 상황에서 타인의 역량은 자신의 역량과 무관하므로 얼마든지 수용될 수 있는 것이다(Butera & Mugny, 1995). 또한, 상황이 더욱 경쟁적일수록, 보고된 자기 역량(실제보다 더 높은 것으로 제시되는 경향이 있음.)과 타인의 역량(실제보다 더 낮게 제시되는 경향이 있음.) 간의 차이가 더욱 커진다(Butera & Mugny, 1995; Butera, Mugn & Tomei, 2000, Study 3).

하향식 사회적 비교

역량 위협과 관련된 것으로 하향식 사회적 비교(Wills, 1981)가 있다. 하향식 비교는 자신보다 더 형편없다고 여겨지는 다른 사람이나 집단과 자신을 사회적으로 비교하는 것이다. 이렇게 하는 것은 자신 및 자신의 개인적인 상황에 대해 기분을 좋게 만드는 경향이 있다. 사회적으로 더 나은 혹은 우위에 있는 다른 사람과 자신을 비교할 때는 자기 존중감이 낮아지지만, 하향식 비교는 자기 존중감을 고양시킬 수 있다(Gibbons, 1986; Tesser, Millar & Moore, 1988; Wills, 1981). 그러므로 경쟁적인 맥락에서, 전문가의 결론을 채택하는 것은 자신의 무능함을 인정하는 것을 의미하기 때문에, 자신보다 더 많은 전문 지식을 가진 사람과 논쟁을 벌이는 것은 위협적인 경향이 있다(Butera & Mugny, 2001). 상대방의 우월한 전문 지식을 인정해야 하는 상황에서 자신의 열등한 능력을 인정해야 한다는 의무감을 갖게 되는 것은 전문가의 정보에 대한 거부로 이어지는 경향이 있다(Mugny, Tafani, Falomir & Layat, 2000).

지각된 편향

경쟁적인 맥락에서 사람들은 일반적으로 상대방을 편향된 사람으로 지각하며, 이러한 인식은 그들이 경쟁적이고 공격적이며 갈등을 심화하는 방식으로 행동하도록 동기를 부여한다(Kennedy & Pronin, 2008). 부테라와 머그니(Butera & Mugny, 1995)는 협동적 맥락은 갈등에서 인지적 발달을 유도하지만, 경쟁적 맥락은 어떠한 인지적 발달 없이 참가자의 역량을 자족적이고 방어적으로 보호하는 결과를 가져온다는 사실을 발견했다.

리더십

리더십의 측면은 건설적 논쟁의 선행 인자일 수 있다. 리더-성원 교환(Chen & Tjosvold, 2006, 2007)과 긍정적 영향성 등이 그 예다.

성원 간의 이질성

성격, 성별, 태도, 배경, 사회 계층, 추론 전략, 인지적 관점, 정보, 능력 수준, 기술에서 개인 간의 차이점은 다양한 관점, 정보 처리, 경험을 가져온다(Johnson & F. Johnson, 2013; Johnson & R. T. Johnson, 2007). 집단 성원이 다양한 견해를 가질 때, 특히 집단 성원이 서로의 다양한 기여를 중요하게 생각할 때 더 많은 아이디어, 표현, 정당화, 제안된 해결책을 창출하는 경향이 있다(Johnson & F. Johnson, 2013; Larson, 2007; Paulus & Brown, 2003; Stasson & Bradshaw, 1995; Swann, Kwan, Polzer & Milton, 2003). 개인 간의 이질성은 더욱 다양한 상호작용 유형, 성취와 문제 해결을 위한 더 많은 자원으로 이어진다. 또한, 그것은 동질 집단에서 발견된 것보다 높은 성취도와 생산성을 촉진할 수 있다(Johnson & Johnson, 1989, 2007, 2009b). 집단 성원의 다양한 견해는 아이디어의 타당성을 정당화하고, 오류가 있는 추론과 정보를 확인하며, 새로운 아이디어를 창출하기 위해 자신의 견해를 수정하는 데 도움이 되는 경향이 있다(De Lisi & Goldbeck, 1999; Orlitzky & Hirokawa, 2001). 폴러스와 브라운(Paulus & Brown, 2003)은 다양한 견해를 가진 집단 성원이 아이디어의 불씨, 조각 그림, 창조적인 오해와 같은 프로세스를 통해 서로의 아이디어를 구축할 수 있다고 지적한다. 집단 성원 중 한 명이 제시한 핵심어나 조언은 다른 성원이 새로운 아이디어를 생각해 낼 수 있는 불씨가 될 수 있다(Nijstad, Dieh & Stroebe, 2003). 조각 그림을 함께 맞추는 것처럼, 집단 성원은 다른 성원의 아이디어를 모아서 전혀 새로운 아이디어를 창출할 수도 있다(Milliken, Bartel, & Kurtzberg, 2003). 집단 성원이 다른 성원의 아이디어를 잘못 해석하는 것조차도 성원이 새로운 아이디어를 창출하는 데 기여할 수 있다(Chiu, 1997). 따라서 잘못된 아이디어조차도 새로운 아이디어에 영감을 줄 수 있다. 또한, 인종적·문화적 다양성은 종종 관점의 수, 아이디어의 수, 아이디어의 질을 증가시킨다(McLeod, Lobel, & Cox, 1996; Johnson & Johnson, 2002). 집단 성원 간의 차이점은 자연스럽게 발생하는 논쟁을 생성할 수 있다. 개인 간의 이질성이 클수록 논증에 소요되는 시간의 양은 더욱 커진다(Nijhof & Kommers, 1982).

정보 분배

개인이 어떤 이슈에 관해 더 많은 정보를 가질수록, 성취도가 높아지고 성공적인 문제 해결이 이루어질 수 있다(Johnson & Johnson, 1989, 2007, 2009b). 그러나 가용한 관련 정보를 갖는다는 것은 그 정보가 활용될 것이라는 사실을 반드시 의미하지는 않는다. 개인은 관련된 모든 개인이 자신의 관련 정보를 제공하고 정보가 효과적으로 종합되는 데 필요한 대인 관계 기술 및 소집단 기술을 필요로 한다(Hall & Williams, 1966; Johnson, 1977). 부흐스와 그 동료(Buchs et al., 2003)는 성원이 서로 다른 정보를 가지고 있는 집단과 비교하여 찬반 양측이 모두 동일한 정보를 가지고 있을 때 집단 성원이 더 경쟁적으로 변한다는 사실을 발견했다.

숙련된 불일치

논쟁을 건설적으로 관리하려면, 개인은 2가지 유형의 협동 및 갈등 관리 기술을 필요로 한다(Johnson, 2014; Johnson & F. Johnson, 2013; Johnson, Johnson & Holubec, 2013). 첫 번째 기술 세트는 다른 사람을 설득하여 그의 마음을 바꾸고, 자신의 입장과 결론에 동의하도록 하는 것이다. 이를 위한 관련 기술은 자신만의 논거를 구성하여 설명하는 것이다.

최근의 연구는 젊고 덜 숙련된 논쟁자는 자신의 견해를 뒷받침하는 주장에 초점을 맞추지만, 다른 논쟁자의 주장과 논거에는 상대적으로 적은 관심을 기울이고 있음을 보여 준다(Felton, 2004; Felton & Kuhn, 2001; Kuhn & Udell, 2003). 그들은 다툴 필요도 없이 반대 입장이 사라지는 사례에서 그들 자신의 입장의 장점에 대해 가능한 가장 설득력 있는 사례를 제시하는 것으로 논쟁의 목적을 파악하는 경향이 있다.

두 번째 기술 세트는 상대방의 논거에서 약점을 파악하여 그것에 도전함으로써 다른 논쟁자의 입장을 훼손하는 것이다. 그중 가장 중요한 것 가운데 하나는 서로의 개인적 역량을 확인하면서 서로의 아이디어에 도전하는 것이다(Tjosvold, 1998a). 다른 사람과의 의견 불일치, 그리고 동시에 다른 논쟁자가 무능하다고 여기는 것은 다른 논쟁자가 자기의 생각에 대해 더 헌신하는 것을 증가시키고, 다른 논쟁자가 우리의 정보와 추론에 대해 갖는 거부감을 증가시키는 경향이 있다(Tjosvold, 1974). 티조스볼트와 그 동료(Tjosvold, Johnson & Fabrey, 1980; Tjosvold, Johnson & Lerner, 1981)는 논쟁에 참여한 개인이 상대방에 의해 개인적 역량의 부당성을 증명할 때는 상대방의 입장, 정보, 추론에 대한 폐쇄적인 거부로 이어진다는 사실을 발견했다. 생성된 방어력의 양은 개인이 상대방의 입장을 정확히 이해했을 때조차도 상대방의 정보와 추론을 자신의 입장에 통합시키는 정도에 영향을 주었다. 그러나 자신의 개인적 역량을 확인하는 동시에 다른 사람의 생각에 불일치하는 것은 상대방이 우리를 더욱 선호하고, 상대방이 우리의 아이디어를 덜 비판하며, 상대방이 우리의 생각에 대해 배우는 것에 더 많은 관심을 갖게 하고, 우리의 정보와 추론을 그 문제에 대한 상대방의 분석에 더 기꺼이 통합하게 하는 결과를 가져온다. 이와 유사하게 몬테일과 챔브레스(Monteil & Chambres, 1990)는 좋아함의 표현과 연합된 의견 불일치가 혐오 표현과 연합된 의견 불일치보다 더 많은 학습을 초래한다는 사실을 발견했다. 다른 한편으로 치우(Chiu, 2008), 해글러와 브렘(Hagler & Brem, 2008)은 무례함, 즉 직접적이고 대립적인 방식으로 타인과 의견 차이를 보이는 것은 공손한 의견 불일치에 비해 새로운 아이디어를 창출하고 성취하기 위한 노력을 생성하는 데 덜 효과적이라는 사실을 발견했다. 경쟁적인 목표는 성원이 서로 의견을 달리하는 예의와 기술의 부족에 반영될 수 있다(Chiu & Khoo, 2003). 공손하지 않고 무례한 의견 불일치는 관계, 성취, 집단 성공에 부정적인 영향을 주었다. 키퍼와 그 동료(Keefer, Zeitz & Resnick, 2000)는 문학 작품에 관한 소규모 집단 토론에 관여할 때, 협력적인 논쟁은 적대적인 논쟁보다 더 깊은 논증과 문학 주제에 대한 더 나은 이해로 이어진다는 사실을 밝혀냈다.

논쟁에서 정보와 의견을 교환하기 위한 또 다른 중요한 기술 세트는 관점 채택이다(Johnson, 1971; Johnson & Johnson, 1989). 인신적이든 비인신적이든 더 많은 정보는 이해를 증명하고 정확하게 이해하려는 욕구를 전달하기 위해 말을 바꾸는 것과 같은 관점 채택 행동에 관여하는 사람과 상호작용할 때 드러난다(Colson, 1968; Johnson, 1971; Noonan-Wagner, 1975; Sermat & Smyth, 1973; Taylor, Altman & Sorrentino, 1969). 관점 채택 능력은 다른 사람이 쉽게 이해할 수 있도록 메시지를 표현하고 다른 사람의 메시지를 정확하게 이해하는 개인의 능력을 증가시킨다

(Feffer & Suchotliff, 1966; Flavell, 1968; Hogan & Henley, 1970). 갈등 상황에서 관점 채택에 관여하는 것은 상대방의 정보와 관점에 대한 이해와 파지를 증가시키는 경향이 있다. 관점 채택은 창의적이고 양질의 문제 해결을 촉진한다. 관점 채택은 정보 교환 과정, 집단의 동료 성원, 집단의 활동에 대한 긍정적인 인식을 증진한다(Falk & Johnson, 1977; Johnson, 1971, 1977). 집단 성원이 이슈의 모든 측면을 명확히 이해하고 그 타당성과 상대적인 장점을 더 정확하게 사정할수록, 논쟁에서 모든 입장을 더 창의적으로 종합하려는 경향성이 더욱 커진다(Johnson, 1971).

합리적 논증

논증은 진리를 찾거나 좋은 결정을 내리는 것을 표적으로 삼는 목표 지향적인 것이다(Johnson & Johnson, 2007). 합리적인 논증은 아이디어 생성, 관련 정보 수집 및 조직화, 귀납적 논리 및 연역적 논리 사용, 현재의 이해를 바탕으로 한 잠정적인 결론 도출을 포함한다. 그것은 또한 다른 사람이 이론적 근거, 증거, 논리적인 추론의 제시에서 설득력 있고 납득이 간다고 여겨질 때, 참가자가 자신의 결론과 입장을 바꾸면서 열린 마음을 유지할 것을 요구한다. 논쟁의 건설적인 관리를 위해서는 정보를 수집·정리·제시하는 능력, 도전하고 불일치하는 능력, 논리적으로 이성에 관여하는 능력이 필수적이다. 합리적인 논증에 능숙하게 관여하는 것은 비판적 사고와 숙련된 의사결정의 핵심을 이룬다(Byrnes, 1998; Klaczynski, 2004).

논쟁에서 합리적인 논증과 비합리적인 논증을 비교하려고 수집된 직접적인 증거는 없지만, 논쟁 중에 개인이 합리적인 논증(Johnson

& Johnson, 2007)의 표준을 따를 필요가 있다고 가정한다. 합리적인 논증은 양측이 자신의 찬성 논거와 반대 논거를 구성하는 것으로 시작한다. 하나의 논증을 구성하는 것은 아이디어를 생성하고, 관련 정보를 수집하고, 귀납적이고 연역적인 논리를 사용하여 관련 정보를 구성하고, 현재의 이해를 바탕으로 잠정 결론을 내리는 것을 포함한다. 자신의 입장, 즉 결론과 그 결론을 지지하는 정보와 논리를 반대 관점을 지닌 사람에게 제시한다. 논쟁에서 참가자는 자기의 입장과 그것을 지지하는 이론적 근거를 제시하면서 다른 참가자도 그런 식으로 행동할 것을 요청한다. 대화가 연속적으로 이어진다. 지적인 논증에 참여하는 것은 상대방과 함께 춤을 추는 것과 같다. 각 동작은 반대 동작을 생성한다. 사람 1은 단언이나 주장을 할 수 있고, 사람 2는 용인, 정당화 요청(그 단언이나 주장이 참인 이유)이나 반박(주장에 포함된 정보 및/또는 논리의 타당성에 대한 도전)으로 반응한다. 정당화 요청에 접하면, 사람 1은 경험적 증거나 또는 설명으로 응답한다. 경험적 증거는 그 주장을 실제 사건과 연관 짓기 때문에 가장 강력한 정당화의 형태가 되는 경향이 있다. 원인이 결과와 어떻게 연관되어 있는지에 대한 설득력 있는 설명은 경험적 증거가 부족할 때 유용하다. 설명은 종종 원인과 결과가 어떻게 연관되어 있는지에 대한 이야기나 예시일 수 있다. 만약 반박에 직면한다면, 사람 1은 자신의 정보와 논리의 타당성 그리고 사람 2의 반박에서 결함을 기술하는 반박으로 대응할 수 있다. 합리적 논증은 다른 사람이 근거, 증거, 논리적인 추론의 제시에서 설득력 있고 납득이 된다고 여겨질 때 참가자가 자신의 결론과 입장을 변화시키면서 열린 마음을 유지할 것을 요구한다.

합리적 논증의 부재는 건설적 논쟁에서 대체로 부정적인 결과를 낳는다. 논쟁은 1명 혹은 그 이상의 사람이 설명이 없는 가운데 타인에게 자신의 관점을 강요할 때 또는 의사소통이 불가능할 때(Doise & Mugny, 1975)는 일방적인 의사결정(Carugati, De Paolis & Mugny, 1980-1981, Study 2; Mugny, De Paolis & Carugati, 1984)과 비대칭적인 권력이나 권위(예: 성인 또는 리더와 함께 일하는 아이)로 인해(Carugati et al., 1980-1981, Study 1; Mugny, Giroud & Doise, 1978-1979, Study 1) 유익한 결과를 수반하지 않는다.

요약

논쟁 과정의 효과를 매개하는 조건은 (a) 정당성만이 아니라 부당성을 입증하는 정보에 대한 관심, 역량 위협의 감소, 하향식 사회적 비교의 감소, 지각된 편향의 감소, 리더십의 증가를 포함하는 협동적 맥락, (b) 성원 간의 이질성, (c) 정보의 분배, (d) 숙련된 의견 불일치, (e) 합리적인 논증을 포함한다. 건설적 논쟁 절차는 많은 실제 상황에 적용되어 왔다. 가장 중요한 4가지는 의사결정, 교육, 창의성, 그리고 정치 담론이다. 다음 장부터 이것을 순서대로 다룰 것이다.

건설적 논쟁과
의사결정

Chapter 07

건설적 논쟁과 의사결정

서론

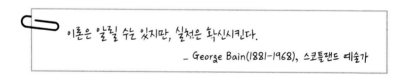

이론은 알릴 수는 있지만, 실천은 확신시킨다.

— George Bain(1881-1968), 스코틀랜드 예술가

　　대형 제약 회사가 화학 공장을 구매할 것인지 아니면 신축할 것인지에 대한 결정에 직면했다(The Wall Street Journal, 1975년 10월 22일). 최상의 결정이 내려질 가능성을 극대화하려고 회장은 2개의 옹호 팀을 구성하여 '구매'와 '신축' 대안이 모두 공정하고 완전한 청문회 절차를 거치도록 하였다. 옹호 팀은 의사결정 집단에게 정책 대안을 준비하여 제시

하는 하위 집단이다. '구매' 팀은 화학 공장 구매를 위한 최상의 사례를 준비하여 발표하도록 지시받았으며, '신축' 팀은 회사 본부 근처에 새로운 화학 공장을 건설하기 위한 최상의 사례를 준비하여 발표해야 한다는 전달을 받았다. '구매' 팀은 회사의 요구를 충족시키는 100개 이상의 기존 공장을 확인하고, 그것을 다시 20개, 3개로 축소하며 마침내 회사가 구매할 이상적인 공장 1개를 선택했다. '신축' 팀은 수십 개의 건축 회사에 연락하여 4개월 동안의 심사숙고를 거친 후에 이상적인 공장을 신축할 설계를 마쳤다. 팀이 창설된 후 9개월 만에 비용에 관한 모든 세부 사항을 점검한 두 팀은 ⓐ 최상의 사례를 제시하고, ⓑ 서로의 정보·추론·결론에 도전했다. 열띤 토론을 통해 두 가지 옵션에 동일한 금액의 비용이 소요된다는 사실이 명백해졌다. 따라서 집단은 회사의 본사 근처에 공장을 편리하게 지을 수 있는 '신축' 옵션을 선택했다. 이 절차는 양질의 의사결정을 보장하려고 건설적 논쟁을 구조적으로 활용하는 것을 나타낸다.

이 장에서 나는 의사결정 상황에서 건설적 논쟁을 적용하는 방법을 탐색할 것이다. 나는 먼저 의사결정을 정의하고, 의사결정을 위한 건설적 논쟁 절차 및 사려 깊고 숙고된 의사결정에서 건설적 논쟁의 타당성을 서술할 것이다.

의사결정

어떤 상황에서든 진실을 찾기 위해 고안된 가장 좋은 방법은 옹호다. 옹호란 상이하고, 정보에 입각한 관점에서 장단점을 제시하고, 그 사실을 깊이 파고드는 것이다.
— Harold S. Geneer, 전직 CEO

집단 의사결정의 목적은 모든 성원이 달성하고자 하는 목표에 대해 잘 고려되고, 잘 이해된, 현실적인 행동을 결정하는 것이다(Johnson & F. Johnson, 2013). 집단 결정은 집단의 목표를 달성하기 위해 여러 행동 방안 중 어떤 것이 가장 바람직한 것인지에 대해 집단 성원 간에 모종의 합의가 지배적임을 의미한다. 일반적으로 집단은 가능한 효과적으로 의사결정을 내린다. 효과적인 집단 결정의 5가지 주요 특징은 다음과 같다(Johnson & F. Johnson, 2013).

1. 집단 성원의 자원을 충분히 활용한다.
2. 시간을 잘 사용한다.
3. 결정이 정확하거나 우수하다.
4. 결정은 필요한 모든 집단 성원에 의해 완전히 실행된다.
5. 집단의 문제 해결 능력이 향상되었거나 또는 최소한 감소하지 않았다.

결정은 이 5가지 기준이 충족되는 한 효과적이다. 5가지 모두가 충족되지 않으면, 그 결정은 효과적으로 이루어지지 않은 것이다.

의사결정에서 건설적 논쟁 절차

의사결정 상황에서 건설적 논쟁을 구조화하려면 집단 성원은 다음 사항을 수행하도록 지시를 받는다.

1. 현재 고려하고 있는 문제를 해결할 수 있는 몇 가지 행동 방안을

4차 산업혁명 시대의 혁신교수법

제안한다.

2. 옹호 팀을 만든다. 각 행동 방안이 공정하고 완전한 청문회를 거치도록, 할당된 입장에 대해 가능한 최상의 사례를 제시하기 위한 옹호 팀으로 2명 이상의 여러 집단 성원을 배정한다. 긍정적인 상호의존성은 최상의 결정을 내릴 수 있는 협동 목표(목표 상호의존성)를 부각시키고, 다른 옹호 팀(자원 상호의존성)이 조직하는 정보를 고려하지 않고는 양질의 결정을 내릴 수 없다는 사실을 지적함으로써 구조화된다. 개별 책임은 각 성원이 할당된 입장을 준비하여 발표하는 데 참여하도록 보장함으로써 구조화된다. 다른 대안을 지지하는 것으로 발견된 모든 정보는 적절한 옹호 쌍에게 주어진다.

3. 건설적 논쟁 절차에 참여한다.

첫째, 각 옹호 팀은 자신의 입장을 연구하고 자신의 입장이 공정하고 완전한 청문회 절차를 거치도록 집단 전체에게 전달할 설득력 있는 발표를 준비한다. 목표는 다른 옹호 팀의 성원에게 자기 팀이 옹호하는 입장의 타당성을 납득시키는 것이다. 예를 들어, 3개의 옹호 팀(A, B, C팀)이 있는 경우, A팀은 자신의 입장에 대해 가능한 최상의 사례를 준비하고, B팀과 C팀에게 설득력 있는 발표를 하며, A팀의 입장이 가장 타당하다는 것을 설득하려고 노력한다. 옹호 팀은 할당된 대안적 행동 방안을 조사하고 가용한 모든 증거를 찾는 데 필요한 시간을 확보한다. 그들은 알고 있는 것을 일관되고 합리적인 입장으로 조직한다. 그들은 자신의 사례를 발표하는 방식을 계획하여 집단의 모든 성원이 옹호 팀의 입장을 철저히 이해하고, 공정하고 완전한 청문회를 거치며, 옹호 팀 입장의 건전성을 납득하게 한다.

둘째, 각 옹호 팀은 자신에게 할당된 대안적인 행동 방안을 위해 가능한 최상의 사례를 방해받지 않는 가운데 전체 집단에게 제시한다. 다른 옹호 팀은 주의 깊게 듣고, 메모를 하고, 제공된 정보를 배우기 위해 노력한다.

셋째, 옹호, 반박, 논박을 특징으로 하는 공개 토론을 진행한다. 옹호 팀은 상대 팀의 입장에 대해 그것의 정보와 논리의 타당성에 도전해 반박함으로써 상대방을 고난에 처하게 한다. 예를 들어, A팀의 성원은 B팀과 C팀의 입장에서 나온 정보와 추론의 모든 결점을 찾으려고 노력한다. 각 팀의 성원은 자신의 입장을 옹호하면서 다른 집단 성원에게 그것의 타당성을 계속해서 설득하려고 한다. 보다 높은 수준의 추론과 비판적 사고를 하려면 서로의 결론을 탐색하고 서로의 결론을 밀어낼 필요가 있다. 성원은 서로의 진술을 뒷받침할 자료를 요구하고, 이론적 근거를 명료화하며, 자신의 입장이 타당하고 합리적인 이유를 보여 준다. 예를 들어, A팀 성원은 B팀, C팀 성원이 하고 있는 자신의 입장에 대한 비판을 반박하려고 노력하며, B팀과 C팀 입장의 부족함을 계속 지적한다. 그들은 대안적인 입장을 주의 깊게 메모하고 철저히 배운다. 성원은 건설적 논쟁을 위한 구체적인 규칙을 따른다. 때로는 '타임아웃' 기간이 제공되어 옹호 팀이 회의를 하여 새로운 논증을 준비할 수 있어야 한다. 성원은 활발한 논쟁과 더불어 일부러 반대 의견을 제시하도록 격려해야 한다. 성원은 자신의 입장을 옹호하기 위해 강력하고 설득력 있게 논쟁하고, 자신의 관점을 뒷받침할 수 있는 많은 사실을 제시하며, 상대 팀의 입장을 비판적으로 듣고, 상대 팀에게 그들의 관점을 뒷받침하는 사실을 물어본 다음, 반론을 제시하라는 지시를 받는다. 성원은 이이슈가 복잡하다는 것 그리고 좋은 결정을 내리기 위해서는 모든 측면을 아는 것이 필요하다는 사실을 기억해야 한다.

넷째, 옹호 팀은 팀 성원이 할 수 있는 한 진실하고 단호하게 반대 입장의 하나 혹은 그 이상을 위한 가능한 최상의 사례를 제시하여 관점과 입장을 뒤집는다. 성원은 반대 입장이 마치 자신의 입장인 것처럼 제시하도록 지시를 받을 수도 있다. 그들은 진실하고 단호해야 한다. 성원은 자신이 알고 있는 어떤 새로운 사실을 추가해야만 한다. 성원은 이전에 학습한 정보와 그 새로운 사실을 관련시켜 자신의 입장을 상세히 기술해야 한다. 성원은 이 이슈를 모든 관점에서 동시에 바라보려고 노력해야 한다.

다섯째, 모든 집단 성원은 자신의 옹호를 버리고 합의에 의해 결정을 내린다. 성원은 자신에게 할당된 입장을 더 이상 옹호하지 않는다. 성원은 자신이 할 수 있는 최상의 합리적인 판단을 내리려고 노력한다. 종종 최종 결정은 최초의 대안이 고려한 것과 다르고, 그것보다 더욱 합리적이다. 성원은 모든 관점에 대한 최상의 주장을 요약하여 종합하도록 지시를 받을 수도 있다. 성원은 사실과 이론적 근거가 분명히 자신의 생각을 바꾸어야 한다는 것을 나타낼 때에만 자신의 생각을 바꾸면서 합의에 의한 결정을 내리려고 노력한다. 그런 다음, 성원은 자신의 종합을 지지하는 증거와 이론적 근거를 가지고 보고서를 작성하여 그것에 서명한다.

여섯째, 집단 성원은 집단이 얼마나 잘 기능했는지 그리고 그들이 옹호 팀을 사용하는 다음 기회에서 결정을 내리는 동안 집단의 수행을 어떻게 개선할 것인지를 처리한다.

4. 실행 결정: 일단 결정이 내려지면, 모든 성원은 처음에 찬성했든 반대했든 상관없이 그것을 실행하기로 스스로 약속한다.

건설적 논쟁과 신중하고 사려 깊은 의사결정

모든 사람이 실행에 전념하는 신중하고 사려 깊은 결정을 내리는 것은 어렵다(Johnson & F. Johnson, 2013). 건설적 논쟁을 사용하지 않고서는 그것이 불가능할 수도 있다. 실제로 결정은 합의가 이루어지기 전에 대안적인 해결책을 제시하여 고려하는 것이므로 본질적으로 논쟁을 포함하기 마련이다. 따라서 논쟁 절차는 효과적인 의사결정의 핵심이다.

의사결정은 문제 해결의 맥락에서 발생한다. 신중하고 사려 깊은 결정을 내리는 것과 관련된 단계를 고려하려면, 문제 해결 절차를 논의해야 한다(Johnson & F. Johnson, 2013; Johnson & R. T. Johnson, 1989). 의사결정은 (a) 고려 중인 이슈를 식별하여 정의하는 것, (b) 문제를 해결하기 위한 대안적인 행동 방안을 공식화하여 고려하는 것, (c) 채택할 행동 방안을 결정하는 것, (d) 문제 해결에서 행동 방안의 성공을 평가하는 더욱 커다란 문제 해결 과정의 일부분이다.

문제나 이슈를 식별하여 정의하기

의사결정 집단이 취해야 할 필요가 있는 첫 번째 단계는 문제를 식별하고 정의하는 것이다(Johnson & F. Johnson, 2013). 문제는 실제 사건의 상태와 원하는 사건의 상태 간의 불일치 또는 차이를 의미한다. 문제 해결은 집단이 어디에 있어야만 하는지에 대한 아이디어 그리고 집단이 지금 어디에 있는지에 대한 타당한 정보 둘 모두를 필요로 한다. 문제를 정의하는 것이 명확하고 정확할수록 문제 해결 과정에서 다른 단계를 더욱 쉽게 마칠 수 있다. 문제를 정의하는 세 가지 단계는 다음과 같다.

1. 집단의 목적과 목표처럼 집단이 '원하는 것'에 관해 합의한다.
2. 기존의 것에 대해 타당하고, 신뢰할 수 있고, 직접 검증할 수 있고, 추론이나 평가가 아닌 서술적이며, 올바른 정보를 입수한다.
3. 원하는 상태와 실제 상태의 차이점을 철저히 논의한다. 이러한 불일치에 대한 인식은 그 문제를 해결하려는 헌신과 동기를 유발한다.

문제 해결 집단은 종종 문제 자체의 명확하고 합의된 정의를 먼저 내리지 않고 문제에 대한 해결책을 향해 너무 성급하게 나가기 때문에, 집단 성원은 문제의 규모를 평가하기 전에 모든 사람이 문제가 무엇인지를 이해할 수 있게 해야 한다. 그 문제에 대한 타당한 정보를 반드시 수집해야 한다. 그런 다음 모든 집단 성원이 정보를 이해할 수 있도록 보장하려고 그 정보를 철저히 논의하고 분석해야 한다. 문제의 실제 발생 빈도를 문서화할 필요가 있다. 각 참가자가 문제의 본질과 정도를 이해하여 그 문제를 해결하기 위해 반드시 취해야 할 효과적인 행동 방안을 생각할 수 있도록 하는 것이 중요하다. 문제를 이해하지 못할수록, 제안하여 진지하게 고려할 대안적인 행동 방안이 줄어든다. 정보가 너무 적으면, 그 문제에 대한 정의는 불충분하고, 해결책에 대한 대안적 전략이 더 적게 생성되며, 그러한 대안의 잠재적 결과를 제대로 탐구하지 못할 것이다. 문제의 본질과 범위에 대해 필요한 정보를 얻지 못하면 상대적으로 불충분한 해결책이 된다. 각 성원에게 자신의 말로 문제를 요약해 달라고 요청하는 것은 집단 성원이 문제를 얼마나 잘 이해하고 있는지를 평가하는 가장 손쉬운 방법일 수 있다.

모든 참가자가 문제를 이해할 수 있도록 보장하는 것 외에도, 모든 참가자는 집단의 의사결정에 관한 개념 규정에 참여해야 한다. 참여하는 것은 더 많은 자원을 이용할 수 있게 하고, 각 참가자의 자원을 더욱 충분히 활용함으로써 결정의 질을 높여 준다. 더욱이 그 결정을 이행할 책임이 있는 성원은 문제의 본질에 대해 특히 잘 알고 있어야 하며, 그 지식은 문제를 정의하는 데 관여함으로써 가장 잘 얻어진다.

대안적 해결책을 공식화하기

문제 해결의 두 번째 단계는 문제를 해결하기 위한 대안적인 방법을 식별하여 분석하는 것이다. 문제를 해결하기 위한 대안적인 방법을 식별하고 분석하려면 창의적이고, 확산적이며, 독창적인 추론이 필요하다. 그러한 고수준의 사고와 분석은 주로 지적 불일치와 도전, 즉 건설적 논쟁에서 나온다. 문제를 해결하기 위한 대안적인 행동 방안을 공식화하는 데 실패하는 것은 결과로 나타나는 결정의 질을 제한한다. 행동 방안을 식별하지 못하면, 고려하고 평가할 것이 없게 된다.

대안적 해결책을 고려하여 평가하기

의사결정은 대안적인 행동 방안 중에서 하나를 선택하는 것이기 때문에 모든 의사결정은 논쟁을 포함한다. 집단은 종종 (a) 고려해야 할 대안적인 행동 방안이 너무 적기 때문에, (b) 모든 대안이 공정하고 완전한 청문회 절차를 거치도록 하지 못하기 때문에, (c) 제안된 대안의 각각에 대한 찬반 입장을 비판적으로 분석하지 않기 때문에, (d) 문제를 해결하기 위한 대안의 유망함보다는 다른 기준(예: 사장이 그것을 제일 좋아한다. 다수의 결정에 따라야 할 압력이 존재한다.)에 근거하여 실행할 대안적인 행동 방안을 선택하기 때문에 형편없는 결정을 내린다. 최종 결정을 내리기 전에 각 대안의 장단점을 체계적으로 분석하는 것이 효과적인 의사결정에서 가장 중요한 요소일 수 있다. 대안이 간과되거나 합리화될 가능성을 줄이려면 명시적이고 체계적인 평가 과정을 활용해야 한다.

효과적인 의사결정을 가로막는 장벽은 적절한 분석과 평가를 하지 않은 채 행동 방안을 너무 서둘러 배제하는 것 또는 정보에 근거하지 않은 시기 상조의 선택이다. 집단은 적절한 대안을 생각하지 못했기 때문이 아니라 집단이 고려한 대안 중에서 평가와 선택을 제대로 하지 못했기 때문에 종종 형편없는 결정을 내린다(Maier & Thurber, 1969). 대부분 사람에게 아이디어는 깨지기 쉬운 창조물이므로, 차가운 또는 무관심한 수용으로 쉽게 말라버린다. 집단이 문제 해결 활동을 진행함에 따라, 그것에 수반하여 나온 개별 아이디어를 억누르고자 하는 모든 경향을 피해야 한다. 대신에 집단은 다양한 부류의 아이디어를 제시하고 모으는 것을 지원하는 분위기를 조성해야 한다. 그래야만 집단은 제안된 최초의 합리적인 해결책에 집착하는 것을 피할 수 있고, 모든 대안의 가치를 비판적으로 평가할 수 있다. 의사결정에서 건설적 논쟁의 또다른 공헌은 (a) 정보의 증가, (b) 각각의 대안적인 행동 방안을 지원하기 위해 제시되는 정보와 논리에 대한 비판적 분석, (c) 이슈를 바라볼 수 있는 다양한 관점이다.

하나의 해결책을 결정하기

여러분, 나는 여기서 그 결정에 대해 우리 모두가 완전히 합의하는 것이 중요하다고 생각한다. … 따라서 나는 우리가 의견 불일치를 발전시키고, 어떤 결정을 내려야할지에 대한 모종의 이해를 할 수 있는 시간을 확보하기 위해 차기 회의까지 더 많은 토론을 연기할 것을 제안한다.

— Alfred Sloan, 제너럴 모터스 회장

가능한 모든 해결책을 식별하여 공식화 한 후에 집단은 앞으로 실행할 해결책을 선택할 필요가 있다(Johnson & F. Johnson, 2013). 결정은 가능한 대안을 고려하여 하나를 선택하는 것을 포함한다. 집단 의사결정의 목적은 모든 성원이 달성하고자 하는 목표를 향해 잘 고려된, 잘 이해된, 현실적인 행동을 결정하는 것이다. 논쟁은 옹호하는 하위 집단을 활용하는 문제 해결 집단 내에서 구조화된다. 옹호하는 개별 하위 집단은 입장을 준비하여 옹호하고, 비판으로부터 자신의 입장을 방어하며, 비판적으로 대안적인 입장을 평가하고, 모든 관점에서 문제를 바라보고 모든 해결책의 가장 좋은 부분을 종합하고 통합한다. 가능한 경우에 모든 결정은 합의로 이루어져야 한다. 합의를 이루는 것은 쉽지 않다. 성원 간의 갈등이 더 많고, 의견이 더 많이 바뀌며, 결정을 내리는 데 더 많은 시간이 소요되기 때문이다. 그러나 그것은 시간과 수고를 들일 가치가 있다. 그것은 집단 성원에게 자신의 결정이 옳다는 것에

4차 산업혁명 시대의 혁신교수법

대한 자신감을 증가시키는 결과를 가져온다.

합의를 통해 결정을 내릴 때조차도 집단 성원이 대안이 가져올 모든 결과를 생각하지 않고 어떤 대안에 고착되는 경우가 있다. 의사결정이 너무 성급하게 이루어지지 않게 하려는 한 가지 절차는 제2차 회의다. 최상의 대안에 대한 예비 합의 후에, 모든 성원이 아직 남은 의심과 비판을 표현하도록 권면하는 제2차 회의를 개최할 수 있다. 제2차 회의는 시기 상조의 섣부른 합의와 동의 추구를 방지하는 데 도움이 된다. 여러 사회는 술에 취하면 모든 사람이 술에 취하지 않았을 때 내린 예비 결정에 대한 잔여 의심을 표현하는 것에 대한 억제력이 적을 것이라고 가정했다. 헤로도토스(Herodotus)에 따르면, 고대 페르시아 사람들은 중요한 결정을 두 번 했다고 한다. 한 번은 맨 정신에, 다른 한 번은 술에 취한 상태에서 했다고 한다. 타키투스(Tacitus)에 따르면, 로마 시대의 독일 사람도 이런 관행을 따랐다. 조화와 공손함에 중점을 두는 일본의 경우, 퇴근 후에 술집에서 결정에 대한 재고가 자주 이루어진다. 사케 담화(Sake talk)는 각자가 몇 잔의 사케를 마신 후에 이루어지기 때문에 예의를 갖출 필요가 없다. 집단 성원이 실제로 그 결정에 대해 어떻게 생각하는지가 적나라하게 드러난다. 술을 의사결정 과정에 포함시킬 필요는 없지만, 집단은 제2차 회의를 모든 성원이 완전하고 진실하게 자신을 표현할 기회로 고려해야 한다. 예를 들어, 집단은 최초 결정을 내린 후 1주일 후에 더 가벼운 후속 논의를 위한 회의를 열기로 결정할 수 있다.

결정이 내려지면 건설적 논쟁이 끝나고, 참가자는 공통된 행동 방안에 헌신한다. 많은 부실한 결정이 내려지는 이유는 정보의 부재나 복잡성 때문이 아니라 개인이 쉽게 이용할 수 있는 정보를 스스로 발견하지 못했기 때문이다(Janis, 1982). 양질의 결정을 내리려면 개인이 편향되지 않은 방식으로 관련 정보를 적극적으로 검색하고, 정보를 집중적으로 그리고 체계적으로 처리하며, 여러 관점에서 그 이슈를 고려할 필요가 있다(Hackman, Brousseau, & Weiss, 1976; Janis & Mann, 1977; Johnson & F. Johnson, 2013; Johnson & R. T. Johnson, 1989; Nemeth, 1995). 건설적 논쟁 절차는 이러한 모든 활동이 이루어지도록 보장한다.

실행 정도와 성공을 평가하기

집단 성원의 책임은 집단이 결정할 때 끝나지 않는다. 결정은 반드시 실행되어야 한다(Johnson & F. Johnson, 2013). 결정 실행은 그 결정을 실행하는 데 필요한 조처를 하는 과정이다. 결정 실행은 그 결정을 내린 관련된 집단 성원의 내적인 헌신을 필요로 한다. 실행되지 않은 결정은 아무런 가치가 없다. 모든 참가자를 의사결정과 건설적 논쟁 과정에 참여시키는 주된 이유는 그러한 참여가 그 결정을 실행하려는 참가자의 공약과 헌신을 높여 주기 때문이다. 의사결정에 참여하는 것은 집단에 대한 성원의 충성도를 높이고, 그 결정이 결실을 맺기 위한 성원의 공약과 헌신을 높여 주는 경향이 있다.

집단이 실행하기로 결정한 해결책의 성공 여부를 평가하기 위해 성원은 해결책이 성공리에 실행되었는지 그리고 그 효과가 무엇인지를 결정해야 한다. 첫 번째 활동은 과정 평가로서, 이것은 하나의 행동 방안을 실행하는 과정을 다룬다. 두 번째 활동은 결과 평가로서, 이것은 행동 방안을 실행한 결과를 사정하거나 판정한다. 실행된 행동 방안의 결과를 사정하는 주요 기준은 행동 방안이 실행되기 이전에 비해 실제로 현재 상태가 얼마나 근접했는지의 여부다.

요약

전 세계적으로 많은 기업과 산업 조직이 의사결정에 건설적 논쟁 과정을 적용하여 왔다. 이것은 중국과 공과대학에서 특히 그렇다. 신중하고 사려 깊은 의사결정에 관여하기 위해 개인은 문제를 식별하고 정의하며, 문제를 진단하는 데 필요한 정보를 모으고, 대안적인 해결책을 공식화하며, 실행할 해결책을 결정하고, 문제가 해결되었는지를 결정하려고 실행의 성공을 평가한다. 의사결정의 필수적인 측면은 대안적인 행동 방안 중에서 결정을 내리는 것이다. 그것이 효과적으로 이루어지려면 성원의 선호, 분석, 결론, 이론 간의 갈등을 격려하여 건설적으로 해결해야 한다.

건설적 논쟁은 아이디어를 자유롭게 표현하고, 참가자가 혁신을 가져올 수 있는 창의적인 결정을 내릴 수 있도록 협동적인 맥락을 제공한다. 건설적 논쟁은 효과적인 의사결정의 핵심이다. 완전하게 실행될 올바른 결정을 내리기 위해서는 각각의 대안 과정에 (a) 공정하고 완전한 청문회 절차를 거치게 하는 것, (b) 그것의 강점과 약점을 명료화하기 위해 고난과 시련에 봉착하게 하는 것이 필요하다. 의사결정에서 건설적 논쟁의 또 다른 공헌은 (a) 정보 증가, (b) 각 대안의 행동 과정을 지원하기 위해 제시되는 정보와 논리에 대한 비판적 분석, (c) 이슈를 바라보는 다양한 관점이다. 건설적 논쟁의 두 번째 적용은 교육이며, 이에 대해서는 다음 장에서 상세하게 논의할 것이다.

Chapter 08

교육에서
건설적 논쟁

교육에서 건설적 논쟁

오늘날 우리가 메사 베르데(Mesa Verde)라고 부르는 도시는 1200년 경 아나사지(Anasazi) 부족에 의해 콜로라도 고원의 절벽 위에 건설되었다. 메사 베르데(Mesa Verde)는 단층 혹은 복층의 푸에블로(pueblo) 주거지로 구성된 매우 아름다운 도시다. 그곳은 오늘날에도 북미에서 가장 인상적인 명소 중 하나다. 아나사지 부족은 거의 100년 동안 그곳에서 살다가 1295년 무렵에 갑자기 그 도시를 모두 떠났다. 3~4년의 기간에 걸쳐서 아나사지 부족은 그곳을 떠나 다시는 돌아오지 않았다. 왜 그랬을까? 어느 누구도 그 이유를 정확하게 알지 못한다. 많은 수업은 학생에게 메사 베르데가 아나사지 부족에게 했던 것과 같다. 학생은 수강 신청을 하고, 학비를 내며, 수업에 참여하는 데 많은 시간을 할애하고, 과제물을 수행하고, 시험을 통과한다. 그러나 강의가 끝나면 그들의 관심도 끝난다. 그들은 떠나고 지성적으로 다시 돌아오지 않는다.

학생들이 배우는 주제에 너무 몰입하여 에너지가 넘치고, 논의되는 주제에 깊이 관여하고, 더 많은 정보와 자원을 얻기 위해 도서관으로 달려가고, 점심시간과 밤에도 그 주제에 대해 계속 논의하고, 자문을 얻기 위해 그 분야의 전문가를 찾아가고, 다음 수업이 시작되는 것을 초조하게 기다린다면 얼마나 좋을까? 학생들이 할 수 있을 때마다 그 주제에 대한 새로운 정보를 수집하면서 여생을 그 주제에 매료되어 산다면 얼마나 좋을까? 학생들은 어떻게 해서 배우는 것에 관심을 두게 되는가? 그 대답에서 종종 간과되는 부분은 바로 학구적인 논쟁에서 교수자의 역할에 해당하는 '지적 갈등을 일으키는 것'이다.

> 갈등은 사고의 등에다. 갈등은 우리가 관찰하고 기억하게 한다. 그것은 발명을 유발한다. 그것은 우리를 양처럼 순한 수동성에서 벗어나게 하고, 우리가 무언가를 기록하고 고안하게 한다. 갈등이 항상 이런 결과를 가져오지는 않을지라도, 갈등은 성찰과 독창성의 필수 요소다.
>
> – 듀이(Dewey), Middle Works, Vol. 14, p. 207

늑대는 사냥과 덫으로부터 보호를 받으면서 자유롭게 돌아다닐 수 있도록 허용해야 할 국보인가? 아니면 늑대는 스포츠와 수익을 위해 관리되어야 하는 재생 가능한 자원인가? 생태학자는 늑대가 보호 종이 되어야 한다고 말한다. 그러나 많은 농부, 목장 주인, 스포츠맨은 늑대를 관리 대상이라고 믿고 있다.

버몬트주의 윌밍턴(Wilmington)에서 4학년 학생을 가르치고 있는 교사인 티파니(Tiffany)는 학생들에게 늑대에 대한 입장을 취해 보라고 하였다. 티파니는 수업 시간에 학생들에게 이렇게 말했다. "여러분은 미국에서 늑대에게 일어난 일과 그 이유에 관해 설명하는 보고서를 작성해야 합니다. 보고서가 여러분의 최상의 생각을 나타낼 수 있도록 여러 사람과 협력하여 작성하게 될 것입니다." 그런 다음에 티파니는 남학생과 여학생 그리고 학업 성취도가 상, 중, 하에 속하는 학생이 모두 한 집단에 고르게 속하도록 4명으로 구성된 각 집단에 학생들을 임의로 배정하였다. 그런 다음에 각 집단을 다시 두 쌍으로 나누었다. 2명으로 이루어진 한 쌍에는 늑대가 보호 종이 되어야만 한다는 입장을 배정하고, 다른 한 쌍에는 늑대가 관리 종이 되어야만 한다는 입장을 배정하였다. 티파니는 각 쌍에게 그 쌍의 입장과 관련된 자료집을 제공하였다.

티파니는 다음과 같은 방법으로 학구적인 논쟁을 구조화하였다. (a) 학생들이 관리할 수 있는 내용으로 된 주제, 그리고 그 주제에 대해 적어도 2개(찬성과 반대)의 문서로 잘 입증된 입장을 마련할 수 있는 주제를 선택하는 것, (b) 학생을 4명으로 이루어진 학습 집단에 배정하여 협동학습을 구조화하는 것, 자료의 절반을 각 쌍에게 나누어 주어 자료의 상호의존성을 창출하는 것, 그 이슈에 대해 합의에 이르는 협동적인 목표를 부각시키는 것, 모든 성원을 평가할 수 있는 집단 보고서를 기록하는 것, 학습한 정보에 대해 집단 성원이 개별적으로 시험을 보는 것. 이제 티파니 선생은 구조화된 그러나 복잡한 과정의 논쟁을 실행할 준비를 마친 상태다. 논쟁을 실행할 때 교사의 역할은 협동학습을 구조화할 때 강조하는 교사의 역할을 확장한 것이다. 논쟁을 시행하려면 교사는 다음의 절차는 따른다(Johnson & Johnson, 1979, 1989, 2007).

1. 수업 목표를 구체화한다.
2. 수업 전에 몇 가지 결정을 내린다.

3. 학생들에게 과제, 긍정적인 상호의존성, 논쟁 절차를 명확하게
　설명한다.

4. 협동 학습 집단의 효과를 모니터하고 학생들이 (a) 과제를 완성
　하도록, (b) 논쟁 절차를 따르도록, (c) 필요한 대인 관계 및 집단
　기술을 사용하도록 돕기 위해 개입한다.

5. 학생들의 성취도를 평가하고, 학생들이 집단으로서 얼마나 기능
　을 잘 수행했는지를 처리하도록 돕는다.

사전 결정 사항과 준비

목표와 주제

교사는 수업을 시작하기 전에 2가지 유형의 목표를 구체화해야 한
다. 학업 목표는 학생에게 적절한 수준으로 명시되어야 하며, 개념 분석
이나 과제 분석에 따라서 적절한 수준의 수업과 조화를 이루어야 한다.
사회적 기술 목표는 수업 중에 어떤 대인 관계 기술과 소집단 기술을
강조할 것인지를 상술한다. 많은 교사가 공통으로 범하는 실수는 학업
목표만 지정하고, 학생이 서로 협동하고 건설적으로 의견을 달리하도록
훈련하는 데 필요한 사회적 기술을 무시하는 것이다.

목표를 구체화하면서 교사는 논쟁의 주제를 선택해야 한다. 선정
기준은 매우 타당하게 문서화된 적어도 두 가지 입장을 준비할 수 있
고, 학생들이 내용을 관리할 수 있어야 한다는 것이다. 학생들이 연구
할 거의 모든 이슈는 논쟁으로 바뀔 수 있다. 대부분의 환경, 에너지,
공공 정책, 사회 교과, 문학, 과학적 이슈가 가장 적절하다. 학생들이
협동학습 집단에서 함께 활동할 때는 언제나 자연적인 논쟁이 의사결정

및 문제 해결 활동에서 발생할 것이라는 점에도 교사는 유념해야 한다. 구조화된 학구적인 논쟁에 참여함으로써 학생들은 계획되지 않은 자연적인 논쟁이 갑자기 생길 때 사용할 절차와 기술을 배울 것이다.

집단의 크기 결정

관찰자를 활용할 계획이 아니라면, 4명으로 이루어진 협동학습 집단을 구조화된 논쟁에 사용해야 한다. 각 집단에서는 2명이 한 팀이 되어 각자의 입장을 옹호한다. 어떤 이슈가 3가지 입장(6명으로 구성)에 적합할 수도 있지만, 3가지 입장을 종합하고 6명의 학생 간의 상호작용을 관리하는 것이 복잡하므로 일반적으로 집단의 크기는 4명으로 제한된다. 경험이 부족한 학생이 협력하여 활동하고 논쟁에 참여할수록, 수업 시간은 짧아진다. 자료가 제한적일수록 집단의 크기를 4명으로 제한해야 마땅하다.

학생을 집단에 배정하기

논쟁의 잠재력을 높이기 위해 각 학습 집단에 속하는 학생의 이질성을 극대화하여 수학, 민족적 배경, 성별, 사회 계층의 각기 다른 성취 수준의 학생이 함께 활동하도록 해야 한다. 집단 성원 간의 이질성은 다른 시각과 관점이 자연스럽게 발생할 가능성을 높인다. 또한, 학생 간의 이질성은 일반적으로 문제 해결 학습과 개념 학습 과제에서 수행을 높인다. 수줍음, 특별한 학습 문제로 인한 낙인 또는 소수 집단 출신이라는 이유로 어떤 학생이 다른 학생으로부터 고립될 경우 교사는 그 학생을 외향적이고 우호적이며 또래를 잘 수용하는 학생과 같은 집단에 속하도록 주의를 기울여 그 학생을 배정해야 한다. 그러나 이질성을 극대화하는 방법에 대해 의문이 들 때는 학생을 무작위로 집단에 배정하는 것이 좋다.

교실 정렬

학습 집단의 성원은 서로 가깝게 앉아서 자료를 공유하고, 서로 조용히 이야기하고, 모든 집단 성원과 시선을 마주칠 수 있어야 한다. 일반적으로 원 모양으로 앉는 것이 가장 좋다. 교사는 모든 집단에 접근할 수 있는 이동 경로를 확보해야 한다. 학생들은 2명씩 짝을 지어 이동해 활동하다가, 4명으로 구성된 원래 집단으로 되돌아가야 한다.

상호의존성과 논쟁을 촉진하기 위한 수업 자료 개발

논쟁에서 자료는 찬성과 반대로 분할되어 각 쌍의 학생은 과제를 완성하는 데 필요한 자료의 일부를 갖게 된다. 일반적으로 다음과 같은 자료가 입장별로 준비된다.

1. 집단의 과제에 대한 명확한 설명
2. 논쟁 절차의 국면과 각 국면에서 활용되는 협동 기술에 대한 설명
3. 입장을 지지하는 핵심 주장을 잘 요약하여 학생이 옹호할 입장에 대한 세부 설명
4. 학생이 옹호할 입장을 지지하는 주장에 대한 증거와 상세한 설명을 제공하기 위한 참고 문헌을 포함한 일군의 참고 자료

논쟁의 모든 측면에 대해 균형 잡힌 발표를 제공해야 하며, 자료는 그 이슈에 대한 각각의 입장을 지지하는 기사, 보고서, 요약을 포함하는 개별 꾸러미로 분리되어야 한다.

역할 지정

논쟁 절차에 고유한 것은 학생을 찬성 또는 반대 주장을 옹호하는 한 쌍으로 배정하는 것이다. 실제로 이것은 논쟁 과정에서 긍정적인 상호의존성을 상징하는 보완적인 역할을 학생에게 부여하는 것이다. 교사는 학생에게 협동하여 활동하고 지적인 논쟁에 참여하는 것과 관련된 다른 역할을 할당하는 것을 원할 수도 있다.

학업 과제, 협동 목표 구조, 논쟁 절차의 설명과 편성

> 여러분은 오직 여러분을 존경하고, 여러분에게 상냥하고, 여러분 옆에 서 있었던 사람에게만 교훈을 얻었는가? 여러분은 여러분에게 대항하고, 여러분과 함께 그 구절에 대해 논쟁한 사람으로부터 큰 교훈을 얻지 못하였는가?
>
> – 월트 휘트먼(Walt Whitman), 1860

학업 과제 설명

교사는 학생이 과제에 대해 명확하게 알고, 수업 목표를 이해할 수 있도록 학업 과제를 설명한다. 교사는 개념, 원칙, 전략에 대한 직접적인 교수 활동을 이 시점에서 전개할 수 있다. 교사는 학생이 수업에서 학습하거나 적용해야 할 개념이나 사실에 대해 갖고 있는 모든 질문에 답하기를 원할 수 있다. 교사는 적어도 찬성과 반대라는 2가지의 상세하게 문서화된 입장으로 과제를 구성해야 한다. 주제 선택은 교사의 관심과 교과나 강좌의 목적에 달려 있다.

긍정적인 상호의존성을 구조화하기

교사는 학생에게 집단의 목표가 있고 그 목표를 달성하기 위해 서로 협동해야 한다는 사실을 알려 준다. 논쟁에는 2개의 집단 목표가 있다.

1. 집단은 하나의 보고서를 작성하고, 어떤 결정을 내릴지에 대한 합의에 도달하라는 지시를 받는다. 학생은 모든 집단 성원이 양질의 집단 보고서를 작성하고, 전체 학급 성원 앞에서 발표하는 데 참여할 책임이 있다.
2. 학생은 모든 집단 성원이 이슈의 양면, 즉 찬성과 반대에 관련된 모든 정보를 습득할 책임이 있음을 알아야 한다. 교사는 나중에 학생 각자가 개별적으로 보는 시험을 통해 그 정보를 평가한다.

긍정적인 목표 상호의존성의 효과를 보완하기 위해, 자료는 집단 내에서 직소우(Jigsaw) 방식으로 분할되고(자원 상호의존성), 모든 집단 성원이 시험(보상 상호의존성)에서 교사가 미리 설정한 기준 이상의 점수를 받으면 그 집단에 보너스 점수가 부여될 수 있다.

논쟁을 구조화하기

　건설적 논쟁 절차는 교사가 학생을 4인조 집단으로 나누고, 각 집단을 다시 2인조로 나누며, 하나의 집단 보고서를 작성하고, 학습한 주제에 대해 개별적으로 보는 시험을 통과하는 것으로 구성된다(Johnson & Johnson, 1979, 1989, 2007). 협동 목표는 학생이 그 이슈에 대한 가장 합리적인 판단에 도달하는 것이다. 한 쌍에 부여된 과제는 찬성 입장에 대해 가능한 최상의 논거를 개발하여 옹호하는 것이고, 다른 한 쌍에 부여된 과제는 반대 입장에 대해 가능한 최상의 논거를 개발하여 옹호하는 것이다. 교사는 논쟁 절차를 감독한다. 건설적 논쟁은 모든 주제 분야에서 사용될 수 있다. 우리가 적어도 찬성과 반대라는 두 측면을 식별할 수 있다면, 그것을 논쟁으로 여길 수 있다.

　논쟁의 한 사례는 건설적 논쟁의 교육적 활용을 설명하는 데 도움을 줄 수 있다. 미국사 수업에서 교사는 민주주의의 본질에 관한 단원을 제시하고 있다. 그 교사는 민주적으로 공직에 선출된 많은 사람이 그들의 권력을 무한정 유지하기를 원한다는 사실을 지적한다. 따라서 그들은 공직에 머무르기 위해 민주적 과정을 훼손한다. 다른 경우에, 권력을 쥔 사람이 자신을 대신할 당선자에게 평화적으로 권력을 넘겨주는 경우도 있다. 핵심 질문은 이런 것이다. "오늘날의 세계에서 민주주의는 실행 가능한 통치 형태인가?", "오늘날의 세계에서 민주적으로 선출된 관리(예: 국회의원)는 민주적인 권력 유지를 위해 민주적 과정을 저해하는가? 또는 민주주의를 촉진하고, 그 결과에 따라 살고 있는가?"

　학생들은 4명으로 이루어진 집단에 배정되어 민주주의가 실현 가능한지에 대한 하나의 보고서를 작성하고 개별 시험을 통과해야 하는 과제를 부여받는다. 각 집단은 두 쌍으로 나뉜다. 한 쌍은 민주주의의 실현 가능성을 위해 가능한 최상의 논거를 개발하여 옹호하는 임무를 부여받고, 다른 한 쌍은 민주주의의 실현 불가능성을 위해 가능한 최상의 논거를 개발하여 옹호하는 임무를 부여받는다. 전반적인 집단의 목표는 학생이 민주적인 정부 형태가 실현 가능한 것인지에 대한 합의에 도달하는 것이다. 학생들은 연구 중인 문제와 관련된 정보를 학습하고 다른 모든 집단 성원이 정보를 학습하도록 보장해야 한다. 그런 다음 모든 성원은 집단이 이 이슈에 대한 양질의 보고서를 작성하도록 도울 수 있어야 하며, 이 문제의 양쪽 측면에 관한 시험에서 높은 점수를 받을 수 있어야 한다.

학생은 건설적 논쟁(Johnson & Johnson, 1979, 1989, 2007)의 단계를 거치도록 되어 있다. 1단계에서 각 쌍은 (a) 할당된 입장을 조사하고 모든 관련 정보를 학습함으로써 할당된 입장에 대해 가능한 최상의 사례를 준비하며, (b) 그 정보를 논지, 주장 또는 청구가 포함된 설득력 있는 논거("민주주의는 오늘날 세계에서 실행 가능한 통치 형태다.")로 조직화하고, 그 논지를 지지하는 이론적 근거를 주장하며("다음 사항은 민주주의가 실현 가능하다는 증거를 제시한다."), 논지와 동일한 논리적 결론을 제공하고 ("그러므로 민주주의는 오늘날 세계에서 실행 가능한 통치 형태다."), (c) 공정하고 완전한 청문회가 될 수 있도록 할당된 입장을 효과적으로 옹호하는 방법을 계획한다.

2단계에서 학생은 자신의 입장이 공정하고 완전한 청문회 절차를 거칠 수 있도록 자신에게 부여된 입장을 위한 최상의 사례를 제시한다. 그들은 단호하고 설득력 있으며, 1개 이상의 매체를 사용하여 옹호자를 납득시키고자 노력한다. 학생은 이해하지 못한 것을 명료화하는 가운데, 반대 입장을 주의 깊게 듣고 배운다.

3단계에서 학생은 그 이슈에 대해 공개 토론을 한다. 학생은 자신의 관점을 지지할 수 있는 많은 사실을 제공하면서 자신의 입장을 위해 단호하고 설득력 있게 논쟁하면서 정보와 아이디어를 자유롭게 교환하고(그들의 관점을 뒷받침하기 위해 가능한 많은 사실을 제시함.), 활발한 의견 대립을 벌인다. 학생은 반대 입장의 증거와 추론을 비판적으로 분석하고, 주장을 뒷받침할 자료를 요청하며, 정보와 추론에서 불충분한 점을 지적하여 반대 입장을 반박한다. 그렇게 하는 동안 학생은 반대 입장을 철저히 배우고, 건설적 논쟁 절차를 따르는 가운데 반대 입장의 정보와 추론을 비판한다. 마지막으로, 학생은 자신의 입장에 대한 공격을 반박한다. 교사는 좀 더 활기찬 논쟁을 장려하기 위해 어느 한 편을 들어줄 수도 있고, 일부러 반대 의견을 말할 수도 있으며, 한 집단에게 다른 집단이 활기찬 논쟁을 벌이는 것을 관찰하도록 요청하고, 일반적으로 토론을 고무할 수 있다.

4단계에서 학생은 관점을 서로 바꾸어, 반대 입장에 대해 가능한 최상의 사례를 제시한다. 반대 입장을 진술하고 강력하게 제시할 경우, 학생은 자신이 기록한 것을 사용하고 새로운 사실을 추가할 수 있다. 학생은 그 이슈를 양쪽 관점에서 모두 보려고 노력해야 한다.

5단계에서 학생은 모든 옹호를 포기하고 그들이 모두 동의할 수 있는 하나의 종합을 모색하기 위해 노력한다. 학생은 양쪽에서 가장 좋은 증거와 추론을 요약해 그것을 새롭고 독특한 공동 입장으로 통합한다. 학생은 지지하는 증거와 이론적 근거를 포함하고 있는 하나의 종합에 대한 집단 보고서를 작성하고, 두 입장에 관해 개별적으로 시험을 보며, 집단이 잘 기능했던 방식을 처리하며, 집단의 성공과 개별 성원의 노고를 축하한다.

건설적 논쟁에 관여하는 규칙은 다음과 같다.

1. 나는 사람이 아닌 아이디어에 대해 비판적이다. 나는 상대방의 아이디어에 도전하고 반박하지만, 내가 그들을 개인적으로 거부한다는 것을 드러내지 않는다.
2. 가라앉든 또는 헤엄을 치든 우리 모두는 이 모든 것에 함께 한다는 사실을 기억한다. 나는 이기는 것이 아니라, 가능한 최상의 결정에 도달하는 것에 초점을 맞춘다.
3. 나는 모든 사람이 참여하고, 모든 관련 정보를 습득하도록 권장한다.
4. 나는 비록 동의하지 않더라도, 모든 사람의 생각을 경청한다.
5. 누군가가 말한 내용이 명확하지 않으면, 나는 다시 말해야 한다.
6. 나는 우선 양쪽을 뒷받침하는 모든 아이디어와 사실을 꺼내 들고 나서, 그다음에는 이치에 맞는 방법으로 그것을 종합하려는 시도를 한다.
7. 나는 그 이슈의 양면을 모두 이해하려고 노력한다.
8. 내가 생각을 바꾸어야만 한다는 증거가 분명해지면, 나는 마음을 바꾼다.

또한, 학구적인 논쟁에 참여하는 것은 학생에게 여생 동안 사용할 필수적인 문제 해결 능력을 가르친다. 학생은 입장에 대한 최상의 사례를 연구하고, 설득력 있고 납득할 만한 사례를 제시하며, 자신의 입장에 대한 공격을 반박하면서 상대 입장을 비판적으로 분석·반박하며, 이슈를 양쪽 관점에서 모두 바라보고, 가능한 최상의 합리적인 판단에 관한 합의에 이르기 위해 양쪽에서 최상의 추론을 종합하는 방법을 배운다. 옹호와 비판의 목적은 상대방을 이기는 것이 아니라 여러 행동 방안의 강점과 약점을 명료화하여 이 시점에서 내려야 할 최상의 합리적인 판단을 나타내는 것에 대한 공동 합의를 이뤄내는 것임을 학생이 이해하는 것이 중요하다. 절차를 설명하는 것에 덧붙여, 교사는 이슈가 가능한 흥미롭고 극적인 방식으로 결정되도록 제시함으로써, 학생이 역할을 수행하도록 돕는 것을 원할 수도 있다.

개별 책임을 구조화하기

논쟁의 목적은 개별 성원을 더욱 강한 개인으로 만드는 것이다. 따라서 교사는 개별 학생의 학습 수준을 평가해야 한다. 개별 책임은 연구된 자료에 대해 각 학생을 개별적으로 테스트하거나 또는 각 집단의 어떤 성원을 무작위로 선택하여 집단의 결정과 그 이론적 근거를 전체 학생 앞에서 발표하게 하는 것으로 이루어진다. 또한 교사는 학생 각자가 논쟁 절차의 각 단계에 제대로 참여하고 있는지를 관찰해야 한다.

성공을 위한 기준을 설명하기

협동적으로 구조화된 수업에서의 평가는 기준 지향적이어야 한다. 논쟁도 예외가 될 수 없다. 수업 시작 전에 교사는 학생의 활동을 평가할 기준을 명확하게 설명해야 한다.

의도하는 행동을 구체화하기

교사가 논쟁을 얼마나 신중하게 구성하든 학생이 갈등을 효과적으로 관리할 수 있는 대인 관계 기술과 소집단 기술을 갖고 있지 않다면, 논쟁은 그것의 잠재적인 영향력을 발휘할 수 없다. 논쟁에서 강조하는 사회적 기술은 지적 입장을 체계적으로 옹호하고 다른 사람이 옹호하는 입장을 평가하고 비판하는 것 그리고 종합 및 합의에 의한 의사결정이다. 학생은 다음과 같은 기술을 배워야 한다.

1. 상황의 상호성을 강조하고, 승자-패자 역학을 회피한다. 이기는 것이 아니라, 가능한 최상의 결정에 이르는 것에 초점을 맞춘다.
2. 타인의 입장과 논쟁하고 타인의 추론에 도전하면서, 타인의 역량을 확인한다. 사람이 아니라 아이디어를 비판한다. 상대방의 아이디어에 도전하고 반박하지만, 개인적으로 그들을 거부하지 않는다.
3. 자신의 아이디어에 대한 비판과 자신의 개인적인 가치를 분리시킨다.
4. 비록 여러분이 동의하지 않더라도, 모든 사람의 생각을 듣는다.
5. 먼저 양측을 지지하는 모든 아이디어와 사실을 내놓은 다음에 이해가 되는 방식으로 그것을 합치고자 한다. 아이디어를 통합하기 전에 입장 간의 차이점을 식별할 수 있어야 한다.
6. 상대방의 입장을 이해하기 위해 반대 관점을 채택할 수 있어야 한다. 이슈의 양면을 모두 이해하려고 노력해야 한다.
7. 마음을 바꿔야 할 증거가 분명하게 나타났을 때에는 마음을 바

꾼다.

8. 누군가가 말한 내용이 명확하지 않으면 그것을 다시 한 번 말한다.

9. 가용한 데이터를 고려하여 가능한 최상의 답을 찾을 때 합리성을 강조한다.

10. 갈등의 황금률을 따른다. 황금률은 남에게 대접받고자 하는 대로 남을 대접하는 것이다. 다른 학생이 여러분의 말을 듣기를 바란다면, 여러분도 그의 말을 귀담아들어야 한다. 다른 학생이 여러분의 아이디어를 자기 생각에 포함하기를 바란다면, 타인의 아이디어를 여러분의 생각에 반드시 포함해야 한다. 다른 학생이 여러분의 관점을 채택하기를 바란다면, 여러분도 타인의 관점을 반드시 채택해야 한다.

집단 간 협동을 구조화하기

입장을 준비할 때, 학생은 같은 입장을 준비하고 있는 다른 집단의 급우와 함께 점검할 수 있다. 입장을 제시하고 옹호하는 최상의 방법에 대한 아이디어는 공유될 수 있다. 한 쌍의 학생이 자신의 입장을 뒷받침하는 정보를 찾으면 학생들은 같은 입장을 가진 다른 쌍과 그 정보를 공유할 수 있다. 학생들 쌍 사이에 더 많은 것을 제공할수록 더 좋은 것이다. 협동학습 집단에서 발견된 긍정적인 결과는 집단 간 협동을 구조화함으로써 전체 학급으로 확장될 수 있다는 사실이다. 교사는 학급의 모든 성원이 미리 설정된 수월성 기준에 도달하면 보너스 점수를 줄 수 있다. 어떤 한 집단이 활동을 마치면, 교사는 그 집단이 다른 집단 성원에게 가서 과제를 완성하는 것을 돕도록 권면해야 한다.

모니터링과 개입

학생의 행동을 모니터하기

교사는 집단 성원이 과제를 완료하고 논쟁 절차에 능숙하게 참여할 때 겪는 문제점이 무엇인지를 관찰한다. 가능할 때마다 교사는 학생이 보여 주는 적절한 행동을 관찰한 횟수를 세는 공식 관찰 기록장을 사용해야 한다. 데이터가 구체적일수록 교사와 학생에게 더 유용하다. 교사는 한 번에 너무 많은 상이한 행동을 세려고 시도하면 안 된다. 교사가 공식적인 관찰을 처음 시작할 때 특히 그렇다. 처음에 교사는 그 집단의 참여 유형을 얻기 위해 각 집단에서 누가 말하는지를 추적하고 싶을 수도 있다. 우리는 『함께 학습하기와 홀로 학습하기』(*Learning together and alone*, 1999)에서 협동 집단을 체계적으로 관찰하는 방법을 서술한 바 있다. 학생의 행동에 대한 우리의 관찰 목록은 상당히 길고, 다음의 것을 포함한다. 아이디어에 기여하기, 질문하기, 감정을 표현하기, 적극적으로 듣기, 아이디어에 대한 지지와 수용을 표현하기, 집단 성원과 집단에 대한 온정과 호의를 표현하기, 모든 성원의 참여를 권장하기, 요약하기, 이해를 점검하기, 농담으로 긴장을 완화하기, 집단 활동의 방향을 부여하기. 우리가 찾는 모든 행동은 적절히 존재할 때 칭찬받아야 할 긍정적인 행동이며 그것이 누락되었을 때 논의의 원인이 된다. 교사가 특정한 학생의 행동에 대한 메모를 수집하여 빈도 데이터가 확장되도록 하는 것도 좋은 생각이다. 특히 능숙한 교류는 나중에 객관적인 칭찬으로 학생과 공유할 때 그리고 아마도 상담이나 전화 대화에서 학부모와 공유할 때 유용하다.

학구적인 도움 제공

학습 집단이 제대로 활동하는지 모니터 하면서 교사는 지침을 명료화하고, 중요한 개념과 전략을 검토하며, 질문에 답하고, 필요한 학업 기술을 가르치기를 바랄 것이다. 학생은 자신의 입장에 대해 연구하고, 그것을 옹호하며, 반대 입장을 논박하고, 반대 입장으로부터 공격에서 자신의 입장을 유지하며, 관점을 바꾸거나, 창의적으로 종합하는 논쟁 절차의 모든 단계에서 도움이 필요할 수 있다.

협동 기술을 가르치기 위한 개입

학습 집단을 모니터 하는 동안 교사는 (a) 필수적인 갈등 기술이 없는 학생과 (b) 성원 사이에 효과적으로 의견이 엇갈리는 데서 문제점이 있는 집단을 종종 발견할 것이다. 이 경우 교사는 함께 협력하기 위해 보다 효과적인 행동 절차 및 보다 효과적인 행동을 제안하기 위해 개입한다. 교사는 학생에게 기본적인 대인 관계 기술 및 소집단 기술을 직접 가르칠 수 있다(Johnson, 1991, 2014; Johnson & F. Johnson, 2013). 교사는 또한 그들이 목격한 매우 효과적이고 능숙한 행동에 개입하여 그것을 강화시켜 주기를 바랄 것이다. 때때로 교사는 집단이 더 효과적으로 기능하도록 돕는 자문 역할을 수행한다.

갈등 기술을 가르치는 가장 좋은 시기는 학생이 그 기술을 필요로 할 때다. 개입은 협동학습 집단에 앞으로 유용할 새로운 기술을 남겨주어야 한다. 최소한 다음 조건이 충족되어야 한다.

1. 학생은 갈등 기술의 필요성을 인식해야 한다.
2. 기술은 명확하게 정의되어야 하고, 학생이 그 기술을 활용할 때 말해야 하는 것을 구체적으로 포함해야 한다.
3. 기술을 연습하는 것을 권장해야 한다. 때로는 교사가 클립보드와 연필을 갖고 서 있는 것만으로도 학생이 그 기술을 실행하는 것을 촉진하기에 충분하다.
4. 학생은 그 기술을 얼마나 잘 사용하고 있는지를 토론하는 시간과 절차를 가져야 한다. 학생은 기술이 적절하게 내면화될 때까지 연습을 견뎌내야 한다. 우리는 결코 기술을 버리지 않을 것이다. 우리는 단지 덧붙일 뿐이다.

평가 및 처리

수업을 종료하기

매 수업 시간 말미에 학생은 그때까지 학습한 것을 요약할 수 있어야 한다. 교사는 수업의 주요 요점을 요약하고, 학생에게 아이디어를 회상하거나 사례를 제시하도록 요구하고, 학생들이 제기한 최종 질문에 답하는 것을 바랄 수도 있다.

학생의 학습을 사정하고 평가하기

교사는 학생의 활동을 평가하고, 학생의 학습을 사정하며, 학생의 연구가 수월성 기준과 어떻게 비교되는지에 대한 피드백을 학생에게 제

공한다. 이때 교사는 수행의 양적 측면뿐만 아니라 질적 측면을 다루어
야 한다. 학생은 최종 보고서의 품질에 대한 집단의 성적을 부여받고,
그 이슈의 양면을 다 포괄하는 시험에서 자신의 수행에 대한 개별 점수
를 받는다.

집단의 기능 수행 정도를 처리하기

집단이 오늘 기능을 얼마나 제대로 수행했는지, 잘 된 것은 무엇인
지 그리고 개선할 것이 무엇인지에 관해 간혹 이야기를 해야 할 필요가
있다. 집단 기능에 대해 논의하는 것은 필수적이다. 학생은 자신이 성
찰하지 않은 경험에서는 배울 것이 없다. 학습 집단이 오늘보다 내일 더
욱 효과적으로 기능하려면 성원은 피드백을 받고, 더욱 효과적인 자신
의 행동 방식에 대해 성찰하며, 다음 기회의 집단 활동에서 더욱 능숙
하게 활동하는 방법을 계획해야 한다.

모든 소집단은 2가지 중요한 목표를 갖는다. (1) 과제를 성공리에 마
무리하는 것, (2) 다음 과제를 위해 좋은 작업 순서에서 건설적인 관계
를 수립하여 유지하는 것. 학습 집단은 종종 배타적으로 과제 지향적이
라 성원 간의 효과적인 활동 관계 유지의 중요성을 무시한다. 집단 활
동은 즐겁고 활기차고 즐거운 경험이어야 한다. 아무도 재미를 느끼지
못한다면 무언가 잘못된 것이 있는 것이다. 논쟁에서 협동과 참여와 관
련된 문제점을 반드시 제기하여 해결해야 하며, 서로 협력하여 집단 성
원의 효율성을 향상시키는 데 계속 중점을 두어야 한다.

수업 시간의 활동 부분 동안 종종 학생은 매우 과제 지향적일 수
있으므로, 집단 성원 간의 관계 유지가 어려울 수 있다. 그러나 처리 시

간 동안 교사는 강조점을 집단의 유지에 둔다. 집단이 처리할 때 학생은 모든 성원의 학습을 극대화하기 위해 개선이 필요한 성원의 활동에 대해 논의한다. 교사는 종종 학생에게 과제 할당에서 나온 기록장과 함께 처리 기록장(process sheet)을 제출하게 한다.

온라인에서 건설적 논쟁 활용

로제스와 그 동료(Roseth, Saltarelli, & Glass, 2011, Saltarelli & Roseth, 2014)는 온라인에서 건설적 논쟁 활용을 조사하는 두 가지 연구를 수행했다. 그들은 건설적 논쟁의 대면 형식과 컴퓨터 매개 형식을 비교했다. 그들은 대면 논쟁 대 컴퓨터 매개 논쟁, 3대 미디어(비디오, 오디오, 텍스트), 동시적 대 비동시적 커뮤니케이션이라는 3가지 조건을 포함하였다. 대면 조건 및 동시적 온라인 조건에 속한 학생의 100%가 논쟁 절차를 완료한 반면에 비동시적 온라인 조건에 속한 학생 중 62%만이 절차를 완료했다. 대면 및 동시적 커뮤니케이션에서는 비동시적 컴퓨터 매개 커뮤니케이션과 비교하여 협동 지각이 증가했고, 개인적인 지각은 감소하였으며, 동기(예: 관계성, 흥미, 가치)와 학업 성취에서 연구진이 예상했던 증가를 보여 주었다. 이러한 결과는 매체가 아닌 동시성이 컴퓨터가 매개하는 건설적 논쟁에서 중요한 역할을 한다는 것을 시사한다.

두 번째 연구에서 살타렐리와 로제스(Saltarelli & Roseth, 2014)는 컴퓨터 매개 커뮤니케이션의 소속감과 동시성이 건설적 논쟁의 근본적인 과정에 영향을 미치는지를 조사했다. 조건은 (a) 대면 상호작용, 동시적 상호작용, 비동시적 상호작용, (b) 수용, 가벼운 거부, 다른 참여자로부터의 무응답이었다. 결과는 비동시적 온라인 상호작용과 비교하여 대면 상호작용과 동시적 온라인 상호작용은 동기 부여, 협동 지각을 증가시키고 관계 조절을 감소시켰다. 그리고 대면 조건과 동시적 온라인 상호작용 조건에 있던 학생은 100%가 논쟁을 완료한 반면에, 비동시적 조건에 있던 학생 가운데 55%만이 논쟁을 완료하였다. 소속감과 동시성은 건설적 논쟁에 부가적인 영향을 주는 경향이 있으며, 수용은 비동시적 컴퓨터 매개 커뮤니케이션의 효과를 완충하지만 상쇄하지는 못한다.

실행

건설적 논쟁의 대부분은 초·중등학교에서 실행되었지만, 공과대학과 같은 일부 대학 환경에서도 널리 적용되고 있다. 건설적 논쟁은 퍼듀대학교(Purdue University) 공학교육 박사 과정(Smith, Matusovich, Meyers, & Mann, 2011)에서 특색 있는 교수법이다. 스미스(Smith, 1984)의 지도 아래 미클레보로(Mickleborough), 추(Zou)를 비롯한 홍콩 과학기술대학 공학교육 혁신 센터의 동료들은 거대한 도전 과제를 다루는 과정에서 건설적 논쟁을 실행하였다(Zou, Mickleborough, Leung, 2012). 학생에게 민주주의에서 시민이 되는 방법을 가르치기 위한 '민주주의에서 심의하기 프로젝트'의 일부분으로 아제르바이잔, 체코, 리투아니아, 미국에서 중등학교 교사는 건설적 논쟁을 활용하였다(Avery, Freeman, Greenwait, & Trout, 2006). 관련 절차인 협동학습은 아르메니아의 초등 및 중등 학생에게 민주주의에서 시민이 되는 법을 가르치는 데 사용되었다(Hovhannisyan, Varrella, Johnson & Johnson, 2005). 따라서 성숙한 민주주의 국가와 발전 중인 민주주의 국가 모두에서 건설적 논쟁은 시민을 정치 담론에 효과적으로 참여시키고 민주주의에서 시민이 되는 데 필요한 이해, 태도, 역량을 사회화하는 데 사용되었다. 전반적으로 건설적 논쟁은 거의 모든 주제 영역과 학년 수준에서 전 세계의 많은 나라에서 사용되고 있다.

학구적인 논쟁의 사례

건설적 논쟁의 교육적 활용은 다음 사례를 통해 설명될 수 있다. 이 사례는 늑대에 초점을 맞추고 있지만, 멸종 위기에 처한 모든 종이 사실 수업의 주제가 될 수 있다. 아래에 제시하는 것은 설명 자료와 찬성과 반대 의견을 위한 주장의 근거 목록이다. 이러한 자료가 제안하는 요점은 이를 토대로 하여 학생이 더 많은 정보를 찾아 자신만의 입장을 공식화하도록 자극하기 위한 것이다.

늑대의 상황

미네소타(Minnesota)는 미국에서 늑대가 가장 많이 살고 있는 지역이다. 늑대에 대해 두 가지 주요 관점이 존재한다. 하나는 늑대가 국보이므로 보호를 받는 종이어야 하며 북부 미네소타 지역에서 자유롭게 돌아다닐 수 있도록 내버려 두어야 한다는 것이다. 다른 하나는 늑대가 (a) 가축을 위협하는 위험한 야수이고, (b) 스포츠와 수익을 위해 관리되어야 할 재생 가능한 자원이라는 것이다. 따라서 늑대를 사냥해야 하고, 덫을 놓아 늑대의 수를 감소시켜야 하고, 가축과 농장이 없는 좁은 지역에서만 늑대가 살도록 해야 한다.

1973년에 미국 동부의 이리(timber wolf)는 모든 48개 주에서 멸종 위기에 처한 것으로 분류되어 모든 사냥과 덫에서 보호를 받았다. 미네소타는 1,200마리의 늑대가 안정적으로 살고 있어 가장 많은 늑대 개체군을 자랑한다. 위스콘신(20~25마리)과 미시간(23마리)에도 소수의 늑대가 존재한다. 1978년에 목축업자와 스포츠맨은 늑대를 위협적인 동물로 재분류하도록 정부 관리를 설득하는 데 성공하였고, 미네소타 정부는 가축을 약탈한 늑대를 죽이는 것을 허용했다. 미네소타 북부의 효과적인 육식 동물 통제 프로그램은 그 이후로 효과가 있었다.

여러분은 미네소타 천연자원부(DNR)의 위원이며, 앞으로 회색 늑대를 분류하는 것에 관한 제안을 요청받았다. 미국의 물고기 및 야생생물 서비스(FWS)는 미네소타에서 스포츠 시즌에 늑대를 사냥하는 것을 승인하고, 미네소타 주 정부에 늑대에 대한 완전한 통제권을 부여해야 한다는 요청을 받았다. 과거에는 멸종 위기 종 법률에 따라 늑대를 보호한다는 근거로 그러한 요청을 거부하였다. 그러나 미네소타 정부는 위원회에게 전체 보고서와 제안을 요구했다. 여러분 가운데 2명은 늑대를 보호하는 것에 깊이 관여하는 생태 집단에서 온 사람이므로 늑대를 멸종 위기에 처한 종으로 분류하고 싶어 한다. 여러분 가운데 2명은 늑대의 통제를 원하고 있는 농부와 목축입 단체 출신이고, 미네소타에서 늑대를 사냥하고 덫을 놓아야 한다는 생각에 찬성한다. 하나의 집단으로서 여러분은 4명 모두가 동의할 수 있는 늑대의 미래를 위한 계획을 수립해야 한다. 여러분의 입장과 '관리' 입장의 이론적 근거를 집단과 공유해야 한다. 관리 입장에 도전해야 한다. 그렇지 않으면 상대방에게 논리적으로 설득을 당할 수 있다. 동시에 여러분의 집단이 그 이슈에 대해 합의를 이룰 수 있도록 각자가 열심히 도와야 한다.

늑대를 보호하기

여러분은 이제 '큰 나쁜 늑대'라는 신화를 떨쳐버리고 늑대가 생태계에서 할 수 있는 귀중한 역할을 하고 있다는 것을 인식하고, 우리 인간이 이 장엄한 동물과 공간을 공유하기 위해 조금씩 적응하고 타협할 수 있다는 것을 인식해야 한다고 믿는다.

여러분이 이 입장에 동의하든 그렇지 않든 간에 가능한 강하게 그 입장을 위해 주장해야 한다. 이해할 수 있고 합리적인 논증을 사용하여 늑대를 보호하는 관점을 정직하게 취해야 한다. 창의성을 발휘하여 새로운 지지 논증을 고안해야 한다. 정보를 찾고, 그것에 대해 알고 있는 다른 집단의 성원에게 질문을 해야 한다. 여러분의 입장과 그 입장을 위한 이론적 근거를 학습한 것을 기억해야 한다. 늑대를 관리해야 한다는 입장에 도전을 제기해야 한다. 증거와 논리에서 허점을 생각해 보아야 한다. 관리 입장에 있는 학생의 주장을 뒷받침할 사실과 정보를 요구해야 한다.

여러분은 덜루스(Duluth)에 있는 미네소타대학교의 한 집단에 소속된 사람이다. 여러분의 집단은 인식 캠페인을 벌이고, 주 의사당에서 로비하며, 황야를 탐험하여 늑대를 추적하고 관찰함으로써 늑대 보전을 장려하기 위해 활동한다. 여러분은 미네소타 천연자원부의 관리 노력에 굳게 반대하고, 늑대의 멸종과 늑대의 자연 서식지의 소멸을 두려워한다.

1. 회색 늑대는 미국의 진정한 황야에 남겨진 마지막 잔여 중 하나인 국보를 나타낸다. 늑대는 최초 서식지의 99%에서 모두 사라

졌다. 미네소타는 미국에서 마지막으로 늑대가 살고 있는 주 가운데 하나다. 늑대는 이제 원래 서식지의 1%만 남은 미네소타에서 보호를 받아야만 한다.

2. 멸종 위기 종 법률에서 의회는 '주어진 생태계 안에서 개체군 압력을 해소할 수 없는 특별한 경우'를 제외하고는 멸종 위기 종 개체군에 대한 규제적인 살해를 금지하도록 규정했다. 생물학적 수용력 안에 잘 남아 있는 미네소타 늑대의 개체 수는 분명히 그런 특별한 경우가 아니다.

3. 미네소타 가축에 대한 늑대의 약탈은 미미하다. 늑대 서식지 내 가축의 0.1%와 북부 미네소타 농장 전체의 0.3%만이 피해를 입었다. 늑대는 종종 일부 농장 동물을 잡아먹지만, 늑대가 그 지역에 끌리는 것은 농부들이 죽은 동물의 시체를 제거하지 못하기 때문이다. 농부들은 늑대를 유혹하기 위해 봉사하고 있을 뿐이다.

4. 1982년에 발표된 정부 연구에 따르면 늑대에 의한 가축 약탈의 많은 사례는 열악한 동물 사육 관행에 기인한다고 할 수 있다. 소는 숲이 우거진 지역이나 늑대와 마주칠 가능성이 디 높은 외딴 초원에서 돌아다닐 수 있다. 죽은 가축은 목초지에 또는 가까운 곳에 버려져 늑대를 유인하고 늑대에게 가축의 맛을 알게 한다. 적절한 처리 방법과 더 나은 방목 기법은 많은 약탈 문제를 예방할 수 있다.

5. 늑대가 죽인 것으로 확인되어 손실을 입은 농부나 목장 주인은 미네소타 가축 보상 프로그램을 통해 보상을 받는다. 가축들은 보호가 필요하지 않다. 왜냐하면 주인은 늑대에 의한 가축 살해

로부터 재정적으로 손해를 보지 않기 때문이다.

6. 메치(Mech) 박사와 프리츠(Fritts) 박사의 지휘 아래 성공적인 연방 포식자 통제 프로그램이 1978년부터 운영되고 있다. 이 프로그램에 따라 정부 소속의 덫을 놓는 사냥꾼은 1981년에 29마리의 늑대를 잡았고, 1982년에는 20마리의 늑대를 잡았다. 미네소타 늑대의 30~35마리만 가축을 잡아먹는 것으로 추정된다. 이 프로그램의 초점은 피해를 주는 늑대만을 찾아 덫으로 잡는 것이었다.

7. 만약 이 늑대에 대한 통제권을 미네소타 주에 넘겨준다면, 약탈 문제가 있었다고 보고된 농장의 반경 0.5마일 안에 있는 모든 늑대가 덫에 걸릴 수 있다. 덫을 놓는 사냥꾼을 선정하거나 늑대가 가축을 죽인 것을 검증하는 기준은 없을 것이다. 덫을 놓는 작업이 실행될 수 있는 시간의 제한이 없으므로, 그 결과는 늑대를 무차별적으로 죽이는 것이 될 것이다.

8. 미네소타에서는 매년 400마리 이상의 늑대가 불법적으로 죽임을 당한다. 덫을 놓는 것을 허용하는 스포츠 시즌은 공식적으로 늑대를 죽이는 것을 허가할 것이고 불법적으로 늑대를 죽이는 일이 증가할 것이다.

9. 환경 단체와 수백만 명의 관련 시민에 의한 수년간의 협력 활동은 멸종 위기 종 보호법을 제정하는 데 들어갔다. 그 분류는 즉시 다시 바뀌어야 한다. 그렇지 않으면 이 모든 돈과 노력이 낭비될 것이다.

10. 미네소타의 사슴 개체 수는 7년 연속 심한 추위로 인해 감소했다.

11. 늑대와 사슴 사이에는 자연스러운 균형이 있다. 약하고 병든 사

습을 죽임으로써, 건강한 사슴을 위한 더 많은 먹이가 남게 된다. 만약 인간이 늑대를 죽인다면, 그것은 이 자연적인 균형을 깨뜨린다.

늑대를 관리하기

여러분의 입장은 회색 늑대에 대한 통제가 미네소타 주에 넘겨져야 하고 스포츠 사냥과 덫을 설치하는 시즌이 마련되어야 한다는 것이다. 여러분은 늑대가 북부 미네소타에 만연한 위험한 동물로서 많은 농부의 경제적 생존을 위협하고 있다는 현실에 직면해 있다고 믿는다. 늑대는 합법적인 범위 내에서 개체 수를 유지하도록 덫에 걸리거나 또는 사살되어야 한다.

여러분이 이 입장에 동의하든 그렇지 않든 간에 가능한 그것에 대해 강하게 주장해야 한다. 이해 가능하고 합리적인 논점을 사용하여 관리 관점을 정직하게 채택해야 한다. 창의성을 발휘하여 새로운 지지 주장을 고안해야 한다. 정보를 찾고, 그것에 대해 알고 있는 다른 집단의 성원에게 질문을 해야 한다. 여러분의 입장과 보호 입장을 위한 이론적 근거를 학습한 것을 기억해야 한다. 보호 입장에 도전해야 한다. 증거와 논리에서 허점을 생각해 보아야 한다. 보호 입장에 있는 학생의 주장을 뒷받침할 사실과 정보를 요구해야 한다.

여러분은 미네소타 북부의 농부와 목장 주인을 대표한다. 그들은 늑대가 자유롭게 돌아다니게 방치하는 것은 상황의 현실에 직면하지 않은 일부 환경주의자의 꿈일 뿐이라고 믿는다. 늑대를 관찰하는 것은 하나의 일이지만, 늑대가 제기하는 위협과 함께 살아가는 것은 완전히 다른 일이다.

1. 회색 늑대는 가축을 위협하는 야수이고, 스포츠와 수익을 위해 관리할 수 있는 재생 가능한 자원이다.
2. 스포츠 트래핑 시즌은 늑대에 대한 대중의 적대감을 줄이고, 늑대를 불법적으로 죽이는 건수를 감소시킨다.
3. 미네소타 천연자원부(DNR)는 오랫동안 미네소타의 늑대 개체군이 멸종 위기에 놓여 있거나 위협을 받지 않았다고 주장했다. 또한, 천연자원부는 늑대가 생존을 위해 적극적으로 관리되어야 한다고 주장했다.
4. 천연자원부는 늑대와의 싸움의 역사를 갖고 있다. 1965년에 천연자원부는 미네소타 주 의회로 하여금 늑대에 대한 낡은 보상금 제도를 제거하려고 시도했다. 1970년대 초반에 천연자원부는 의회로 하여금 이리를 보호되지 않은 종에서 게임 동물의 종으로 승격시키려고 시도했다. 그러므로 그들의 제안을 진지하게 고려해야 한다.
5. 통제된 사냥은 늑대를 보호하고, 기회가 있으면 늑대를 멸종시키려는 사람들의 늑대에 대한 분노를 어느 정도 줄임으로써 늑대의 생존을 보장한다. 사냥 시즌이 마련되지 않는 한, 늑대를 불법적으로 죽이는 일이 계속될 것이다.
6. 인간과 대규모 약탈자 사이에 균형이 이루어져야 한다. 타협과 균형이 우리가 취해야만 할 접근법이다. 일부 지역에서는 늑대가 인간과 직접 경쟁하지 않는 생존 가능한 늑대 개체 수를 유지할 수 있다. 다른 지역에서는 동물의 대량 살상을 피하기 위해 늑대

를 관리하고 통제해야 한다.

7. 반복적인 약탈이 발생하는 지역에서, 영향 지역 내 늑대의 개체 밀도가 '늑대 회복 팀'이 권고하는 수준 이하로 떨어지지 않는다면 늑대를 위한 제한된 공공 포획 시즌을 허가하는 것이 늑대의 건전한 보존과 일치할 것이라고 보는 관점이 편의일 것이다.

8. 늑대를 불법적으로 죽이는 것을 제거하려면 인간 거주 지역으로 늑대가 침입하는 것을 통제하는 기제를 제공하는 천연자원부의 계획이 필수적이다. 늑대가 우리의 귀중한 야생 생물 유산의 일부로 남아 있으려면, 천연자원부 계획이 지지를 받아야 마땅하다고 우리는 믿는다.

9. 농부와 목장 주인은 늑대가 빠르게 번식하면 늑대의 먹이인 사슴의 숫자가 줄어들게 되어 늑대가 애완용 개를 포함한 농장 동물을 잡아먹는다고 생각한다. 1965년에 미네소타에는 70만 마리의 사슴이 있었지만, 지금은 고작 20만 마리밖에 없다.

요약

여러분이 말을 타는 방식은 숙련된 조련사가 감지할 수 있는 각인을 남긴다. 어떤 지표는 명백하다. 말의 목 밑에 근육이 잘 발달되어 있다면, 기수는 습관적으로 고삐를 뒤로 당기고 있었다. 말의 목 윗부분에 근육이 잘 발달되어 있다면, 기수는 고삐를 느슨하게 잡고 안장과 다리로 말을 앞으로 이동시킨 것이다. 조련사가 그 말을 탈 때만 보다 미묘한 각인이 감지될 수 있다. 말이 움직이는 것을 보면, 조련사는 누가 마지막으로 그 말을 탔는지 알 수 있다.

교사가 암송을 자주 사용하면, 학생은 주의 깊게 듣고, 호출되기를 기다리고, 교사가 좋아하는 사실적인 대답을 하는 유형이 각인된다. 교사가 집단 토론을 자주 하면 학생은 적극적으로 참여하는 유형으로 각인되어, 고수준의 질문을 공동으로 고려하고, 아이디어를 교환하며, 서로의 생각을 활용한다. 교사가 건설적 논쟁을 자주 활용하면, 학생은 일관된 지적 주장을 세우고, 설득력 있는 발표를 하고, 다른 사람의 입장을 비판적으로 분석하여 도전하고, 다른 사람의 도전을 반박하고, 다양한 관점에서 문제를 보고, 합리적인 판단을 모색하는 것을 포함하는 지적 탐구 유형으로 각인된다. 학생은 옹호와 비판의 목적이 상대방을 이기기 위한 것이 아니라, 최고의 합리적인 판단을 나타내는 것에 대한 공동 합의가 이루어질 수 있도록 다양한 행동 방안의 장단점을 명료화하기 위한 것임을 배운다.

교사는 한 과목 영역이나 한 수업을 선택하여 학생이 편안해질 때까지 논쟁적인 절차를 사용함으로써 작게 시작한 후에 차츰 다른 과목 영역이나 다른 수업으로 확장하기를 원할 수 있다. 교사는 논쟁이 효과적이라고 확신하는 주제를 골라 신중하게 계획하고, 그 과정을 절대 서두르지 않는 것이 좋다. 학구적 논쟁을 성공적으로 실행하려면 교사는 학생이 협동하고, 지적으로 탐구하며, 지적으로 도전하고, 여러 관점에서 동시에 상황을 바라보며, 다양한 입장을 새롭고 창의적인 결정으로 종합하는 데 필요한 대인 관계 기술과 소집단 기술을 학생에게 가르칠 필요가 있을 것이다. 여러분의 교실에서 학구적인 논쟁을 시행하는 것이 쉽지는 않지만, 시도해 볼 가치가 있는 것이다.

민주주의에서
건설적 논쟁과
정치 담론

민주주의에서 건설적 논쟁과 정치 담론

서론

1859년 호레이스 그릴리(Horace Greeley)와 헨리 데이비드 소로우 (Henry David Thoreau)는 하퍼스 페리(Harper's Ferry)에서 존 브라운(John Brown)이 연방군 무기고를 습격한 사건에 관하여 토론을 하였다. "브라운이 아무리 좋은 의도를 가졌다고 해도 그의 방법은 완전히 용납할 수 없는 것입니다. 그는 위법 행위를 하였습니다. 좋은 동인을 위한 테러리즘도 여전히 테러리즘입니다. 노예 제도가 그르기 때문에 브라운의 행동이 옳다는 것은 말도 안 됩니다. 노예 제도에 반대한다고 해도 브라운이 한 일을 용서할 수 없습니다."라고 호레이스가 말했다. 헨리가 대답했다. "브라운! 당신은 전체를 빠뜨리고 있습니다. 브라운이 법을 위반했는지의 여부는 중요하지 않습니다. 그가 상징하는 것만이 중요합니다. 그는 영원한 정의, 영광, 원칙에 대한 헌신을 상징합니다. 우리는 합법성에 관한 평범한 토론에 빠지지 말고, 브라운이 대표하는 이상에 경의를 표해야만 합니다."

　제퍼슨(Thomas Jefferson), 매디슨(James Madison)을 비롯하여 미국 건국의 여러 주도자는 그릴리와 소로우의 토론에 박수를 보냈다. 그들은 사람이 태어난 사회적 신분이 아니라 자유롭고 개방된 토론이 사회 내에서 영향력의 기초가 되어야 한다고 믿었다. 이 자유롭고 공개적인 토론은 아이디어와 의견의 갈등, 모든 관점의 개방적인 고려, 그리고 국가의 선을 위해 취할 수 있는 최상의 행동을 찾기 위해 마음을 바꾸는 것이 특징이었다. 제퍼슨은 갈등의 가치와 생산성에 대해 깊은 신념을 가지고 있었다. 제퍼슨은 "의견의 차이가 탐구로 이어지고, 그래서 진리 탐구로 이어진다."라고 말했다. 매디슨(James Madison)은 정치 담론을 (a) 다른 견해에 대한 열린 마음의 고려("많은 것이 온순하고 융통성 있는 정신에 의해 얻어진다."), (b) 자신의 현재 지식이 전체 진리가 아니라는 사실을 깨달음으로써 임시적인 결론을 유지하는 것("그 어떤 시민도 자신의 교양과 진리에 만족하는 만큼 자신의 의견을 더 이상 유지할 의무가 없다.")으로 규정하였다. 민주주의에서 시민은 열린 마음을 유지하고 결론을 잠정적인 것으로 여기는 가운데 상충하는 입장을 옹호하는 것으로 기대된다. 각각의 대안적인 행동 방안은 (a) 완전하고 공정한 청문회 절차를 거치고, (b) 그것의 강점과 약점을 밝히기 위해 비판적으로 분석되어야만, 국가가 취해야만 할 행동 방안에 대해 가장 합리적인 판단을 내릴 것으로 기대된다. 따라서 시민은 자신의 입장을 조사하고, 옹호하며, 반대 입장을 비판적으로 분석하고 도전하며, 모든 관점에서 그 이슈를 동시에 살펴보고, 모든 면에서 최상의 정보와 추론을 활용하는 종합을 찾는 것을 돕도록 기대된다. 민주주의를 살아 움직이게 만드는 것은 바로 사려 깊고 합리적인 판단을 내릴 수 있는 시민의 능력이다.

미국의 제퍼슨과 여러 미국 공화국 창시자는 입장 간의 갈등과 정치 담론을 민주주의의 심장이라고 여겼다. 그들은 사람이 태어난 사회적 신분(예: 사회적 계급이 높을수록 사회 정책과 의사결정에 더 많은 영향을 미친다.)이 아니라, 아이디어와 견해의 갈등을 특징으로 하는 자유롭고 공개적인 토론(예: 정확한 정보와 논리로 뒷받침된 가장 강력한 논거를 가진 사람이 사회 정책과 의사결정에 가장 큰 영향을 주는 사람이다.)이 사회 내에서 영향력의 기반이라고 믿었다. 제퍼슨, 매디슨 및 그 당대 사람의 정치 담론에 대한 관점은 1700년대의 철학과 사고에 근거를 두고 있었다. 예를 들어, 철학자 에드먼드 버크(Edmund Burke, 1790)는 우리의 의지에 굴복하는 사람이 아니라 우리와 씨름하는 사람에 의해 우리의 기술이 날카롭게 되고 우리의 신경이 강화된다고 말함으로써 아이디어 간의 갈등을 강력하게 권고하였다. 제퍼슨(Jefferson, 1815)은 탐구는 의견의 차이에서 비롯되며, 그래서 진리를 밝혀 준다는 사실을 지적하였다. 매디슨은 정치 담론을 (a) 다른 관점에 대해 열린 마음으로 고려하는 것, (b) 자신의 현재 지식이 전체 진리가 아니라는 것을 깨달음으로써 잠정적인 결론을 유지하는 것을 포함하는 것으로 규정하였다.

정치 담론의 주요 목적 중 두 가지는 결정을 내리는 데 모든 시민을 참여시키고, 사회의 모든 시민 사이에 도덕적 유대감을 형성하는 것이다. 나는 이들 각각을 아래에서 설명할 것이다. 그러나 나는 정치 담론에서 건설적 논쟁이 사용되는 방식에 대해 먼저 논의할 것이다.

긍정적인 정치 담론을 위한 절차

긍정적인 정치 담론에 건설적으로 참여하는 것은 효과적인 규범적 절차를 갖고 있는 것에 달려 있다. 긍정적인 정치 담론은 6단계의 절차로 구성될 수 있다(Johnson & Johnson, 2014).

첫째, 시민은 고려 중인 문제를 해결할 것이라 여겨지는 행동 방안을 제안할 자유와 기회가 필요하다. 미국에서 그러한 정보와 언어의 자유는 헌법 수정 제1조 또는 더 보편적으로 세계 인권 선언 제19조, 그리고 시민적 및 정치적 권리에 관한 국제 규약에 의해 보장된다. 개인의 견해를 자유롭게 표현하는 것은 모든 사람이 어떤 이슈에 대해 동일한 견해를 갖지 않을 것이기 때문에 본래적으로 '아이디어 간의 갈등'(논쟁)을 포함한다.

둘째, 개인이나 소수의 시민은 사회적 문제를 해결하기 위해 어떤 행동 방안이 필요한지를 먼저 결정한다. 그들은 최초의 결론에 도달한다. 그들은 그들이 알고 있는 것을 일관되고 심사숙고한 입장으로 조직한다. 그들은 자신의 입장을 연구하고 설득력 있는 발표를 준비하여 타인에게 자신의 입장의 타당성을 확신하게 한다. 그들은 자신의 입장을 옹호하는 방법을 계획하여 모든 시민이 그 입장을 완전히 이해하고, 공평하고 완전한 청문회를 거치며, 그 입장의 건전함을 확신하게 한다.

셋째, 시민은 자신의 입장에서 가능한 최상의 사례를 제시하고, 반대편의 발표를 주의 깊게 경청한다. 그들의 옹호는 최상의 결정을 내리고(목표 상호의존성), 반대 입장의 옹호자가 조직한 정보를 고려하지 않고서는 양질의 결정을 내릴 수 없다고 믿는(자원 상호의존성) 협동적인 틀 안에서 이루어진다. 시민은 반대편 발표에서 나온 정보를 배우고 반대 입장의 기초가 되는 추론을 이해함으로써 반대 입장의 장단점에 대한 통찰력을 얻기 위해 노력한다.

넷째, 시민은 옹호, 논박, 반박을 특징으로 하는 열린 토론에 참여한다. 옹호 집단은 반대편의 정보와 논리의 타당성에 도전해 반박하려 함으로써 반대 입장에 시련과 고난을 준다. 그들은 서로의 결론을 조사하고 밀고 나간다. 그들은 자신들의 입장에 대한 공격을 반박하는 동시에 다른 시민에게 그것의 타당성을 계속 설득하려고 한다. 시민은 자신의 약점과 결점에 대한 통찰력을 얻기 위해 반대 입장을 철저히 배우려고 노력한다. 그렇게 하는 데서 중요한 기술은 '타인의 아이디어를 비판하면서 타인의 역량을 확인하는 것'이다. 자신의 입장에 동의하도록 다른 사람을 설득하는 목표는 결코 사라지지 않는다.

다섯째, 시민은 그 이슈를 모든 관점에서 동시에 바라보고, 반대 입장을 정확하고 완전하게 요약하여 자신의 이해를 입증하려고 노력한다. 이것은 반대 입장의 옹호자들이 그들이 듣고 이해했다고 믿는 것을 보장한다. 시민은 한 발짝 물러서서 모든 면에서 객관적으로 그 문제를 바라볼 수 있을 것으로 기대된다. 이것은 그 이슈를 보는 데 있어 옹호자가 선택적 지각과 편향을 초래하는 것을 방지한다.

마지막으로, 시민은 옹호된 다양한 입장을 포섭하거나 또는 적어도 모든 관점에서 최상의 정보와 추론을 통합하는 하나의 종합을 창조하기 위해 노력한다. 다수결 원칙에 따라 투표가 진행된다. 정치적 소수자는 (a) 다른 사람의 의견에 영향을 줄 공정한 기회가 있었고, (b) 정해진 몇 년 동안 자신의 입장을 옹호할 또 다른 기회를 가질 것이며, (c) 자신의 권리가 그동안에는 보호받을 것이라고 믿기 때문에 그 결정이 실행되는 것을 돕는다. 소수 집단의 권리를 보호하는 것은 긍정적인 정치 담론이 발생하는 데 매우 중요하다.

결정이 필요할 때 이러한 절차가 자동적으로 나타나지 않는다. 그것은 배워서 완벽해져야만 한다. 학교는 시민이 성장하고 발달하는 곳이기 때문에, 학교는 그러한 절차를 가르치기 위한 가장 논리적인 장소다.

집단적 의사결정

민주 사회에서 각 세대는 민주적 과정에 참여하는 방법을 배워야 한다. 좋은 시민이 되려면 개인은 공동체와 사회의 이슈에 관한 집단적 의사결정에 참여하는 방법을 배워야 한다(Dalton, 2007). 집단적 의사결정은 정치 담론을 수반한다. 담론이라는 단어는 언어학자를 비롯하여 여러 사람에 의해 다양한 방식으로 정의되었지만(Fairclough, 1995; Foucault, 1970; Jaworski & Coupland, 1999), 웹스터 사전에서 담론이라는 개념은 두 가지 중요한 의미를 담고 있다. (a) 단어(언어 또는 서면)를 통해 심각한 주제에 관한 생각의 공식적인 소통, (b) 합리성 또는 추론 능력. 정치 담론은 몇 가지 대안적 행동 방안 중 어느 것이 사회적 문제를 해결하기 위해 취해져야 하는지에 대해 합리적으로 심사숙고한 견해를 공식적으로 교환하는 것이다. 정치 담론은 모든 시민을 의사결정에 포함하고자 한다. 참여자는 타당한 정보와 논리를 통해 서로를 설득하고, 어떤 행동 방안이 사회 문제를 해결하는 데 가장 효과적인지를 명료화하려고 한다. 정치 담론은 다시 심의와 밀접하게 관련되어 있다. 심의는 사회적 문제를 해결하기 위한 정당한 결정에 도달하는 것을 목적으로 하는 공개 토론이나 또는 만약 결정을 내릴 수 없다면, 해결할 수 없는 합당한 의견 불일치를 존중하며 살아가는 것을 뜻한다(Guttman, 2000).

정치 담론에서는 우선 입장 간의 불협화음과 갈등(Mouffe, 2000; Ranciere, 1995)에 중점을 두었다가, 결정을 내리면서 반대 입장과 다른 입장의 옹호자 간의 합의와 일치를 모색한다. 무페(Mouffe, 2000)는 특히 입장을 유지하고 옹호하는 데 있어서 정서적이고 비합리적인 면이 있기에 참된 합의가 매우 드물다는 점을 강조한다. 좀 더 보편적인 것은 소수자의 의견을 충족시키지 못한 가운데 다수결을 통해 잠정적인 결정을 내리는 것이다. 소수자의 입장을 가진 사람은 다음 선거를 할 때까지 그래서 근본적인 의견 불일치가 표면화되어 다시 논의될 때까지 다수자에 대한 존중과 관심(그리고 다수자 역시 동일한 존중과 관심으로 소수자 입장을 가진 사람의 권리를 보호할 것이다.)으로 다수자를 지지할 것이다. 입장 간의 갈등이 완전히 해결되지 않을 수도 있지만, 사회를 결속시켜 주는 것은 바로 공동선 및 사회의 가치(평등, 자유, 정의)에 대한 상호 헌신에 의해 만들어진 도덕적 유대감이다.

정치 담론은 모든 시민을 포함하려는 민주주의에서의 의사결정 방법이다. 국민에 의한 통치는 모든 국민에 의한 통치를 의미한다. 시민 참여는 입장을 제시하는 것, 타당한 정보와 논리를 통해 다른 사람을 설득하는 것, 다른 사람의 말을 귀담아듣는 것, 새로운 정보를 모아 입장을 조정하는 것, 사회 문제를 해결하는 데 가장 효과적인 행동 방안을 명료화하는 것, 그 행동 방안을 실행할 후보자에게 투표하는 것을 특징으로 한다. 효과적인 민주적 결정은 시민의 최고의 이성적 판단을 반영하여 고품질을 갖춰야 한다. 최상의 결정을 내리는 과정은 (a) 동의 여부에 상관없이 결정을 이행하려는, (b) 정부 형태로서 민주주의를 갖고자 하는 시민의 헌신을 증가시킨다. 이 절차는 다음 선거에서 문제가 재개될 때까지 정치적 소수자(결정에 동의하지 않는 사람들)의 권리가 보호

되도록 보장한다. 마지막으로, 의사결정은 정치 담론에 참여하는 시민의 능력이 향상되거나 또는 적어도 감소하지 않도록 보장해야 한다.

시민 간의 도덕적 유대감 발달

정치 담론의 가장 중요한 효과 중 하나는 사회의 응집력과 시민 간의 도덕적 유대감에 미치는 영향이다. 1748년에 몽테스키외(Charles de Montesquieu)는 『법의 정신(*Spirit of Laws*)』이라는 책에서 국민과 여러 정부 형태 간의 관계를 탐구했다. 그는 독재 정권이 국민의 공포로 생존하고 군주제는 국민의 충성심으로 생존하지만, 3가지 정치 체제 중 가장 취약한 자유 공화국은 국민의 미덕으로 생존한다는 결론을 내렸다. 미덕은 개인이 자신의 요구와 사회의 요구와의 균형을 유지하는 방식에 반영된다. 유덕해지려는 동기 부여는 소속감, 전체에 대한 관심, 자신의 삶이 처한 공동체와의 도덕적 유대감에서 비롯된다. 이 도덕적 유대감은 공동선에 대해 동료 시민과 함께 심의하는 것 그리고 정치 공동체의 운명을 형성하는 것을 돕는 것에 의해 함양된다.

공동선을 위해 기여하고 자신이 속한 사회의 운명을 형성하기 위해 행동하려는 그러한 도덕적 유대감을 확립하려면 시민이 (a) 거버넌스에 참여하고, (b) 공통된 가치관을 갖는 것이 필요하다. 참여는 정치 담론에 적극적으로 참여하는 것 그리고 특히 다른 시민의 견해가 자신의 견해와 다를 때 모든 다른 시민의 참여를 모색하고 그것을 소중히 여기는 것을 포함한다. 미국에서 그러한 참여의 기초가 되는 가치는 주로 독립 선언과 헌법(평등, 자유, 정의)에 담겨 있다. 19세기 중반에 토크빌 (Tocqueville, 1945)은 미국의 민주주의를 유지하는 주요 요인(상황과 맥락,

법률, 사람들의 매너/관습) 가운데 가장 중요한 것은 미국인이 공유하고 있는 시민성에 관한 일반 원칙이라고 결론을 내렸다. 그는 이러한 예의와 관습을 '마음의 습관'(habits of the heart)이라고 부르면서, 그것은 공동선에 대한 책임을 지는 것, 다른 사람도 동일한 것을 할 것이라 신뢰하는 것, 정직한 것, 자제력을 갖는 것, 선행에 화답하는 것을 포함한다고 규정하였다. 1950년대에 저명한 정치 이론가들로 구성된 위원회는 민주주의가 존재하기 위해서는 시민이 (a) 자유와 평등과 같은 근본 가치에 헌신해야 하며, (b) 실질적인 결정이 내려지는 절차적 규범에 합의해야 한다고 결론지었다(Griffith, Plamenatz & Pennock, 1956).

제퍼슨, 매디슨, 애덤스(Adams) 및 미국 공화국 창시자는 정치 담론이 긍정적이라고 생각했다. 그러나 실제로는 합의에 의한 결정을 내리고 공동의 도덕적 유대감을 형성하는 대신에 정치 담론이 오히려 분열과 혐오를 초래할 수 있다.

정치 담론에 참여하는 능력

듀이(Dewey, 1916)는 논쟁의 여지가 있는 이슈에 관해 소통할 수 있는 역량이 민주적 의사결정 참여의 핵심이라고 말했다. 달튼(Dalton, 2007)은 개인이 좋은 시민이 되기 위해서는 공동체 및 사회적 이슈에 관한 집단적 의사결정에 참여하는 법을 배워야 한다고 상기함으로써 그러한 정조를 되풀이하였다. 그러한 집단적 의사결정은 정치 담론으로 알려져 있다(Johnson & Johnson, 2000b). 제퍼슨, 매디슨 및 미국 공화국 창시자는 정치 담론이 민주주의의 심장이라고 생각했다. 시민이 논리적으로 설득을 당할 때 열린 마음을 유지하고 자신의 의견을 바꾼다면, 반대 입장의 충돌은 그 이슈에 대한 시민의 이해와 의사결정의 질을 높일 것으로 기대되었다. 다양한 정치적 견해의 존재는 더욱 철저한 정보 검색과 대안의 조사를 자극한다(Delli Carpini, Cook & Jacobs, 2004; Mendelberg, 2002; Nemeth, 1986; Nemeth & Rogers, 1996). 자신과는 다른 관점을 접하는 것은 반대 견해에 동기를 부여하는 이론적 근거에 대한 친밀감을 증가시키며, 그것은 정치적 관용을 조장할 수 있다(Mutz, 2002; Price, Cappella & Nir, 2002). 반대로, 사람들이 자신의 견해에 도전하는 정보를 효과적으로 회피한다면, 그들이 속한 사회는 정치적으로 분열될 가능성이 있다(Sunstein, 2002). 다른 견해와의 접촉이 없을 때, 시민 집단은 더 양극화될 수 있고, 공통의 근거를 찾고 정치적 합의에 도달하는 능력이 감소할 수 있다.

일반적으로 미국 학교에서의 정치교육은 두드러지지 않는다(Parker, 2006). 적극적이고 활동적인 시민이 되기 위해서는 학생들이 '논쟁의 문화'에 대한 교육을 받아야 한다(Walzer, 2004: 107). 따라서 학생들이 건설적 논쟁 절차를 숙달할 때, 그들은 민주주의에서 시민이 되는 데 필요한 절차를 숙달하는 것이다.

부정적인 정치적 설득

정치적 토론이 계몽적이지 않고 파괴적일 때 위험이 존재한다. 오해의 소지가 있거나 피상적이거나 무관한 정보가 그 이슈에 대한 시민의 이해를 감소시키는 방식으로 제시될 때 파괴적인 정치적 설득이 존재하며, 그것은 이슈에 대한 사려 깊은 고려가 부재하고, 시민을 서로 싫어하는 전투 진영으로 분할하며, 정치적 과정에 참여하는 시민을 감소시키는 결과를 초래한다. 잘못된 정보를 통한 기만 사용, 중요한 이슈의 경시와 무시, 입장 지정, 유권자에게 영합하기, 그리고 대인 논쟁(argumentum ad hominem)과 같은 여타의 수단이 담론을 대체할 수 있다. 대인 논쟁은 자신의 아이디어와 제안보다는 상대방의 논증을 지시하는 것으로 이루어진다(Johnson & Johnson, 2007). 대인 논쟁 주장은 상대방의 동기에 의문을 제기하거나, 상대방이 개인적인 이해관계를 위해 행동한다고 비난하거나, 상대방을 모순이라고 비난하거나, 상대방을 과거의 비행으로 고소하는 것을 포함할 수 있다. 대인 논쟁 주장은 상대방이 나쁘기 때문에 그 견해가 그릇된 것이라는 사실을 소통한다. 이슈가 아닌 후보자에 집중함으로써 그러한 설득 절차는 어떤 행동 방안을 채택해야 하는지를 명료화하는 데 크게 도움이 되지 않을 수 있다. 또한, 대인 논쟁 주장은 민주적 과정의 바탕을 이루는 도덕적 유대감을 약화하고, 다른 사람이 반대 관점을 제시하는 것을 단념시키며, 정치 체제와 서로의 신뢰를 훼손하고, 사회를 결속하는 전반적인 긍정적 상호의존성을 약화한다. 부정적인 설득 전술은 정치 담론을 불신하고 정치적 과정에 대해 시민이 환멸감을 갖게 할 수 있다. 그러면 정치 담론은 무시되거나 거부될 수 있다.

선거 운동에서 담론보다는 인신공격의 위력은 부정성 효과로 잘 드러난다. 부정성 효과는 모든 것이 동일하다면 부정적 특질이 긍정적 특질보다 인상에 더 많은 영향을 미칠 때 존재한다(Vonk, 1993). 개인이 부정적인 정보에 특별한 주의를 기울이는 경향이 있고(Fiske, 1980, Pratto & John, 1991), 특히 도덕적 특질과 관련하여 부정적인 정보를 긍정적인 정보보다 더 중요하게 평가한다(Coovert & Reeder, 1990; Taylor, 1991)는 증거가 있다. 다른 사람에 대한 인상을 형성하는 것에서부터 결정이나 판단에 도달하기 위해 긍정적인 정보와 부정적인 정보를 평가하는 것까지 다양한 연구에서 부정적인 정보는 긍정적인 정보보다 너 두드러지게 파악되었다(Taylor, 1991). 그러나 부정성의 힘을 이용하는 것은 민주주의의 건강에 상당히 위험할 수 있다. 예를 들어, 스티븐슨(Stevenson, 1952)은 우리의 문명 전체에 정보를 주는 것은 비판적 탐구와 토론이라는 미국의 전통이지만 비판적 탐구는 그것의 목적이 정직할 때만 일반 복지를 발전시킨다고 언급했다. 그는 탐구와 개혁의 도구가 아닌 권력의 도구로서의 비판은 기만과 중상 기법으로 신속하게 타락한다고 주장했다.

스티븐슨과 그 밖의 다른 사람이 지적한 바는 부정적인 인신공격이 권력의 수단으로 사용될 때, (a) 인기가 없는 견해를 드러낸다 해도 타인에 대한 관용을 강조하는 민주주의의 가치에 정면으로 위배되는 상대방 및 상대방이 표현하는 견해를 겨냥한 불관용을 증가시키고, (b) 정치 참여에 대한 신뢰와 다른 영향력을 약화하고, (c) 사회를 결속하는 전반적인 긍정적 상호의존성과 도덕적 유대감을 훼손한다. 부정적인 인신공격의 사용이 확산될수록 정치적 과정에 대한 시민의 환멸은 더 커지는 경향이 있다. 환멸감은 참여 감소, 분개, 승자의 의지 구현을 돕는 행동을 거부하는 것을 초래할 수 있다.

시민 사회화를 위한 필요성

민주주의에서 각 세대는 긍정적인 정치 담론에 참여하는 데 필요한 절차, 역량, 태도, 가치로 사회화되어야 한다. 민주주의의 건강은 이 사회화 과정의 효과에 달려 있다. 효과적인 사회화가 실현되려면 2가지가 필수적이다. 첫째는 긍정적인 정치 담론에 대해 알려진 것을 조직화하고, 정치 담론 및 그것이 건설적인 조건에 대한 우리의 이해를 향상시키기 위한 연구 프로그램으로 이어지는 기본적인 사회과학 이론이다. 연구는 이론을 입증한다. 두 번째는 아동과 젊은 성인을 긍정적 담론의 본질로 사회화하려는 절차다. 이러한 사회화를 위한 규범적 절차는 연구로부터 입증된 이론에 근거하여 추론할 수 있다. (a) 시민은 건설적인 정치 담론에 참여하는 데 필요한 단계를 알고, (b) 후속 세대에게 긍정적인 정치 담론에 참여하는 방법을 가르치고 그에 따라 정치 과정에 참여하는 방법을 가르치는 데 그 절차를 활용할 수 있다.

요약

진리는 다른 의견의 충돌을 통해 주로 발견된다는 커다란 믿음이 1700년대 유럽과 미국에 만연하였다. 많은 철학자와 정치인은 갈등의 가치와 생산성에 대해 깊은 신념을 가지고 있었다. 제퍼슨, 매디슨을 비롯하여 미국 건국을 주도한 여러 사람은 사람이 태어난 사회적 순위가 아니라 자유롭고 열린 토론이 사회 내에서 영향력의 기초가 되어야 한다고 믿었다. 이 자유롭고 열린 토론은 아이디어와 의견 간의 갈등, 모든 관점에 대한 열린 마음의 고려, 그리고 국가의 선을 위해 취할 수 있는 최상의 행동을 찾기 위해 자신의 마음을 바꾸는 것을 특징으로 한다.

민주주의에서 개인이나 소집단의 시민은 처음에는 사회 문제를 해결하기 위해 어떤 행동 방안이 필요한지를 결정한다. 시민은 자신이 알고 있는 것을 일관되고 심사숙고한 입장으로 조직한다. 그다음에 시민은 자신의 입장에서 가능한 최상의 사례를 제시하고 반대편 발표를 주

4차 산업혁명 시대의 혁신교수법

의 깊게 경청한다. 셋째, 시민은 옹호, 논박, 반박을 특징으로 하는 열린 토론에 참여한다. 넷째, 시민은 이 문제를 모든 관점에서 동시에 볼 수 있도록 노력한다. 마지막으로, 시민은 옹호되는 다양한 입장을 포함하거나 적어도 모든 관점에서 최상의 정보와 추론을 통합하는 하나의 종합을 만들기 위해 노력한다. 다수결 원칙에 따라 투표가 진행된다. 정치적 소수자는 ⓐ 다른 사람의 의견에 영향을 줄 공정한 기회가 있었고, ⓑ 정해진 수년 동안 자신의 입장을 옹호할 또 다른 기회를 가질 것이며, ⓒ 자신의 권리가 그동안에는 보호를 받을 것이라는 사실을 알고 있기 때문에 그 결정을 실행하는 것을 돕는다. 긍정적인 정치 담론이 발생하려면 소수 의견 집단의 권리를 보호하는 것이 매우 중요하다.

사회에서 집단적 의사결정은 정치 담론을 포함한다. 담론 개념에는 두 가지 중요한 의미가 있다. ⓐ 단어(음성 또는 서면)를 통해 심각한 주제에 관한 생각을 공식적으로 소통하는 것, ⓑ 합리성 또는 추론 능력. 정치 담론은 사회 문제를 해결하기 위해 취해야 할 몇 가지 대안적인 행동 방안 중 어떤 것을 취해야 할 것인지에 대해 합리적으로 심사숙고한 견해를 공식적으로 교환하는 것이다. 정치 담론은 모든 시민을 포함하려는 민주주의에서의 의사결정 방법이다. 정치 담론의 가장 중요한 효과 중 하나는 사회의 응집력과 시민 간의 도덕적 유대감에 미치는 영향이다.

건설적인 정치 담론에 참여하는 방법을 배우는 것은 모든 시민의 책임이다. 아동과 청소년이 완전한 시민성을 향해 성장하면서 그들은 건설적인 정치 담론에 참여하는 방법을 배워야 한다. 그들은 공적 토론에서 표현되는 다양한 관점에서 배울 필요가 있으며 건설적 논쟁 절차와 그것이 작동하는 데 필요한 관련 기술에 능숙해져야 한다.

건설적 논쟁,
창의성,
혁신

Chapter 10

건설적 논쟁, 창의성, 혁신

서론

전 세계의 많은 국가가 더욱 다양해지고 있다. 미국, 캐나다 그리고 최근에 호주와 같이 다양한 인구의 이주를 장려하고 다양한 시민 구성에 대해 자부심을 느끼는 국가가 일부 있다. 여러분이 이주의 다양성을 장려하거나 또는 단념시켜야 할지를 결정하려는 정부 관리 위원회의 한 명이라고 상상해 보자. 양측 모두가 완전하고 공정한 청문회를 실시하기 위해, 그 이슈의 각 측면을 위해 최상의 가능한 사례를 제시하도록 여러분은 위원회를 두 집단으로 나누었다. 여러분은 집단 A에 다양성이 많은 유익한 영향을 미치는 자원이라는 입장을 할당한다. 여러분은 집단 B에 다양성이 많은 해로운 영향을 미치는 문제라는 입장을 할당한

4차 산업혁명 시대의 혁신교수법

다. 전반적인 목표는 위원회 전체가 이민 정책이 다양성과 관련하여 어떤 것이 되어야만 하는지에 대해 가장 합당한 판단을 내리는 보고서를 작성하는 것이다. 이상적으로, 모든 성원은 동의할 것이다. 이후의 상호작용이 창의적인 문제 해결을 향상할 수 있도록 보장하기 위해 건설적 논쟁의 단계가 뒤따르게 된다.

집단 A의 성원은 "우리는 다양한 국가의 사람들이 우리나라로 이주할 수 있도록 장려해야 합니다."라고 말한다. "이민은 한 국가로서 우리의 생산성을 향상시킬 뿐만 아니라 우리나라에서의 고정관념과 편견을 줄여서 결국 긍정적인 관계를 형성하게 될 것입니다. 이것은 여러분에게도 끌리는 것입니다."

집단 B의 한 성원은 "말도 안 됩니다."라고 말한다. "우리는 다양한 인구가 우리나라에 이주하는 것을 막아야만 합니다. 이민을 받아들이면 직장에서 대인 관계 문제가 너무 많아 우리의 생산성이 떨어질 뿐만 아니라 불안과 긴장을 증가시킬 것이고 결국 가게 점원, 동료, 그리고 이웃들과 상호작용하는 데 부담을 줄 것입니다. 강요된 친근함은 사실상 쉬운 일이 아닙니다. 사람들은 자신에게 맞는 사람을 좋아하는 경향이 있으므로, 사람들 사이에 많은 부정성과 혐오가 생길 것입니다. 고정관념과 편견이 더욱 악화될 것입니다."

집단 A의 성원은 "다양성은 미래입니다. 우리가 좋아하든 그렇지 않든 간에 다양성이 생길 것입니다. 우리는 마땅히 그것을 통제하여 부정적인 결과보다는 긍정적인 결과가 확실하게 나타나게 해야 합니다."라고 말했다.

집단 B의 성원은 "당신은 정확하게 잘못된 생각을 하고 있습니다."라고 말했다. "다른 나라들이 다양성을 환대하는 실수를 저질렀습니다.

그들은 곧 문제에 직면하게 될 것입니다. 우리는 그들보다 더 현명할 필요가 있습니다. 다양한 이민자가 우리나라에 들어오는 것을 허용하지 않으면서 그런 문제를 피해야 합니다."

"다른 나라들이 왜 문제를 겪는지를 말해 주세요."라고 집단 A의 한 성원이 말했다. "무슨 문제가 생긴다는 겁니까? 그 문제가 얼마나 광범위하게 퍼집니까? 그것은 단기적인 문제입니까? 아니면 장기적인 문제입니까? 물론 초기에는 문제가 있겠지만 우리 사회의 성원들이 다양성에 익숙해지면서 결국에는 우리 모두가 이득을 보게 될 겁니다."

위원회의 의사결정을 돕기 위해 건설적 논쟁을 구조화하는 이유는 그들이 추천할 행동 방안의 창의성을 높이기 위한 것이다. 창의성과 혁신은 상호 간의 목표 달성을 위한 협동 그리고 그렇게 하는 것의 가장 바람직한 수단에 대한 건설적 논쟁을 기반으로 구축된다. 건설적 논쟁은 창의성, 개방성, 혁신을 증진하기 위한 중요한 도구다(Johnson & Johnson, 2007). 창의적인 아이디어를 발견하여 새로운 혁신을 실행하는 것은 건설적으로 관리되는 불일치와 논쟁을 통해서 가능해진다.

창의성에 대해서는 두 가지 관점이 존재한다. 하나는 창의성이 유전적으로 결정되는 성격 특질이라는 것이다. 어떤 사람은 창의적이지만, 어떤 사람은 창의적이지 않다. 두 번째는 창의성이 사회적 과정에서 기인한다는 것이다. 모든 사람은 창의성을 촉진하는 상황에 있다면 창의적인 사람이 될 잠재력을 갖는다. 역사적으로 개별적으로 창의적인 사람의 관점이 창의성에 대한 생각을 지배해 온 반면, 일부 사회심리학자는 창의성이 하나의 사회적 과정이라고 주장하였다. 각 견해에는 그것을 지원하는 연구와 이론이 있다. 이 후자의 입장이 바로 이 장에서 제시하고자 하는 관점이다. 이 장에서는 창의성과 혁신에 대한 건설적 논쟁의 영향력에 대해 논의할 것이다. 여기서는 창의적 과정의 사회적 본질 이해, 열린 마음으로 이슈를 보는 것, 조직에서의 혁신이라는 3가지 주요 주제에 관한 논의를 포함한다.

창의성의 사회적 본질

> 모든 사람은 같은 줄에서 일하는 동료가 있을 때, 그리고 제안, 비교, 경쟁적 모방의 자극에 굴복할 때 일을 더 잘 한다. 위대한 것은 외딴 근로자에 의해 이루어졌다. 하지만 그 위대한 것이 좀 더 온화한 환경에서 생산되었더라면 그것에 들어간 고통이 절반으로 줄어들 수 있었을 것이다.
>
> — 헨리 제임스(Henry James, 1843-1916)

창의성은 새로운 무언가를 존재에 가져오는 과정이다(Johnson & F. Johnson, 2013). 창의성은 전통적으로 또는 일반적으로 받아들여지는 생각, 유형, 관계 등을 초월하여 새롭고, 독창적이고, 상상력이 풍부하고, 가치 있고, 의미 있는 것을 공식화하는 것이다. 창의적인 아이디어는 종종 새롭고 유용한 것(Amabile, 1983)으로 정의된다. 그것은 기존 해결책에서 벗어나 잠재적으로 실용적인 해결책을 제시하기 때문에 유용하다. 창의성은 새롭고 유용한 아이디어의 개발과 생성에 초점을 맞추고 있다(Amabile, 1996). 창의성은 혁신과 구별될 수 있다. 혁신은 새롭고 유용한 것이 조직 수준에서 성공리에 구현되는 과정을 의미한다.

개인의 특질로서 창의성

창의성은 필요할 때 특정 개인에게 나타나는 마법이라는 견해가 있다. 어떤 사람들은 마치 천사가 그들을 만지기 위해 하늘에서 내려온 것처럼 영감을 받는다. 그 결과는 어떤 유전자를 물려받은 창의적인 사람이고, 그래서 그 사람은 창의성 특질을 갖는다. 서구 사회는 오랫동안 창의성이 개인의 특질이라고 믿었다(Johnson & F. Johnson, 2013).

일부 고독한 창의적인 천재들이 우리 역사를 거닐면서 생전에 극적인 작품을 남겼다. 미켈란젤로(Michelangelo), 피카소(Picasso), 빅토르 위고(Victor Hugo), 찰스 디킨스(Charles Dickens), 월트 디즈니(Walt Disney)와 같은 창의적인 영웅들은 본래 홀로 작업하여 뛰어난 예술 작품을 만든 대단한 사람으로 여겨진다. 서양 문화에서 창의성은 원래 신성한 영감의 결과로 여겨졌다. 그리스인은 창의성이 신이 파견한 뮤즈(Muses)로부터 영감을 받은 것으로 보았다. 유대-기독교 전통은 창의성을 하나님의 영감을 표현한 결과로 보았다. 창의성에 대한 관점은 창의성이 상상력과 연결된 18세기 계몽주의 시대에 변화되었다. 토마스 홉스(Thomas Hobbes)는 인간에게 생각의 핵심 요소가 바로 상상력이라고 여겼다. 어떤 사람은 다른 사람보다 더 많은 상상력으로 축복을 받았다. 창의성에 관한 초기 연구는 주로 개인 차원에서, 특히 매우 창의적인 사람과 일반인을 구별시켜 주는 특질(Helson, 1996)에서 수행되었다. 성격 특질에 대한 이러한 대규모 연구는 고립되어 일하는 고독한 천재의 마음에서 창의적인 통찰력이 가장 많이 출현할 수 있다는 광범위한 입장을 지지한다(Perry-Smith & Shalley, 2003). 다양한 형태가 있었지만, 이렇듯 서양 문화는 오랫동안 창의성의 '위대한 사람' 이론을 장려해 왔다.

사회적 과정으로서 창의성

새롭고 멋진 것을 창조하는 것을 개인 간의 상호작용에서 생겨난 것으로 볼 수도 있다. 창의성은 상호 목표를 성취하려고 노력하는 개인 간의 상호작용에서 생생하게 나온다. 창의성은 사회적 노력(social endeavor)이다. 개인은 다른 사람과의 상호작용에서 창의적이거나 또는 창의적이지 않을 수 있다. 사회 환경은 개인의 창의성을 높이거나 낮추는 데 책임이 있다. 집단은 그 성원이 서로의 아이디어를 생성·구축·결합·향상하도록 장려함으로써 잠재적으로 창의적일 수 있다. 지난 30년간 창의성에 관한 연구는 사회적 상황(Amabile, 1996) 그리고 창의적 아이디어를 창출하기 위해 협력하는 사람의 집단에 더욱 집중되었다 (Bennis & Biederman, 1996; Paulus & Nijstad, 2003; Perry-Smith, 2006).

창의성에 대한 사회적 관점은 창의성이 주로 개인이 결정을 내리고 문제를 해결할 때 상호작용하는 방식에서 파생된 사회적 과정이라는 것이다. 예를 들어, 이중 나선 DNA 분자의 공동 발견자로서 노벨상을 받은 제임스 왓슨(James Watson)은 "정말 흥미로운 새로운 것은 아무런 협력 없이 이루어지지 않는다."라고 말했다. 창의적인 천재는 아이디어에 대한 갈등이 발생하는 협동적인 노력의 산물로 여겨진다. 창의적인 아이디어와 통찰력을 생성하는 상호작용 유형은 다양한 입장을 진지하게 고려하고, 각 입장의 손익을 비판적으로 검토하며, 모든 관점에서 이슈를 바라보고, 모든 면에서 최고의 추론을 포함하는 하나의 종합을 모색하는 논쟁을 포함한다. 이것은 모두 건설적 논쟁의 구성 요소다. 반대 의견을 자유롭게 표현하는 것은 창의성을 자극한다. 왜냐하면, 반대 의견이 그릇된 것일 때조차도 그것은 집단 성원이 더욱 창의적으로 문제를 생각하여 해결하도록 만들기 때문이다(Gruenfeld, 1995; Nemeth, 1986).

그러므로 의사결정, 건설적 논쟁, 창의성, 혁신은 상호 연관되어 있다(Vollmer, Dick & Wehner, 2014). 건설적 논쟁은 아이디어를 자유롭게 표현할 수 있는 협동적인 맥락을 제공하고, 참가자는 집단이 혁신을 수반하는 창의적인 결정을 내리도록 돕는 시도를 할 수 있다. 반대 입장의 자유로운 표현은 창의성을 향상시킨다. 반대 의견이 틀린 경우에도 집단 성원은 문제를 더 창의적으로 생각하여 해결하게 된다.

창의적인 과정과 건설적 논쟁

창의성은 일반적으로 둘 혹은 그 이상의 사람이 참여하는 과정이다. 창의적인 과정은 문제 해결 동안에 논쟁을 포함하는 일련의 중첩된 국면으로 이루어진다(Johnson, 1979).

첫째, 집단 성원은 자신이 해결할 동기가 부여되기에 충분할 정도로 도전적인 의미 있는 목표가 존재한다는 사실을 인식해야만 한다. 상호 목표는 관련된 개인 사이에 긍정적인 상호의존성을 확립한다. 창의성이 존재할 가능성을 높이려면, 집단 성원은 좌절감과 막다른 골목에도 불구하고, 문제 해결 노력을 지속할 만큼의 동기 부여 수준이 각성될 필요가 있다(Deutsch, 1969). 그러나 이러한 동기 부여의 수준이 너무 강렬하면, 그것이 구성원을 압도하거나 또는 그 문제에 너무 가까워질 수 없게 한다(Johnson, 1979). 내재적 동기 부여는 창의성의 원동력으로 여겨져 왔다(Amabile, 1996). 개인이 집단의 과업을 수행하는 것을 즐기면, 정보를 유연하게 처리하고 긍정 정서를 경험하며, 더 많은 위험을 감수하고, 성취하려는 노력에 더 끊임없는 경향이 있다(Elsbach & Hargadon, 2006; Shalley, Zhou & Oldham, 2004). 지속적인 의욕은 시간과 노력을 들여 겉보기에 해결할 수 없는 문제에 대해 건설적인 해결책을 발견하거나 고안할 수 있다는 견해를 지지하는 논쟁 및 집단 전통 2가지에 의해 증가한다.

둘째, 집단 성원은 필요한 지식과 자원을 수집하고, 문제를 해결하기 위한 강렬하고 장기적인 노력을 계획해야 한다. 더 많은 성원이 문제, 그리고 문제와 관련된 정보와 상황에 빠져들어 그것에 집중할수록, 집단이 창의적인 통찰력을 얻을 가능성은 더욱 커진다.

셋째, 집단 내에서 달성해야 할 사회적 지원의 필요 수준을 위해 협동적인 맥락이 강조되어야 한다. 집단 성원은 위협을 받거나 너무 많은 압력을 받아서는 안 된다(Deutsch, 1969; Rokeach, 1960; Stein, 1968). 위협감은 집단 성원의 방어력을 자극하여 모호성에 대한 관용 및 새롭고 낯선 아이디어에 대한 수용성을 감소시킨다. 긴장이 과도하면, 사고 과정에 대한 고정관념이 생긴다. 위협과 압박을 느끼면, 집단 성원은 새로운 관점에서 문제를 볼 수 있을 만큼 충분하게 최초의 관점에서 벗어나지 못한다.

넷째, 개인의 최초 아이디어와 결론은 다른 관점과 결론을 가진 다른 집단 성원들에 의해 도전받고 논박될 필요가 있다. 지적으로 논박된 구절은 불확실성을 초래하여 개인이 더 많은 정보, 새로운 관점, 해결되는 문제에 대한 통찰력을 탐색하게 한다. 창의적 통찰력은 대개 (a) 다양한 정보와 관점의 이용 가능성, (b) 집단 성원이 서로의 추론과 관점에 동의하지 않고 도전하는 것에 달려 있다. 집단 성원이 다르고 다양할수록 집단이 창의적인 해결책에 도달할 확률이 높다. 서로 다른 의견과 관점을 가진 성원은 서로의 입장을 이해하고, 그 입장이 타당한지를 확인하고, 아이디어와 관점을 새롭고 다양한 유형으로 결합하기 위해 서로의 추론과 관점에 동의하지 않고 도전해야 한다. 불일치, 논의, 토론, 다양한 정보 및 아이디어는 모두 창의적인 통찰력을 얻는 중요한 측면이다. 집단 성원 간의 논쟁은 새로운 아이디어와 접근 방식을 촉발하고, 사용 가능한 해결책의 범위를 넓히며, 1명 혹은 그 이상의 집단 성원이 통찰력이나 영감을 얻는 순간을 만들어 내는 경향이 있다. 창의적인 통찰력은 종종 밝은 빛과 흥분의 강렬한 정서 경험을 동반하고, 잠정적인 해결책의 형성에 이르게 한다.

다섯째, 집단 성원은 상이한 관점 및 문제를 바라보는 다른 방식을 모색할 필요가 있고, 그것은 집단 성원이 해결책에 대한 새로운 지향을 생성하는 방식으로 문제를 재구성할 수 있게 해 준다. 창의성은 수렴적 사고보다는 발산적 사고에서 유래한다(Guilford, 1950). 발산적 사고는 문제에 대한 창의적인 다수의 답변 생성을 의미한다. 수렴적 사고는 문제에 대해 단일의 올바른 해결책을 목표로 하는 것을 의미한다. 유용하고 새로운 아이디어를 창출하고 다양하게 생각하려면, 타인의 관점을 채택할 필요가 있다. 다른 사람의 관점을 채택하려는 욕망은 다른 사람을 이롭게 하려는 친사회적 동기에서 나온다(De Dreu & Nauta, 2009; De Dreu, Weingart, & Kwon, 2000). 내재적 동기와 친사회적 동기의 결합은 최상의 관점 채택을 생성하는 경향이 있다(Grant & Berry, 2011). 우리가 자신의 분석, 사고 노선, 결론의 한계를 깨닫는 것 그리고 자신의 결론을 재고하고 자신의 관점을 다시 열도록 동기를 부여하는 지적 도전에 도움을 얻으려면, 우리는 종종 외부자의 관점을 필요로 한다.

여섯째, 집단 성원은 문제에 대한 적절한 해결책을 제시하지 못해 생긴 좌절감, 긴장감, 불편함을 느끼는 잠복기를 경험하고, 일시적으로 그 문제에서 손을 뗄 필요가 있다. 집단 성원이 작업 중인 문제에 대한 창의적인 답변을 끌어내려면, 어느 정도 성찰하는 시간이 필요하다. 집단 성원에게 즉각적인 대답을 요구해서는 안 된다. 창의적 사고는 일반적으로 집중적인 적용 기간과 무활동(inactivity) 기간을 특징으로 한다(Treffinger, Speedie & Brunner, 1974: 21). 논쟁의 여지가 모두 제기된 후, 집단 성원은 그것을 새롭고 다양한 유형으로 결합하기 전에 하루 정도 해결책에 대해 충분히 생각할 시간을 가져야 한다.

일곱째, 집단 성원은 문제에 대한 새롭고 독특한 해결책을 수립하고, 그것을 실행하는 세부 사항을 마련하며, 현실에 비추어 그것을 검증한다. 집단 성원이 대안에 대해 성찰할 시간을 가진 후에, 그들은 다시 함께 모여 최종 해결책을 결정해야 한다. 그런 다음 그 결정이 문제를 해결할 수 있는지를 알아보기 위해 실제 환경에서 그 결정을 실행할 필요가 있다. 그 실행이 성공하면, 집단 성원은 관련된 청중에게 그 검증된 해결책을 제공한다.

열린 신념 체계와 닫힌 신념 체계

논쟁이 창의성을 가져오기 위해서는 집단 성원이 개방적이어야 한다(Johnson & F. Johnson, 2013). 집단 성원은 자신과는 다른 정보, 아이디어, 관점, 가정, 신념, 결론, 견해에 기꺼이 주의를 기울이고, 이해하며, 통찰력을 얻으려 할 때 개방적이고 열린 마음을 가진 것이다. 열린 마음을 가진 집단은 (a) 자신과 반대되는 상이한 신념을 찾고, (b) 새로운 신념을 발견하고, (c) 현재 갖고 있는 신념에 불일치하는 정보를 기억하고 고려하며, (d) 문제를 해결하기 위해 새로운 신념을 조직한다. 집단 성원이 그러한 기회에 저항하면 닫힌 마음을 가진 것이다. 닫힌 마음을 가진 집단은 (a) 자신이 믿는 것과 믿지 않는 것의 차이점을 강조하고, (b) 자신이 믿는 것에 반대되는 정보를 부정하고, (c) 의문의 여지가 없는 모순된 신념을 가지고 있고, (d) 자신이 믿는 것과 자신이 거부하는 것 간의 유사성을 무관한 것으로 폐기하고, (e) 신념의 차이를 탐구하고 고려하는 것을 회피하고, (f) 자신의 신념에 맞지 않는 정보를 왜곡한다. 집단 성원이 관련된 정보를 자신의 관점에서만 보는 것과는 반대되는 것으로서 그 나름의 장점에 따라 관련된 정보를 수용, 평가하여 그것에 입각해 행동할 수 있는 정도는 그 성원이 열린 마음을 가진 정도를 규정한다(Rokeach, 1960). 다양한 관점에서 문제를 바라보지 않는다면, 성원은 그 문제를 완전히 분석할 수 없으며 창의적인 해결책을 산출하기 위해 다양한 입장을 종합할 수도 없다. 따라서 논쟁은 해결되어야 할 문제에 대한 새로운 시각을 발견하는 데 필수적인 요소다.

로키치(Rokeach, 1954, 1960)는 사람들의 신념 체계의 개방성 또는 폐쇄성을 범주화하여 교조주의(dogmatism)라는 개념을 발전시켰다. 교조주의는 다른 사람에 대한 편협성의 틀을 제공하는 절대 권위에 내한 일군의 중심적인 신념을 중심으로 조직된 현실에 대한 신념과 불신의 상대적으로 폐쇄적인 조직화이다. 열린 마음을 가진 사람과 비교할 때, 닫힌 마음을 가진 사람을 가진 사람은 다음과 같은 사항을 특징으로 한다(Ehrlich & Lee, 1969; Vacchiano, Strauss & Hochman, 1969).

1. 새로운 신념을 배우고, 오래된 신념을 변화시킬 능력이 적다.
2. 새로운 신념을 조직화하여 문제 해결 중에 그것을 기존의 인지

체계에 통합할 수 없으므로 새로운 신념을 포함하는 문제를 해결하는 데 더 오래 걸린다.

3. 신념에 불일치하는 정보를 잘 수용할 수 없다.

4. 자신의 신념을 바꾸는 것에 더 저항한다.

5. 지각 및 태도 조직에 잠재적으로 위협이 되는 정보를 더 자주 거부한다.

6. 자신의 신념과 모순되는 정보를 잘 소환하지 않는다.

7. 자신의 신념과 일치하는 정보를 더 긍정적으로 평가한다.

8. 받은 정보와 그 출처를 구별하는 데 어려움을 더 많이 겪기 때문에, 권위 있는 사람의 지위와 그 권위 있는 사람이 실제 진술한 내용의 타당성을 혼동한다. 달리 말해, 교조주의적인 사람은 권위 있는 사람이 말한 것을 진리로 수용하고, 낮은 지위의 사람이 말한 것을 타당하지 않은 것으로 폐기하는 경향이 있다.

9. 갈등 상황에서 문제를 더 적게 해결하고, 타협에 크게 저항하며, 타협을 패배로 여길 가능성이 더욱 크다.

창의적인 문제 해결에는 열린 마음이 필수적이다. 열린 마음으로 집단 성원은 그 상황에 대한 현재의 믿음을 기꺼이 포기하고 새로운 신념을 채택해야만 한다. 새로운 신념은 예기치 못한 효과적인 해결책을 종합하는 데 도움이 된다. 오래된 신념을 새로운 신념으로 대체하는 것을 일컬어 문제 해결 과정의 분석 국면이라고 부른다. 새로운 신념이 오래된 신념을 대체하면, 집단 성원은 새로운 신념을 조직하여 문제의 해결책을 이끌어내야 한다. 이러한 조직화 단계를 문제 해결 과정의 종합 국면이라고 부른다.

전체적으로 새로운 지향과 관점을 가능하게 하는 새로운 신념을 가진 집단의 사고를 제한하는 오래된 신념을 대체하는 것은 그 오래된 신념이 도전을 받아 부당함이 입증되는 것에 달려 있다. 창의적인 통찰력을 가능하게 하는 인지적 변화를 촉발하는 것은 바로 갈등이다. 집단 성원이 창의적인 문제 해결에 참여하려면 반드시 열린 마음으로 반대 입장의 도전을 받아들여야 하며, 그것은 다양한 관점에서 문제를 바라볼 수 있게 하여 문제를 해결하는 창의적인 종합을 만들어 내는 데 기여한다.

혁신과 건설적 논쟁

조직이 생존하고 번창하려면, 성원은 생산적이고 수익성 있는 새로운 방향과 절차를 제안하는 새로운 아이디어를 생성해야 한다. 조직은 창의성에 대한 '위대한 사람' 이론을 폐기하고, 창의성에 대한 '위대한 과정' 이론을 증진시켜야만 한다. 따라서 조직은 수익성이 높은 새로운 방향과 혁신으로 전환될 수 있는 창의적인 아이디어 생성을 증진하기 위해 다양한 전략을 채택한다. 대부분의 조직은 창의적인 이이디어가 사회적 과정에서 기인한다는 것을 인식한다. 즉, 창의성은 성원 간의 상호작용의 결과다. 사회적 과정은 이의 제기와 사고의 독립성을 고무시키는 데 기반을 둔다. 조직 성원은 개별 성원의 아이디어와 결론을 생성·구축·결합·개선하는 것을 통해 창의성을 발휘한다. 달리 말해, 조직 성원은 건설적 논쟁 과정을 통해 문제와 이슈에 대한 창의적인 해결책을 창출한다.

혁신의 적

조직 내 혁신의 적 가운데 3가지는 다음과 같다(Johnson & F. Johnson, 2013). 첫 번째 적은 바로 창의성이 특정 개인의 특질이나 특성이라는 견해다. 즉, 어떤 사람은 창의적인 경향이 있고 어떤 사람은 그렇지 않은 경향이 있다는 견해다. 그것이 사실일지도 모르지만, 이 견해는 매우 비생산적이다. 왜냐하면 그것은 조직으로 하여금 모든 성원이 창의적인 사람이 될 수 있는 환경을 조성하기보다는 창의적인 인재를 고용하는 데 초점을 맞추도록 만들기 때문이다. 중요한 목표를 성취하기 위해서는 많은 재능 있는 사람의 조정된 공헌이 필요하다. 개인, 집단, 사회가 직면한 대부분의 문제는 너무 크다. 한 사람이 아무리 똑똑하고 창의적이라고 해도, 그 사람 혼자서 세계 기업을 만들거나 뇌의 신비를 지도로 그릴 수는 없다. '위대한 과정'이 조직의 사고와 실천을 지배할 때, 창의성이 생기고 번창하게 된다.

많은 조직이 립 서비스로 창의성을 말하고, 심지어 창의성을 원할 수도 있지만, 실상은 동조와 현상 유지에 대한 헌신을 보상해 주고 있다(Nemeth, 1997). 혁신의 두 번째 적은 다수의 입장에 동조해야 한다는 압력이다. 동조 압력은 창의성과 혁신에 중요한 장벽이 되는 경향이 있다(Nemeth, 1977). 많은 조직은 창의성을 원하지만 동조, 응집성, 현상 유지에 대한 헌신을 보상한다. 동조 압력이 감소하거나 제거되면 창의성이 증가한다(Nemeth, 1977). 새로운 아이디어는 처음에는 이상하거나 심지어 불쾌해 보일 수 있다. 잠재적으로 창의적인 많은 아이디어는 너무 위험하거나 또는 그것이 여느 때와 다름없는 일상을 위협할 수 있어서 처음에는 철저히 거부된다(Staw, 1995). 동조 압력은 개인이 자신의 집단에서 벗어나 다른 사람이 처음에는 이상하게 생각하거나 심지어 불쾌하게 여길지도 모르는 새로운 아이디어를 제안하는 것을 단념시킬 수 있다(Moscovici, 1985a). 많은 새로운 아이디어는 처음에는 소수 견해로 표현된다. 새로운 아이디어는 상당한 반대에 직면하여 표현될 때 가장 널리 퍼진다(Nemeth & Wachtler, 1983). 동조는 소수자의 아이디어를 닫힌 마음으로 거부하도록 유도한다. 상이한 아이디어, 상충되는 견해, 대립되는 신념에 대해 열린 마음으로 고려하는 것은 창의적인 해결책을 생성하는 경향이 있다. 다수의 입장에 동조하는 것은 그러한 열린 마음과 직접적으로 상충한다. 따라서 혁신을 촉진하기 위해 조직은 다수 의견에 동조하고 동의해야 한다는 압력이 부재하고, 의견 차이가 고무되고 증진되는 것을 보장할 필요가 있다.

혁신의 세 번째 적은 혁신이 위험한 것처럼 보이거나 또는 그것이 현상 유지를 위협한다는 이유에서 생긴 두려움에 기반을 둔 혁신에 대한 저항이다. 혁신은 권력 이동과 자원 분배에서 이동을 포함할 수 있으므로 위험할 수 있다. 경쟁적인 관점에서, 그러한 변화는 혁신이 구현됨에 따라 승자와 패자가 있음을 의미한다. 따라서 의사결정 집단의 성원이 권력과 자원을 놓고 경쟁하는 경쟁 맥락은 혁신의 적이다. 혁신을 촉진하기 위해 조직은 강력한 협동적인 맥락이 조직의 작업 집단을 위해 구조화 되도록 보장할 필요가 있다.

또한, 이의 제기가 친사회적이고 개선 지향일 때(Packer, 2008; Van Dyne & LePine, 1998), 과제 관련 이슈에 대한 건설적인 투입을 갖고 있을 때(Van Dyne & LePine, 1998), 그리고 오류를 교정하고 학습이 발생할 때(Beer & Eisenstat, 2000; Butera and Mugny, 2001), 혁신이 가장 잘 이루어질 수 있다. 이의 제기는 여러분의 다음 임금 인상이나 승진을 통제하는 사람처럼 여러분보다 높은 권력을 가진 사람에게 동의하지 않는 것을 포함한다(Detert & Trevino, 2010, Jetten, Hornsey, Spears, Haslam, & Cowell, 2010).

창의성 극대화와 혁신

건설적 논쟁은 아이디어를 자유롭게 표현할 수 있는 협동적인 맥락을 제공하고 참가자는 집단이 최상의 아이디어를 제안함으로써 승리하는 것이 아니라 오히려 집단이 필요로 하는 혁신을 도출할 수 있도록 노력한다. 반대 관점의 자유로운 표현은 그 반대 관점이 틀린 경우에도 집단 성원이 생각하고 창의적으로 문제를 해결하도록 유도함으로써 창의성을 촉진한다. 많은 조직과 집단에는 수익성 있는 새로운 방향을 제안하는 새로운 아이디어를 창출해야 한다는 상당한 압력이 존재한다.

이러한 조직 대부분은 창의적인 단일의 고독한 창의적인 사람보다는 사회적인 과정, 즉 성원 간의 상호작용에서 기인한다는 사실을 인정한다. 사회적 과정은 이의 제기와 사고의 독립성을 장려함으로써 창의적인 아이디어를 창출하기 위해 협력하는 사람들의 집단에 근거한다. 집단은 개별 성원의 아이디어와 결론을 생성·구축·결합·개선함으로써 창의성을 발휘한다. 개인이 집단에서 현재 입장을 옹호하고 반대 입장에 직면한 후, 자신의 입장에 대한 공격에 반박하는 가운데 반대 입장에 도전하고 반박하는 아이디어와 결론을 둘러싼 갈등에 관여할 때 창의성이 생긴다. 이렇듯 논쟁의 소지가 있는 문구는 자신의 입장과 그것의 이론적 근거에 대한 불확실성과 재고를 초래한다. 새로운 창의적인 통찰력은 새로운 결론을 이끌어낸다. 다시 말해, 문제와 이슈에 대한 창의적인 해결책을 창출하기 위해서는 건설적 논쟁 절차가 필요하다.

창의성과 혁신적인 아이디어 및 절차를 촉발하는 건설적 논쟁의 힘은 5장에서 논의된 연구에 반영되어 있다. 동의 추구, 토론, 개별 시도, 다수 지배와 비교하여 건설적 논쟁은 더욱 창의적인 아이디어, 열린 마음, 전문 지식 교환, 빈번하고 정확한 관점 채택, 높은 수준의 인지적 추론 및 도덕적 추론, 그리고 이슈에 대한 이해 증진을 창출한다. 이것은 고려 중인 이슈를 둘러싼 관련 정보의 숙달과 파지를 높이면서 의사결정 및 문제 해결의 질을 높여 준다. 성원의 창의성에 관심이 있고 혁신을 통해 생산성과 수익성을 유지하려는 조직은 이러한 결과를 신중하게 고려해야 한다.

또한, 한두 명의 조직 성원의 창의적인 아이디어를 기반으로 한 혁신은 종종 실패한다. 왜냐하면, 대부분 성원이 성공하는 것에 대해 헌신 몰입을 하지 않기 때문이다. 혁신을 구현하는 데 참여하는 것은 혁신을 성공적으로 실행하는 데 필수적이다(Johnson & F. Johnson, 2013). 건설적 논쟁 절차는 한 팀의 모든 성원이 잠재적인 혁신을 창출하는 데 관여하는 것을 보장한다.

건설적 논쟁에 관한 많은 연구가 초·중등학교와 대학에서 진행되었지만, 연구 결과의 전이 가능성을 확인하기 위한 충분한 연구가 조직에서도 수행되었다. 그러나 교육 무대와 조직 무대 간에는 상당한 차이가 있다. 예를 들어, 대부분 조직에서 혁신의 본질은 복잡한 함의를 갖는다. 기존의 권력 차이가 개인과 부서 간에서 위협을 받을 수 있다. 일부 개인과 부서는 권력을 얻을 수 있다. 다른 사람과 부서는 권력이 감소할 수 있다. 그에 상응하여 새로운 혁신은 일부 조직 구성원의 경력 향상과 다른 사람의 경력 방해를 초래할 수 있다. 혁신의 옹호자가 받는 것을 높여 주고 반대자가 받는 것을 낮춤으로써 혁신은 현재의 보상 구조를 변화시킬 수 있다. 또한, 혁신의 성공 여부에 따라 조직의 가치 구조가 바뀔 수 있다. 본래적으로 건설적 논쟁에는 많은 조직에 부재하는 가치가 내장되어 있다. 그러한 가치는 논쟁, 반대, 다양한 관점, 관점 채택을 소중하게 여기는 것이다. 또한, 대부분 조직에서는 개인이 협동 동기(문제 해결), 경쟁 동기(승진), 개인적 동기(내 일을 마치는 것)를 가질 수 있으며, 이것은 갈등을 더욱 복잡하고 관리하기 어렵게 만든다. 창의성과 혁신은 건설적 논쟁이 표상하고 통합하는 협동과 갈등의 조합을 필요로 한다. 생존하고 번성하고자 하는 조직은 문제 해결과 의사결정에 건설적 논쟁 절차를 시행할 수밖에 없다. 학교는 다음 세대의 조직 성원을 건설적 논쟁에 생산적으로 참여하는 데 필요한 가치와 기술로 사회화 시키는 이상적인 무대다.

요약

혁신은 창의성에 달려 있다. 조직 내에서 창의성이 극대화되도록 보장하려면 강력한 협동적 맥락이 구축되고, 경쟁이 최소화되며, 다양한 입장과 관점을 모색하고 그것을 중시하며, 동의 추구를 회피하고, 새로운 아이디어와 입장을 제시하는 위험을 장려하며, 대안적 입장을 완전하고 공정하게 고려하고, 제안된 대안적 입장을 비판적으로 분석하고, 그 제안의 타당성과 바람직함에 도전을 가하며, 여러 관점에서 그 이슈를 바라보고, 모든 제안된 입장에서 최상의 추론과 아이디어를 병합하는 하나의 종합이나 통합이 생성되어야 한다. 창의성은 건설적 논쟁에서 비롯된 이러한 상호작용 유형에 크게 좌우된다.

건설적 논쟁, 평화 구축 및 유지

건설적 논쟁, 평화 구축 및 유지

서론

쿠르드족은 터키, 이란, 이라크에 흩어져서 살고 있다. 이들 국가의 경계선이 정해지자 쿠르드족은 의도적으로 3개의 다른 나라에 속해 살게 되었다. 그 결과 많은 쿠르드족은 세 나라로부터 분리되어 쿠르드족만으로 구성된 국가를 형성하기를 원했기 때문에 세 나라 모두에서 정치적 긴장이 고조되었다. 터키, 이란, 이라크의 국가적 논의와 지역 토론에서 쿠르드 국가의 가능성에 대한 문제는 항상 다루어져야 한다. 각국은 쿠르드 영토와 시민권을 유지하기를 원한다. 그 동일한 것이 쿠르드족에게는 해당될 수도 있고 그렇지 않을 수도 있다. 그것은 곧 해결될 것 같지 않은 아주 어려운 문제다. 이 문제 그리고 이와 비슷한 문제가 전 세계에서 어떻게 논의될 수 있는가? 한 가지 대답은 건설적 논쟁 과정을 통해서이다.

우리는 아주 간단한 방식으로 지역 위원회를 2개의 하위 집단으로 나눌 수 있다. 하위 집단 A에는 쿠르드족이 독립 국가의 꿈을 포기하고 그들이 현재 시민으로 거주하는 국가를 동일시해야 한다는 입장을 부여한다. 하위 집단 B에는 쿠르드족이 3국으로부터 분리되어 쿠르드족만의 고유한 국가를 형성해야 한다는 입장을 부여할 수 있다. 건설적 논쟁 절차가 진행되는 동안에는 양쪽 모두의 입장에서 그 문제를 이해하고, 목표 달성에 두 가지 관점 모두가 반영될 수 있는 하나의 종합을 만들어내는 것에 강조점이 주어져야만 한다. 한쪽이 이기고 다른 쪽이 지는 것이 아니다. 오히려 도전적인 과제는 양측이 지역을 안정시키고 지속적인 평화를 가져오는 방식으로 양측이 원하는 것을 얻을 수 있는 창의적인 방법을 발견하는 것이다.

따라서 건설적 논쟁 절차의 또 다른 중요한 적용은 세계 평화의 수립과 유지에 있다. 나는 세계 평화에서 건설적 논쟁의 역할에 대해 논의하면서 개입의 본질을 지적하고, 어려운 문제에 대한 논의를 관리하는 건설적 논쟁의 필요성을 논의하며, 평화의 본질을 논의하고, 평화의 유형을 제시하며, 평화교육의 성격을 논의하고, 평화교육을 가르치는 과정을 실행하는 5단계를 서술하며, 건설적 논쟁 과정을 실행하는 데 있어 자동성의 필요성을 논의할 것이다.

평화를 창조하기 위한 개입

평화를 창조하기 위한 개입은 ⓐ 인간의 유전자 및 진화를 변화시키는 것, (b) 국제연합이나 국제사법재판소와 같은 국제 조약 및 국제기구를 통해 새로운 법률 및 광범위한 규범을 실행하는 것(Duckitt, 1992; Oscamp, 2000), (c) 교육, 대중 매체, 작업 역할, 집단 과정 및 대인 관계 과정을 통해 인간의 행동에 영향을 미치는 것, (d) 정신 요법과 같은 과정을 통해 성격 특성을 변화시키는 것과 같은 4가지 상이한 수준을 포함할 수 있다. 이 4가지 수준 가운데 간디(Gandhi)는 아이에게 영향을 주기 위한 교육과 같은 세 번째 수준의 개입을 사용하는 것이 가장 현실성이 있고 효과적인 접근법이라고 믿었다. 이런 믿음을 가진 사람은 비단 간디만은 아니었다. 예를 들어, 웰즈(Wells, 1927)는 제1차 세계 대전과 당시의 세계 상황에 관해 성찰하면서 인류가 교육과 재앙 간의 경쟁에 착수했음을 지적하였다. 로렌츠(Lorenz, 1963)는 제2차 세계 대전과 그에 따른 냉전과 핵무기 경쟁에 대해 성찰하면서, 다른 행성에서 온 편견이 없는 관찰자는 핵무기와 침략이 결합된 인류를 관찰하면서 인류가 분명히 오래 존속하지 못할 것임을 예언할 것이라고 말했다. 그는 인간이 갈등을 건설적으로 관리하는 방식을 스스로에게 교육하거나 또는 인류 절멸을 초래하는 길을 계속 가야 하는지의 갈림길에 서 있다고 믿는다. 그는 진화적 관점에서 이것은 어룡의 멸종만큼이나 중요한 것이라고 지적한다. 많은 사려 깊은 사람은 교육을 전쟁과 여타 형태의 파괴적인 폭력을 종식시키고 평화를 확립하기 위한 희망으로 보았다. 그들은 우리가 다음 세대를 변화시키고, 인류애와 평화를 증진하며, 교육을 통해 인간의 상태를 향상시킬 수 있을 때는 언제나 교육이 우리의 지속적인 희망이라고 믿는다.

평화교육에는 두 가지 주요한 접근법이 있다. 하나는 평화의 본질에 관한 정보를 가르치는 것이다. 평화에 관한 대학 강좌를 개설하는 것 그리고 여러 과목에서 평화에 관한 단원을 포함하는 것이 그 사례에 해당한다. 다른 하나는 학생이 학업 자료와 다양한 기술 및 역량을 배우는 동안 평화를 창출하고 유지하는 과정에 참여하는 것이다. 과목과 활동에서 매일 그리고 몇 분 동안의 경험은 학생에게 평화를 확립하고, 관리하며, 유지하는 방법을 가르쳐 준다. 건설적 논쟁과 협동학습의 활용이 그 사례다.

학교와 대학에서 평화 프로그램을 위한 세 가지 근본적인 이론적 근거가 존재한다. 하나는 이데올로기이다. 평화는 종교적 신념이나 일반적 가치에 따라 가장 바람직한 행동 방침으로 제시된다. 또 다른 하나는 평화는 좋은 생각이라는 것이다. 개별 교사나 강사는 평화가 좋고 유토피아적인 아이디어이기 때문에 평화를 증진할 수 있다. 평화교육의 세 번째 근본적인 이론적 근거는 이론과 연구다. 평화가 인간 문제의 중요하고 생산적인 상태임을 나타내는 연구에 의해 확인된 이론을 적용하는 것의 필수적인 결과로 평화가 제시될 수 있다. 이것이 바로 이 장에서 내가 취하고 있는 접근법이다. 우리(Johnson & Johnson, 1979, 1989, 2000b, 2007, 2009b)는 (a) 건설적 논쟁 이론을 개발하여, (b) 연구 프로그램을 통해 이를 확인하고, (c) 검증된 이론을 실천적인 절차로 조작하고, (d) 전 세계적으로 건설적 논쟁 절차를 수행하는 방법에 대해 교사, 교수, 관리자, 관리자와 임원을 훈련시키며, (e) 일련의 교육과정 단원, 학과 수업, 건설적 논쟁을 위해 구조화된 훈련을 개발했다.

요약하면, 간디(Gandhi), 웰즈(Wells), 로렌츠(Lorenz) 및 많은 사회과학자에 따르면, 평화에 대한 희망은 학교와 대학에서 평화교육을 실행하는 데 있다. 그러나 교육 혁신의 역사는 모든 혁신이 똑같은 것은 아니라는 것을 보여 준다(Johnson & Johnson, 1999). 학교에서 많은 새로운 관행은 신속하고 아주 광범위하게 채택된 다음 빠르게 줄어들어 하룻밤 사이에 사라진다. 지속성의 경향이 있는 혁신은 상당히 타당한 연구가 있는 이론을 기반으로 하는 명확한 절차에 근거한다는 사실을 특징으로 한다. 그 절차의 실행은 이론의 부족함을 드러내어 이론을 수정하고, 검증을 위한 새로운 연구를 시행하며, 그에 따른 운영 절차의 수정을 수반하게 된다. 이론, 연구, 실천 간의 이러한 상호 작용은 아마도 어떤 혁신이 학교와 대학에서 채택되고, 제도화되어 오랜 시간 유지되는 것을 위한 가장 강력한 보장일 것이다. 이론에서 나온 건설적 논쟁(Johnson & Johnson, 2007), 협동학습의 관련된 실천(Johnson, Johnson & Holubec, 2013), 학생을 조정자가 되게 하는 프로그램(Johnson & Johnson, 2005a)은 연구에 의해 검증되어 전 세계의 학교에서 실행되었다.

어려운 결정과 건설적 논쟁

아마도 평화를 수립하고 유지하는 가장 중요한 측면은 인종 차이, 문화 차이, 종교 차이, 경제적 이해관계 및 정치적 이슈와 어려운 이슈를 포함하는 결정을 내리는 것이다. 이러한 어려운 이슈 중 많은 것에 합의가 이루어지지 않을 수도 있지만, 평화가 안정되고 제도화되기 위해서는 어떤 조절이 마련되어야 한다. 그러한 이슈가 미해결로 남게 되면, 어려운 이슈가 전쟁이나 폭력으로 재개될 수 있다. 어려운 이슈에 관한 토론은 다른 관점에 관해 어떤 것을 배우는 데 거의 관심이 없는 옹호의 기회이기 때문에 어려운 이슈를 해결하거나 조절하는 것은 쉽지 않다. 직접적인 경험이 없는 사람은 전문 지식이 부족하여 거의 기여를 하지 못한다. 이러한 어려운 이슈를 논의하기 위해서는 건설적인 논

4차 산업혁명 시대의 혁신교수법

의와 결정이 이루어질 수 있는 절차가 필요하다. 그러한 절차 중 하나가 바로 건설적 논쟁이다. 건설적 논쟁은 효과적인 의사결정의 다음과 같은 특징을 촉진하는 경향이 있다.

1. 결정은 참가자의 가장 합리적인 판단을 반영하는 양질의 것이다.
2. 결정을 내리는 과정은 그 결정을 실행할 모든 시민(그들이 그것에 동의하든 그렇지 않든)의 헌신과 건설적 논쟁 과정을 증가시킨다.
3. 결정을 내리는 과정은 사회의 응집력을 증가시킨다.
4. 정치적 소수(결정에 동의하지 않는 사람)의 권리는 다음 선거에서 그 문제가 재개될 때까지 보호를 받는다.
5. 사회의 의사결정 및 문제 해결 능력이 향상되거나 또는 최소한 감소하지는 않는다.

어려운 이슈에 관한 의사결정에서, 반대 입장의 충돌은 그 이슈에 대한 참가자의 이해와 그들의 집단적인 의사결정의 질을 높일 것으로 기대된다. 각각의 대안적인 행동 방안은 강하게 옹호되고, 완전하고 공정한 청문회 절차를 거치고, 강점과 약점을 밝히기 위해 비판적으로 분석될 것으로 기대된다. 그러한 정치 담론은 다른 관점을 개방적으로 고려하는 것 그리고 개인이 갖고 있는 현재의 지식이 전체 진리가 아니라는 것을 깨달아 잠정적인 결론으로 유지하는 것을 필요로 한다.

잘 구성된 논쟁에서 참가자는 최초 판단을 내리고, 다른 집단 구성원에게 그의 결론을 제시하며, 반대 견해로부터의 도전을 받아 자신이 지닌 관점의 정확함에 대해 불확실해져서, 새로운 정보와 이해를 적극적으로 찾고, 다른 사람의 관점과 추론을 자신의 관점과 추론에 통합하여, 일군의 새로운 결론에 도달한다. 이 과정은 의사결정 및 문제 해결의 품질(더 높은 수준의 인지적 추론과 도덕적 추론, 관점 채택, 창의성, 이슈에 대한 태도 변화), 이슈에 대해 더 많은 것을 학습하고자 하는 동기 부여, 논쟁과 의사결정 과정을 향한 긍정적인 태도, 관계의 질, 자존감을 많이 높여 준다. 건설적 논쟁 과정이 자연적으로 발생할 수도 있지만, 그것은 의사결정 및 학습 상황에서 의식적으로 구조화될 수 있다. 이것은 협동 집단을 두 쌍으로 나누고 반대 입장을 할당하는 것을 포함한다. 그 후에 양측은 (a) 자신의 입장을 개발하고, (b) 그것을 상대방에게 제시하여 반대 입장에 귀를 기울이고, (c) 상대방을 논박하고 자신의 입상에 대한 공격을 반박하는 토론에 참여하며, (d) 양측이 관점을 서로 바꾸어서 다른 입장을 제시하고, (e) 모든 옹호를 포기하고, 양측의 관점과 입장을 고려한 하나의 종합을 모색한다. 건설적 논쟁 절차에 능숙하게 참여하는 것은 갈등이 어떻게 긍정적인 결과를 가져오는지에 대한 사례를 제공한다.

건설적 논쟁의 교육적 사용은 모든 학년 및 교과에서 가능하다. 논쟁 과정에 참여하는 것은 학생이 논쟁 활용에 대한 상당한 전문 지식을 개발하고 그 과정을 자신의 행동 목록과 심지어 정체성에 통합할 수 있도록 학교생활 전반에 스며들 필요가 있다. 학생이 건설적 논쟁 절차에 참여할 때마다 그들은 평화교육에 대한 교훈을 얻고 있다. 그들은 또한 민주주의에 대한 교훈을 얻고 있다. 학술 논쟁 절차는 많은 사람이 건설적 논쟁 절차에 숙련되어 평화를 수립하고 유지하는 데 활용할 수 있는 전환점을 만드는 것을 목표로 한 세 번째 수준의 개입이다. 이것이 일어날 가능성은 그 논쟁 절차의 근거가 되는 이론과 연구의 토대에 의해 강화된다.

어려운 이슈에 대한 논의의 어려움은 트로셋(Trosset, 1998)이 수행한 연구에서 설명된다. 그녀는 지난 20년간 학생 단체의 다양성을 높이기 위해 노력한 그린넬 대학(Grinnell College: 아이오와의 다소 고립된 지역의 대학)에서 연구를 수행했다. 여러 학기 동안 그녀는 약 200명의 학생에게 민족성이 사람 간의 차이에 중요한지의 여부와 같은 매우 민감한 다양성 관련 이슈를 제시하고, (a) 그 이슈에 대한 균형 잡힌 토론(예: 1가지 이상의 관점을 포함하기, 각 관점이 동등한 지지를 받기, 사람들이 서로에게 교양 있게 대하기 등을 포함한 토론이 가능한지?)을 실행하고, (b) 학생들이 그 이슈에 대해 논의하기를 바라는 또는 바라지 않는 이유가 무엇인지를 질문하였다. 대부분 학생은 단일 관점이 지배적이기 때문에 이러한 문제에 대한 균형 잡힌 토론이 불가능하다고 믿었다. 그래서 누군가가 그 관점에 반대한다고 말하면 보복이 있을 것이다. 특정한 주제를 토론하기를 원하는 학생은 일반적으로 주제에 대한 강한 견해를 갖고 있고, 그것을 다른 사람에게 설득하기를 원했다. 즉, 그들의 동기는 학습이 아니라 옹호였다. 그 이슈를 논의하고 싶지 않은 학생은 (a) 강한 견해(예: 나는 그것에 대해 많이 모르기 때문에 그것을 토론하고 싶지 않다.)를 갖고 있었고, (b) 그 이슈가 논의하기에 어려운 것이라고 여겼다(예: 이 주제에 접근하는 방법을 전혀 모른다.). 200명의 학생 중 단지 5명만이 더 많은 것을 배우기 위해 어려운 주제에 대해 토론하고 싶다고 말했다. 75%의 학생은 자신과 동일한 관점이나 배경을 가진 사람과 다양성 이슈를 논의할 것이라고 말했고, 단지 40%의 학생만이 자기가 알지 못하는 다른 사람과 그 이슈에 대해 논의할 것이라고 말했다. 대다수는 그들이 동의하지 않는 사람의 말을 듣지 않을 것이라고 말했다(예: 다른 사람들이 마음에

들지 않는 견해를 갖고 있을 때 나는 그런 대화에 참여하지 않을 것이지만, 나와 비슷한 견해를 가진 사람과는 이야기를 할 것이다.). 다른 의견과 결론이 논의되는 토론을 피하려는 한 가지 이유는 학생들이 그러한 토론의 목적이 단순히 서로에게 배우는 것이 아니라 합의에 도달하는 것이라고 믿기 때문이다. 이 연구를 통해 볼 때, 이상적인 조건에서도 개인 간의 갈등과 평화에 영향을 미치는 주요 이슈를 논의하는 것이 어렵다는 결론을 우리는 내릴 수 있다.

이러한 어려운 이슈를 해결하기 위해 개인은 건설적 논쟁과 같은 효과적인 절차가 필요하며, 그 이슈에 대한 자신의 견해가 무엇인지보다는 오히려 어려운 이슈를 다루는 방식에 근거하여 자신의 정체성을 구축해야 한다. 따라서 정체성은 "나는 보수주의자이다." 또는 "나는 자유주의자이다."에 근거하는 것이 아니라, "나는 문제를 해결하는 사람이다." 그리고 "나는 내가 믿는 것과 모순되는 모든 것을 부정하는 완고하고 폐쇄적인 사람이다."에 근거하는 것이 아니라 "나는 문제 해결에 능숙한 사람이다."에 근거한다.

평화의 본질

평화의 본질을 이해하려면 전쟁의 본질을 이해하는 것 역시 필요하다. 전쟁은 국가나 민족 간의 공개적이고 선언된 무력에 의한 전투 상태다. 평화는 전쟁이나 투쟁이 없음 또는 정부 간 상호 일치의 상태다(Johnson & Johnson, 2000b, 2003, 2010). 전쟁과 평화는 하나의 연속체의 양쪽 극단이다. 전쟁이 있다면 평화가 없고, 그 반대의 경우도 마찬가지다. 전쟁 중에 특정한 유형의 협력이 간혹 있기는 하지만, 평화는 국가

4차 산업혁명 시대의 혁신교수법

간 협력이 있을 때 존재하므로 국가 간 협력이 재개될 때 전쟁은 끝나게 된다. 그러나 평화는 갈등의 부재가 아니다. 평화는 갈등이 빈번하게 발생하고 건설적으로 해결되는 상태다. 이와는 달리, 전쟁은 대규모 폭력을 사용하여 갈등이 관리되는 상태다. 특히 평화를 창출하고 유지하기 위해서는 상충되는 생각, 결론, 이데올로기를 논의하여 공유된 이해와 상호 조정이 이루어질 수 있도록 해야 한다.

역동적이고 활동적인 관계 과정으로서의 평화

평화를 정의할 때 그 본질의 여러 측면을 고려해야 한다. 첫째, 평화는 하나의 특질이 아니라 관계 변인이다. 개인, 집단, 민족 간에 평화가 존재한다. 평화는 개인, 집단, 또는 민족의 특질이나 성향이 아니다. 하나의 관계로서 평화는 분리, 고립 또는 갈등에 놓인 당사자 간의 장벽 구축에 의해 유지될 수 없으며, 이들 모두는 일시적으로 냉전 상태가 되어 폭력을 감소시킬 수 있다. 둘째, 평화는 정적인 과정이 아니라 역동적인 과정이다. 평화는 안정된 상태가 아니다. 평화 수준은 각 관련 당사자의 행동에 따라 지속적으로 증가하거나 감소한다. 셋째, 평화는 수동적 상태가 아니다. 그것은 활동적인 과정이다. 평화를 구축하고 유지하는 것은 적극적인 참여를 필요로 한다. 수동적 공존은 평화에 이르는 실현 가능한 길이 아니다. 마지막으로, 평화를 구축하는 것은 어렵지만 파괴하는 것은 아주 쉽다. 안정된 평화를 구축하는 데 몇 년이 걸릴 수도 있지만, 단 하나의 행동이 평화를 파괴할 수도 있다.

구조적 자유

장기적이고 안정적인 평화는 구조적 자유, 즉 교육, 종교, 대중 매체 등과 같은 사회 제도가 모든 관련 당사자의 평등, 정의, 웰빙을 증진하는 상황을 요구한다. 장기적이고 안정적인 평화는 한 당사자가 다른 한 당사자를 지배함으로써 확립되지 않는다. 지배는 우세한 군사력과 경제력을 통한 직접적인 것일 수도 있고 구조적 억압을 통한 간접적인 것일 수도 있다. 구조적 억압이란 한 사회에서 특정 개인이나 집단을 억압하고, 건강을 악화시키며, 죽음에 이르게 하는 사회적·경제적·정치적 조건(예: 체계적인 불평등, 불의, 폭력 또는 사회 서비스에 대한 접근의 부재)을 창출하는 사회 제도를 수립하는 것이다.

다루기 어려운 갈등

다루기 힘든 갈등에서 평화는 가장 도전적이다. 그러한 사례는 북아일랜드, 구(舊) 유고슬라비아, 이스라엘-팔레스타인 분쟁, 키프로스의 터키와 그리스 시민 사이의 갈등 등을 포함한다. 다루기 어려운 갈등은 강렬하고 지속적이며 해결하기 어려운 피할 수 없는 관계에서의 갈등이다. 각 편은 자신의 집단을 의롭고, 반대편을 악으로 보는 경향이 있다. 다루기 어려운 갈등은 지배와 지각된 부정의에 의해 특징지어지는 당사자 사이의 심각한 권력 불균형의 역사를 가진 집단 간 갈등으로 변모하는 경향이 있다. 힘이 우세한 집단은 자신의 우월성에 대한 신화를 정당화하는 시도를 하는 가운데 다른 집단을 착취하고, 통제하고, 학대하는 경향이 있다. 일부 다루기 어려운 갈등은 수 세기 동안 지속하여 제도화되고 대대로 이어졌다. 다루기 어려운 갈등을 위해 만들어진 협약은 단기적이고 일시적인 경향이 있다. 그러한 다루기 어려운 갈등을 해결하려는 희망은 바로 평화교육과 같은 보다 장기적인 개입이다.

평화의 유형

부과된 평화

부과된 평화는 지배, 권력, 부과, 강행에 기반을 두고 있다. 권력이 많은 집단은 군사력과 경제적 권력을 이용하여 권력이 적은 집단이 적대 행위를 종식하고 평화 협정을 이행하도록 한다(〈그림 11.1〉 참조). 평화가 부과되는 두 가지 방식이 존재한다. 갈등에서의 승자에 의해 또는 UN, NATO, 여타의 국제 동맹과 같은 강력한 제3자에 의해 평화가 부과된다. 두 경우 모두 적대 행위가 종식되는 것을 보장하기 위해 군사력이나 경제력을 사용한다. 그러나 평화를 부과하는 것은 갈등을 억제하지만, 근본적인 불만을 해결하지 못하기에 분쟁 당사자 사이에 긍정적인 장기적 관계를 수립하지 못한다.

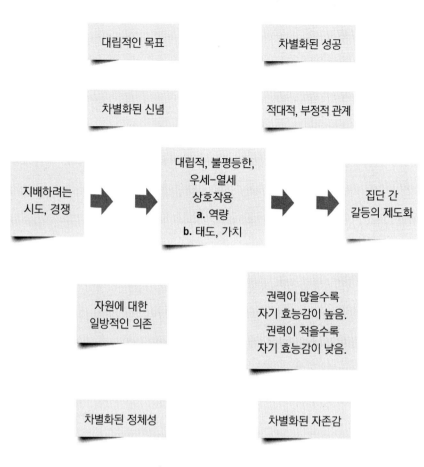

<그림 11.1> 부과된 평화

평화 유지: 제3자가 평화를 부과한다

강력한 제3자는 군사력이나 경제력 행사를 통해 분쟁 중인 사람들에게 평화를 강요할 수도 있다. 평화 유지는 분쟁 당사자를 분리시켜 폭

4차 산업혁명 시대의 혁신교수법

력을 진압하는 것 그리고 분쟁 당사자가 싸움을 멈추게 하는 인센티브를 제공하는 것을 포함한다. 그런 사례는 거리에서 전쟁을 종식하기 위해 두 경쟁 갱단을 분리시키는 경찰력 그리고 두 갈등 집단을 서로 분리시키는 국제 군사력을 포함한다. 제3자는 분쟁 당사자를 분리시키고 그들 간의 접촉을 제한하고 통제한다. 평화 유지의 이점은 갈등에서 폭력적이고 파괴적인 행동을 종식하는 것이다. 평화 유지자는 중립적인 제3자로 행동해야 한다. 그러나 평화 유지자는 갈등을 종식하지 않으며 사실 분쟁 당사자와 평화 유지자 간의 새로운 갈등이 야기될 수 있다. 이것은 특히 평화 유지자가 분쟁 당사자를 향해 억압적이고 학대하는 방식으로 행동하는 경우에 더욱 그렇다.

지배: 승자가 평화를 부과한다

한 집단이 전쟁에서 승리하거나 또는 다른 분쟁 당사자에 비해 군사적 또는 경제적 이점을 얻을 때, 권력이 많은 당사자는 그 이점을 권력이 적은 집단을 지배하는 데 사용할 수 있고, 자기 생각대로 평화를 부과할 수 있다. 각 집단의 목표는 이기는 것이고, 한쪽이 이기면 다른 집단은 지게 된다. 승자가 평화를 부과할 때, 패배한 집단은 종종 분리되거나 또는 그들이 살거나 머물 특정한 지역을 할당받는다. 집단 간의 접촉은 제한되고 통제될 수 있다. 그런 다음 구조적 억압을 통해 장기적인 평화 유지를 시도한다.

부정적인 상호의존성

평화를 부과하는 것은 종종 사회적 상호의존성 이론(Deutsch, 1962; Johnson & Johnson, 1989)을 통해 가장 잘 설명되는 파괴적인 효과를 갖고 있다. 평화가 부과될 때 당사자 간에 부정적인 상호의존성이 존재한다. 즉, 당사자의 목표 달성 간에 부적인 상관관계가 있다. 한 당사자는 다른 당사자가 자신의 목표를 달성하지 못할 때만 목표를 달성할 수 있다. 적대적인 목표에 덧붙여, 이득의 차등 분배(예: 승자는 패자보다 더 많은 이득을 얻는다.) 그리고 자원에 대한 일방적 의존(예: 권력이 낮은 당사자는 권력이 높은 당사자의 자원에 의존하지만, 반대의 경우는 그렇지 않다.)을 통해서도 부정적 상호의존성이 존재할 수 있다. 당사자의 정체성은 차별화된다. 즉, 권력이 높은 집단의 성원은 승자로서 긍정적인 자아개념을 갖고, 권력이 낮은 집단의 성원은 패배자에 근거한 부정적인 정체성을 갖는다. 즉, 분쟁 집단은 서로를 승자와 패자로 불평등하게 지각하는 경향이 있다. 이것은 군사력, 경제력, 특권의 역사, 문화적 배경, 부족 배경과 같은 것에서 승리하거나 또는 패배하는 식의 가장 현저한 특징만을 서로 고려하는 일차원적인 관점에 근거한다(Johnson & Johnson, 1989).

합의에 의한 평화

평화에 대한 합의 접근법은 (a) 폭력과 적대 행위를 종식하고, (b) 상호 목표를 달성하고, 상호 이득을 공정하게 분배하며, 서로의 자원에 상호 의존하고, 서로의 정체성을 수립하는 합의에 이르는 것에 근거한다(〈그림 11.2〉 참조). 합의에 의한 평화에서, 모든 당사자는 평화가 바람직하고, 정당하며, 공정하고, 유익하다고 믿는다. 모든 당사자가 결정에 영향을 줄 공정한 기회가 있기 때문에, 그 결정을 실행하겠다는 그들의 공약이 극대화되고, 그들은 그 합의를 준수할 의무가 있으며, 비록 각 당사자 집단 안에서 소수가 그 합의를 위반하여 방해할 수 있다 할지라도 그 합의를 준수하려는 서로의 노력을 증진한다. 결과로 나타나는 것은 평화 유지에서 공동 성공, 관련 당사자 간의 긍정적인 관계, 공동 행위자 의식과 효능감, 공동 자존감이다.

합의에 의한 평화에는 두 가지 수준이 있다. 첫 번째 수준은 평화 유지(peacemaking)다. 관련 당사자는 휴전, 초기 합의 또는 앞으로의 갈등을 해결하기 위한 기본 틀을 협상한다. 평화 유지는 일반적으로 즉각적인 갈등을 관리하지만, 근본적인 구조적 문제를 처리하지 못한다. 두 번째 수준은 경제적, 정치적, 교육적 제도가 장기적인 평화를 창출하는 데 사용되는 평화 구축(peace-building)이다. 평화 구축은 구조적 이슈를 다루며 상호 존중과 사회 정의에 근거한 장기적이고 조화로운 관계를 형성하는 것을 목표로 한다. 평화교육은 합의에 의한 평화를 제도화하는 수단의 하나다. 평화교육은 모든 시민 사이의 상호성을 구축하는 것, 그리고 협동 체제를 구축·유지하고, 갈등을 건설적으로 해결하며, 평화 증진의 가치를 채택하는 데 필요한 역량·태도·가치를 모든 시민에게 가르치는 것에 초점을 맞출 수 있다.

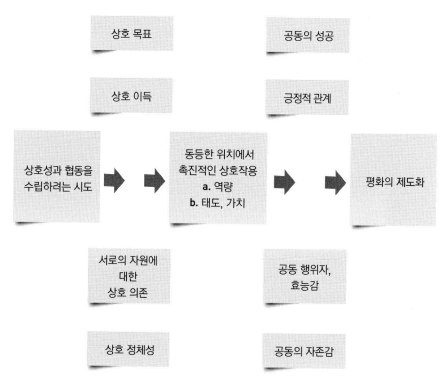

〈그림 11.2〉 합의에 의한 평화

평화교육

전쟁과 반대되는 것으로서 평화 구축과 유지에 관련된 어려운 이슈를 건설적으로 대면하여 논의하려면, 개인이 그 논의를 구조화하여 활용하기 위한 합의된 절차 그리고 그것을 활용하는 모종의 전문 기술을 갖고 있어야 한다. 덧붙여, 그러한 절차의 활용은 집단 소속감과 특정한 신념에 근거한 정체성을 대체하는 교육받은 사람이라는 것에 근거한

4차 산업혁명 시대의 혁신교수법

정체성을 나타낼 수 있다. 어려운 이슈를 포함하는 의사결정과 문제 해결을 위한 절차는 건설적 논쟁 절차다. 학교에서 건설적 논쟁을 규칙적으로 활용하면, 모든 학생이 성인이 되기 전에 12년 동안 그 절차를 활용하는 것을 연습할 수 있도록 보장할 수 있다.

평화교육은 폭력이 없이 갈등을 해결하고, 상호 유익하고 조화로운 관계를 구축·유지하는 데 필요한 정보, 태도, 가치, 행동 역량을 개인에게 가르치는 것으로 정의될 수 있다(Johnson & Johnson, 2003, 2005b, 2005c, 2010). 평화교육의 목표는 개인이 자신(개인 내적 평화), 개인(대인관계 평화), 집단(집단 간 평화), 국가·사회·문화(국제 평화) 사이에서 평화를 유지할 수 있도록 하는 것이다.

평화교육에 대한 여러 접근법이 있다. 중세 시대 체코의 교육자였던 코메니우스(Comenius)는 평화가 보편적으로 공유된 지식에 의존한다고 믿었다. 20세기에 마리아 몬테소리(Maria Montessori)는 전쟁을 촉구하는 권위주의적 통치자를 자동으로 따르지 않는 독립적인 의사결정자가 되도록 아이를 가르칠 것을 옹호하였다. 교육 내에서도 평화교육에 대한 다양한 접근법이 있다. 1948년에 인디애나의 맨체스터 대학(Manchester College)은 최초의 학술적 평화연구 프로그램을 수립하였다. 평화 심리학 및 교육 분야에서 우리의 연구는 1960년대 중반에 시작되어 오늘날에 이르고 있다.

교육을 통해 합의에 의한 평화를 제도화하는 단계는 (a) 의무적이고 다양한 사회 성원을 통합하는 공교육을 수립하는 것, (b) 평화로운 사회의 근간이 되는 상호성과 긍정적인 상호의존성을 수립하고, 학생에게 그들이 협동적인 시도를 설정하여 관여하는 데 필요한 역량 및 태도를 가르치는 것, (c) 어려운 결정을 내리기 위해 다양한 관점을 개방적인 마음으로 고려하는 것을 특징으로 하는 평화적인 정치 담론에 참여하는 방법을 학생에게 가르쳐 주는 것, (d) 이해관계의 갈등을 해결하여 공동 이득이 극대화 되도록 통합적인 협상과 중재에 참여하는 방법을 학생에게 가르치는 것, (e) 시민적 가치를 가르치는 것을 포함한다.

1단계 공교육 수립

의무 교육: 사회의 모든 구성원이 건설적 논쟁에 참여하는 경험을 보장하는 첫 단계는 교육을 의무화하여 모든 아이와 젊은 성인이 학교에 다니게 하는 것이다(Johnson & Johnson, 2010). 국가의 의무적인 공교육 체제가 필요한 몇 가지 이유가 있다. 학교는 사회화가 일어날 수 있는 제일 중요한 영역을 대표한다.

사회화의 일부로서 학생은 장기적인 합의에 의한 평화를 구축하고 유지하는 데 필요한 지식, 역량, 태도, 가치를 배울 수 있다. 평화가 번창하는 데 필요한 사회적 자원 중 하나는 다양한 견해에 대해 열린 마음으로 토론함으로써 어려운 결정을 내리는 데 숙련되는 것이다. 모든 사회 구성원은 이러한 사회적 자원을 개발해야 하므로 모든 아동, 청소년, 젊은 성인은 학교에 다녀야만 한다. 또한, 학교는 건설적 논쟁을 경험할 수 있는 환경을 제공한다. 학교생활의 일상적인 바탕은 다양한 학생이 이슈를 이해하고 문제에 대한 창의적인 해결책을 얻는 수단으로써 건설적 논쟁의 활용을 반영할 필요가 있다. 이러한 사회적 자원을 개발하는 데 수년이 걸리기 때문에 초등교육에서부터 중등교육에 이르기까지 건설적 논쟁을 활용하는 것이 교실 생활에 스며들어야 한다. 평화는 주로 협동학습과 건설적 논쟁과 같은 수업 방법을 통해 학교생활에 직조될 수 있다. 학생은 다양한 교우와 평화로운 관계를 발전시키고 유지함으로써, 그들이 어른이 되었을 때 사회에서 그들이 수립하는 데 필요한 것을 경험한다. 마지막으로, 의무적인 공교육에는 많은 경제적·문화적 이득이 있다.

통합 학교: 평화가 발전하려면 이전의 분쟁 집단 구성원 사이에 긍정적인 관계가 형성되어야 한다. 이것은 학교가 분리되어 있다면 성취하기가 어렵다. 집단이 분리되면 장기적인 평화가 위험에 처한다. 그러나 학생들이 서로 옆에 앉는 것만으로는 갈등을 해결하지 못한다. 접촉은 편견, 집단 간 적대감, 집단 간 갈등을 줄이기 위한 필요조건이다. 그러나 접촉이 충분조건은 아니다. 문화, 종교 등의 측면에서 집단이 다양할수록 학교와 직장, 이웃에서의 통합 필요성이 커진다. 접촉이 집단 간 적대 행위를 감소시키고 다양한 사람 사이의 긍정적인 관계를 형성하는 조건은 (a) 공동의 목표를 달성하기 위해 함께 협력하고, (b) 솔직한 대화가 일어날 수 있는 개인 차원에서 상호 작용하며, (c) 건설적 논쟁을 정기적으로 활용하는 것이다(Johnson & Johnson, 2007).

2단계 상호성, 긍정적 상호의존성 확립

긍정적인 상호의존성 확립: 의무적으로 통합된 학교는 상호 목표, 그 목표 달성으로 인한 상호 이득(즉, 공동 운명), 상호 정체성이라는 3가지 유형의 긍정적인 상호의존성을 수립해야만 한다. 장기적인 평화는 공동 노력으로 한 사회의 모든 구성원을 결합하는 공동의 목표를 갖는 데 달려 있다. 그러한 상호 목표를 달성함으로써 얻는 이득은 모든 관련 당사자에게 공정하게 분배되어야만 한다. 때에 따라서는 가장 많이 필요로 하는 사람이 자기 몫보다 더 많이 받는 경우가 있기는 하지만, 대개의 경우 이득은 균등하게 배분될 필요가 있다.

평등한 이득은 모든 사회 구성원의 공동 운명을 부각시키는 경향이 있다(Johnson & Johnson, 1989). 긍정적인 상호의존성은 모든 관련 당사자를 하나의 상위 집단으로 포섭하는 상위의 정체성을 통해서도 확립된다(Johnson & Johnson, 2002). 이 상위의 정체성은 (a) 자신의 문화적 정체성을 존중하는 것, (b) 다른 사람의 문화적 정체성을 존중하는 것, (c) 다른 모든 문화적 정체성을 포섭하는 하나의 상위 정체성을 개발하는 것, (d) 다원적인 가치의 집합 위에 그 상위의 정체성을 설정하는 것을 통해 만들어진다.

평화교육은 학생이 상호 목표를 달성하고, 공정하게 이득을 분배하며, 학교의 모든 학생을 하나로 묶는 상위의 정체성을 개발하기 위해 함께 노력하는 학교를 조성하는 것에 관심을 갖는다. 이렇게 하는 가장 손쉬운 방법은 협동학습(Johnson, 2003; Johnson & Johnson, 2005b; Johnson et al., 2013)을 사용하는 것이다. 협동학습은 작은 집단을 수업에 활용하는 것이므로 학생이 함께 노력하여 자신과 서로의 학습을 극대화한다. 모든 연령의 학생에게 모든 교육과정에서의 모든 과제가 협동적으로 수행될 수 있다.

상호 목표를 달성하고 공동 정체성을 확립하기 위해서는 다양한 집단의 구성원이 상호 작용하고 서로의 성공을 촉진해야 한다. 서로의 성공을 촉진하고 개인적인 관계와 정서적 지원을 구축함으로써 학생은 그들의 차이점에 대해 더욱 정교해지고 그들의 관계, 갈등, 평화 협정에 관한 솔직한 토론에 참여하게 된다. 이러한 솔직한 대화는 과거의 경험과 고통 및 과거의 트라우마를 치유하는 것에 관련된 통찰력을 정직하고 상세하게 공유하는 것을 포함한다. 외견상 다루기 어려운 갈등에서조차, 그러한 솔직한 대화는 화해와 용서 그리고 싸우는 사람이나 희생자로서의 정체성을 포기하는 것을 가능하게 해 준다. 진실 및 화해 위원회(Truth and Reconciliation Commissions)는 이러한 솔직한 대화의 극단적인 사례다. 고정관념과 편견을 극복하고, 평화와 관련된 모든 당사자에게 확대되는 포함적인 배려를 구축하기 위해서는 피상적인 관계 이상의 것이 필요하기 때문에, 개인적인 관계와 솔직한 토론이 매우 중요하다.

부정적인 상호의존성 최소화: 긍정적인 상호의존성을 구조화하는 것 외에도, 부정적인 상호의존성과 고립의 원천을 최소화해야만 한다(Johnson, 2003, Johnson & Johnson, 1989, 2005b). 부정적인 상호의존성은 반대 목표, 이득의 차등 분배(예: 승자는 패자보다 더 많은 이득을 얻는다.), 그리고 자원에 대한 일방적 의존(예: 권력이 적은 당사자는 권력이 많은 당사자의 자원에 의존하지만, 그 반대의 경우는 성립하지 않는다.)을 통해 존재할 수 있다. 당사자의 정체성은 차별화된다. 즉, 권력이 많은 집단의 구성원은 승자로서 긍정적인 자아개념을 갖는 반면에, 권력이 적은 집단의 구성원은 패자로서 부정적인 정체성을 갖는다. 경제적 자원, 정치권력, 교육 성취에 대한 분쟁 집단 간의 경쟁은 그러한 갈등을 제도화하고 더 많은 폭력을 조장할 것이다. 서로 고립되는 것만으로도 그 갈등이 제도화될 수 있다.

3단계 학생에게 어려운 결정을 내리는 방법을 가르치기

평화를 유지하려면 모든 시민이 그 결정을 이행하기 위해 전념할 수 있도록 다양한 견해와 관점을 열린 마음으로 토론하여 어려운 결정을 내려야 한다. 평화교육은 (a) 평화를 수립하고 유지하기 위해 논의해야 할 어려운 문제에 직면하는 방법, (b) 모든 당사자가 그 어려운 이슈를 논의하는 데 동의하는 하나의 절차(예: 건설적 논쟁)를 수립하는 방법, (c) 학생이 그 절차를 능숙하게 사용하는 방법을 훈련하는 방법, (d) 학생이 그 절차를 습관적으로 사용하도록 학생의 개인 정체성 및 가치 체계에 그 절차를 통합하는 방법을 학생에게 가르치는 것을 포함한다. 어려운 이슈가 해결되지 않은 상태로 남게 되면, 그 어려운 이슈가 전쟁이나 폭력의 재개로 이어질 수 있다. 이러한 어려운 이슈를 건설적으로 논의하려면, 관련 당사자는 효과적인 의사결정 절차를 필요로 한다. 학생이 논쟁 절차에 참여하여 다양한 견해와 관점에 대해 열린 마음으로 토론하는 방법을 배울 때마다, 그들은 민주적 정치 담론에 참여하는 방법을 배우게 된다.

4단계 갈등을 건설적으로 해결하는 방법을 학생에게 가르치기

평화를 지속하려면 개인은 갈등을 건설적으로 해결하는 방법을 배워야 한다. 평화를 구축하기 위해 모든 학생은 갈등을 건설적이고 비폭력적인 방식으로 해결하는 방법을 알아야 한다. 이것은 참가자가 모든 당사자에게 이익을 극대화할 수 있는 해결책을 찾기 위해 노력하는 통합적인 협상을 활용하는 것을 의미한다. 협동적으로 함께 활동하는 것

과 건설적으로 갈등을 해결하는 것은 화해와 용서의 무대를 마련한다. 평화를 구축하고 유지하는 데 있어서, 대개는 모든 당사자의 입장에서 큰 기술을 필요로 하는 어려운 갈등이 있다. 이러한 갈등을 건설적으로 해결하려면 통합적인 협상을 활용하는 것이 필요하다. 통합적인 협상을 가장 직접 가르치고, 가장 많은 연구 타당성을 갖고 있는 갈등 해결 프로그램은 학생이 평화 유지자가 되도록 가르치는 프로그램(Teaching Students to Be Peacemakers Program)이다(Johnson & Johnson, 2005a). 평화 유지자 프로그램은 유치원부터 고등학교까지 시행되었다. 그 프로그램에는 학생이 갈등을 통합적으로 해결할 수 있는 상당한 이점이 들어 있다. 건설적으로 갈등을 해결하는 방법을 배우고, 그렇게 하는 데 능숙해지는 것은 학생들이 그렇게 하는 법을 배우지 못한 사람들에 비해 발달적인 진보가 더 많이 이루어지게 한다. 발달상의 이점은 개인의 잠재력을 실현하고, 인간관계의 질을 향상하며, 삶의 성공을 향상하는 긍정적 효과를 포함한다. 갈등을 건설적으로 해결하는 데 능숙한 사람은 더 많은 친구를 사귀고 유지하는 경향이 있으며, 동료들이 아주 좋아하고 동료들 사이에 인기가 많다. 그들은 취업할 확률이 더욱 많고, 직업에서 더 성공하며, 가정생활을 충실하게 잘 하고, 더 나은 부모가 되고, 평생의 친구를 더 잘 유지할 수 있는 경향이 있다. 갈등을 통합적으로 해결하는 방법을 배우는 것은 학생들에게 평생 이득이 된다. 그러나 무엇보다도 그것은 개인이 다른 사람과 평화로운 관계를 구축하고 유지할 수 있게 한다.

⬤5단계 시민적 가치를 가르치기

합의에 의한 평화는 시민적 가치의 적용을 통해 유지된다. 당사자가 상호 목표를 달성하기 위해 협력하고, 의사결정과 이해 상충 상황 모두에서 갈등이 건설적으로 관리될 때, 시민적 덕을 근간으로 하는 시민적 가치를 채택하는 것이 촉진된다(Johnson & Johnson, 2000a). 학생은 협력, 논쟁, 통합적인 협상을 반영하는 가치를 내면화해야 한다. 그러한 가치는 공동선과 타인의 웰빙에 대한 헌신, 자신의 공정한 몫의 일에 대한 책임감, 다른 사람의 노력과 관점에 대한 존중 및 인간으로서 타인에 대한 존중, 진실성 있게 행동하기, 다른 당사자에 대한 공감과 배려, 타인이 도움을 필요로 할 때 동정심을 갖기, 평등, 다양성 인식을 포함한다. 이러한 시민적 가치는 협력, 논쟁, 통합적인 협상의 바탕이 되는 동시에 그것을 통해 더욱 촉진된다.

자동적인 습관 유형으로서 협동, 논쟁 및 통합적인 갈등

건설적 논쟁 절차를 활용하는 모든 수업은 정치 담론과 의사결정에서의 수업이기도 하다. 협동학습, 통합적인 협상과 더불어 건설적 논쟁은 모든 학년의 모든 학생이 사용하도록 고안되었다. 그 절차가 학생이 공부하는 단원에서 사용됨에 따라 학생은 위협적이지 않은 학업 상황에서 그것을 사용하는 방법을 배우고, 그 절차는 매년 여러 번 시행될 수 있다. 논쟁, 협동 및 평화 유지자 절차를 의식적인 사고나 계획 없이 자동적으로 사용되는 수준으로 습득하는 것은 상당한 연습을 필요로 한다. 자동성은 몇 시간 또는 며칠간의 훈련만으로는 달성되지 않는다.

따라서 학년 내내 교사는 거의 모든 수업을 협동적으로 조직하고, 논쟁과 평화 유지 절차를 학과 수업에 통합해야 한다.

요약

평화를 구축하고 유지하는 데 필수적인 측면은 건설적 논쟁 절차를 사용하여 어려운 결정을 내리는 것이다. 교육은 건설적 논쟁 절차를 사용하기 위해 모든 사회 구성원을 훈련시키는 주요 수단이 될 수 있다. 건설적 논쟁 이론은 민주주의에서 효과적인 의사결정과 정치 담론의 특징이라 할 수 있는 다양한 견해의 개방적인 교환에 초점을 맞추고 있다. 참가자는 자신의 결론을 제시하고, 반대 견해로부터 도전을 받으며, 불확실성을 경험하고, 새로운 정보와 더욱 나은 관점을 찾으며, 새롭게 수정된 결론에 이르게 된다. 학생은 그러한 논쟁 과정을 겪으면서, 정치 담론과 어려운 결정을 내리는 방법에서 교훈을 얻는다.

평화는 전쟁의 부재와 상호 이익이 되는 조화로운 관계 형성이라는 두 가지 차원을 포함한다. 평화는 제3자(평화 유지자), 전쟁의 승리자 또는 권력이 많은 집단(지배)에 의해 부과될 수 있다. 합의에 의한 평화는 평화 유지(관련 당사자가 종전, 초기 합의, 또는 미래의 갈등 해소를 위해 협상하는 것)와 평화 구축(경제적, 정치적, 교육적 제도가 장기적인 평화를 만드는 데 사용되는 것)을 포함한다.

교육을 통해 평화를 제도화하는 데는 5가지 필수 요소가 있다. 첫째, 교육이 어린이와 청소년에게 영향을 미치려면, 그들이 반드시 학교에 다녀야 한다. 그러므로 의무적인 공교육이 수립되어야 한다. 둘째, 긍정적인 상호의존성, 상호성 및 공동 운명에 대한 인식을 확립하여, 개인이 어떤 한 집단의 목표가 달성될 때에만 다른 모든 집단의 목표가 달성된다는 것을 인식하게 해야 한다. 셋째, 많은 사회에서 아이와 청소년은 민주주의에서 결코 살아본 적이 없으며 민주주의에서 시민의 역할에 익숙하지 않다. 따라서 그들은 정치 담론을 포함하는 의사결정에 참여하는 방법을 배워야 한다. 그들은 건설적 논쟁 절차를 통해 그러한 방법을 배울 수 있다. 건설적 논쟁 절차의 숙달은 학업 자료를 가르치기 위해 건설적 논쟁을 빈번하게 활용함으로써 달성될 수 있다. 넷째, 학교에 다니는 아이와 청소년 중 상당수가 전투원, 지원 요원 또는 희생자로서의 갈등에 참여했을 수 있다. 따라서 그들은 갈등을 건설적으로 관리하는 방법을 배워야 한다. 학생들에게 이해관계 상충을 건설적으로 해결하는 방법을 가르치기 위해, 통합적인 협상과 동료 중재 절차로 구성된 평화 유지자 프로그램을 모든 학년 수준에서 실행할 필요가 있다. 마지막으로, 합의에 의한 평화에 필수적인 시민적 가치를 주입할 필요가 있다. 그러한 시민적 가치는 공동선과 타인의 웰빙에 대한 헌신, 자신의 공정한 몫의 일에 대한 책임감, 다른 사람의 노력과 관점에 대한 존중 및 인간으로서 타인에 대한 존중, 진실성 있게 행동하기, 다른 당사자에 대한 공감과 배려, 타인이 도움을 필요로 할 때 동정심을 갖기, 평등, 다양성 인식을 포함한다. 학생들은 협동적인 시도에 참여하고, 어려운 결정을 내리기 위해 다양한 관점에 대해 열린 마음으로 토론하며, 공동 이익을 극대화하는 이해관계 상충에 대한 해결책을 모색함으로써 그러한 시민적 가치를 내면화 할 것이다.

이 다섯 가지 필수 요소는 (a) 학교의 평화교육을 제도화하고, (b) 이전의 적대적 집단의 학생들이 수년 동안 긍정적인 상호 작용을 경험하도록 보장하며, (c) 협동, 논쟁, 갈등 해결 절차가 자동적인 습관 유형이 되도록 보장하고, (d) 이러한 절차의 기초가 되는 가치가 확고히 내장되도록 보장하기 위해 학교교육의 모든 수준에서 실행되어야 할 필요가 있다. 상호 목표를 달성하기 위해 다양한 동료와 함께 학습하는 것, 서로의 관점과 견해에 대한 열린 논의를 바탕으로 정보에 입각한 결정을 내리는 것, 갈등을 해결하기 위한 통합적 합의를 모색하는 것에서 얻은 개인적 경험은 평화와 정의의 의미 및 적절성에 대한 개인적 이해를 증진하고 삶의 방식을 규정하게 된다.

Chapter 12

결론

결론

서론

논쟁을 억제하면서 동의 추구를 강조할 때, 의사결정과 문제 해결에서 몇 가지 결함이 나타날 것이다(Johnson & Johnson, 2007). 예를 들어, 미국 항공 우주국(NASA)이 우주 왕복선 챌린저호(Challenger)를 1986년 1월 28일에 발사하기로 결정했을 때, 우주 왕복선의 로켓 부스터를 제조하는 회사(Morton Thiokol Company)와 인공위성 제조 회사(Rockwell International)의 엔지니어들은 영하 기온에서 제기되는 위험 때문에 발사에 반대했다. 로켓 부스터 제조 회사의 엔지니어들은 추위로 인해 로켓의 4개 주요 부분을 결합하는 부분의 고무 봉인이 너무 쉽게 부서져 로켓의 과열된 가스를 견뎌낼 수 없을 것이라고 우려했다. 예정된 임무를

4차 산업혁명 시대의 혁신교수법

수개월 앞두고 그 회사의 최고 전문가는 고무 봉인이 버텨낼 수 있는지를 알 수 없고, 만약 봉인이 망가진다면 최고 수위의 재앙으로 끝날 것이라는 사실을 메모를 통해 경고하였다(Magnuson, 1986). 발사 전날 밤, 엔지니어들은 다소 확신이 없는 회사의 매니저 그리고 예정대로 발사를 원하는 NASA 관리에 맞서 발사 연기를 주장하였다. NASA 관리들은 만장일치의 환상을 부여하려고 그 회사의 매니저들과 연합하여 엔지니어들이 의사결정에서 손을 떼도록 하였다. 엔지니어들은 위험이 있다는 것을 증명할 수 없었기 때문에, 우주선이 취약하지 않다는 환상을 심어주는 것에 그저 침묵할 수밖에 없었다. 그 회사의 엔지니어들은 동의를 하라는 압력을 받았다. NASA의 한 관계자는 엔지니어들이 봄까지 발사를 원하지 않을 것이라고 불평했다. 마지막으로, 발사 여부의 최종 결정을 내리는 NASA 최고 경영자는 엔지니어들의 우려나 우주선 제조사 관리자들의 유보 사항에 대해 결코 듣지 못했다. 불유쾌한 정보로부터 보호를 받은 NASA 관계자는 챌린저호의 비극적인 비행에 대한 발사 명령을 자신 있게 내렸다. 챌린저호는 이륙 직후 폭발하였고, 우주로 가는 최초의 교사가 되려고 전국 선발 대회에서 우승한 교사를 포함한 탑승자 전원이 사망하였다.

이런 잘못된 결정이 어떻게 생길 수 있을까? 그 대답은 건설적 논쟁이 없다는 것이다. NASA 관계자는 발사를 연기하는 대안적인 선택에 공정하고 완전한 청문회 절차를 전혀 부여하지 않았다. 불일치가 활성화되기보다는 오히려 억압을 받았다. 거기엔 타인의 입장을 고려하는 관점 채택이 전혀 없었다. 의사결정 과정에서 종종 하나의 대안에 대한 지지의 극한이 토론 초기에 진전된다면, 더 나은 아이디어가 받아들여질 가능성은 거의 없게 된다. 예를 들어 보자. 보도에 따르면, 군중 폭력에서 불안감이 즉시에 표명되지 않으면 군중은 그 불안감의 목소리가 들리지 않게 더 큰 소리를 지른다고 한다. 집단 토의는 과잉 확신의 경향성을 악화시킬 수 있으며, 따라서 판단의 정확성에 대한 착각을 불러일으킬 수 있다(Dunning & Ross, 1988). 소수 의견이 무시될 수 있다. 처음에 6명으로 구성된 집단 중 단 한 명만이 정답을 알고 있었을 때, 거의 75%의 시간 동안 그 단 한 명의 성원은 공정하고 완전한 청문회 절차를 부여받지 못했기 때문에 나머지 다른 사람을 납득시키지 못했다. 집단의 의사결정은 대안을 신중하게 고려하지 않고, 소수 의견을 침묵시키며, 성원이 내리는 결론 사이의 불일치를 억제하기 때문에 종종 잘못된 방향으로 나갈 수 있다. 따라서 건설적 논쟁을 실행하는 기술을 잘 학습하는 것이 매우 중요하다.

지적 갈등을 회피하려는 이유는 무엇인가?

내연 기관이 자동차와 관련되어 있듯이 갈등은 의사결정, 창의성, 학습, 정치 담론과 관련되어 있다. 내연 기관은 연료와 공기를 불씨로 결합하여 운동과 가속을 위한 에너지를 생성한다. 불씨가 없는 상태에서 연료와 공기가 무기력한 것과 마찬가지로, 갈등의 불씨가 없는 상이한 아이디어도 무기력한 것이다. 갈등은 개인이 새로운 정보를 찾고 그 어느 때보다 열심히 일하도록 활력을 불어넣는다. 건설적 논쟁을 구조화함으로써 개인은 동료의 관심을 끌어 포착할 수 있으며 원래 의도했던 것 이상으로 달성하도록 그 동료에게 에너지를 부여할 수 있다. 그러나 대부분의 조직에서 지적 갈등을 유발하는 것은 예외이지, 규칙이 아니므로 표준적인 관행이 되지 않는다. 왜 그럴까? 최소한 여섯 가지 이

4차 산업혁명 시대의 혁신교수법

유가 있다. 첫째, 일단 갈등이 생기면 구성원들이 통제되지 않고 충동적인 방식으로 행동할 수 있다는 두려움이 건설적 논쟁을 어떤 사람이 계획하는 것을 방해할 수 있다. 둘째, 집단 성원은 건설적 논쟁에 관여하는 방법에 대해 무지할 수 있기 때문에, 결과적으로 그렇게 하지 못한다. 셋째, 건설적 논쟁을 구조화하는 방법에 대한 훈련 부족은 그렇게 해야 할 책임을 진 사람을 방해할 수 있다. 넷째, 사회나 조직의 문화가 너무나 반(反)갈등적이므로 집단 성원은 건설적 논쟁을 하나의 가능성으로 보지 않는다. 다섯째, 특정한 집단 규범은 공개적인 의견 불일치나 또는 건설적 논쟁에 참여하는 것의 다른 측면을 금지할 수 있다. 여섯째, 갈등을 회피하는 전력이 있는 타성(현상 유지의 힘)이 너무 커서 집단 성원이 다른 시도를 하지 않을 수도 있다.

건설적 논쟁의 본질과 사용

이 책은 건설적 논쟁의 이론, 연구, 실천에서 건설적 논쟁의 본질과 새로운 발전을 요약한다. 그것은 갈등의 잠재적인 긍정적 결과와 건설적 논쟁의 구체적인 활용에 대한 거의 50년의 연구와 생각을 나타낸다. 이 책의 성격은 다음과 같이 요약될 수 있다.

건설적 논쟁의 기본 구성 요소

건설적 논쟁은 협동과 갈등에 기반을 두고 있다. 이 두 가지 근본적인 현상은 건설적 논쟁의 기본적인 성질을 이해하는 데 필수적이다. 건설적 논쟁은 협동적인 노력으로 자신을 하나로 결속시키는 공동의 목표를 달성하려는 참가자에 바탕을 둔다. 그러나 건설적 논쟁은 서로 다른 의견이나 결론을 가진 사람이 서로의 추론에 도전하는 지적 갈등을 구조화하고 촉진한다. 건설적 논쟁은 반대와 도전을 통한 진리 탐구에 힘을 실어주는 가장 효과적인 방법을 결정하기 위한 지적 갈등과 상호 목표를 달성하기 위해 협력하는 것을 결합한 것이다.

그러므로 건설적 논쟁은 협동적인 노력의 필연적이고 만연한 측면일 뿐만 아니라 협동적인 노력이 수반하는 효과성의 본질적인 측면이기도 하다. 현명한 사람은 자신과 의견이 다른 사람과 마주하는 것을 환영할 뿐만 아니라 자신과 의견이 다른 사람을 찾고 심지어 그것이 자연스럽게 일어나지 않을 때 의견 차이를 이끌어낼 것이다. 현명한 사람은 더욱 효과적인 행동 방안을 찾는 것은 오직 지적인 도전을 받는 것을 통해서만 가능하다는 것을 알고 있다.

건설적 논쟁의 본질

건설적 논쟁은 개인의 아이디어, 의견, 이론, 결론이 양립할 수 없기에 개인이 합의를 이루려 할 때 존재한다. 지적 갈등은 그것의 잠재적인 건설적인 결과 때문에 의사결정, 문제 해결, 창의성과 혁신, 교육 담론, 정치 담론의 중요한 도구가 될 수 있지만, 그러한 상황에서 갈등은 거의 구조화되지 않는다. 페리클레스, 소크라테스, 퀸틸리아누스, 밀튼, 존슨, 버크, 제퍼슨 등 과거에도 지적 갈등을 권고한 사람이 많았지만, 그 실천을 제도화하기 위한 구체적인 이론이나 작동 절차를 공식화한 사람은 이제껏 없었다. 바라건대, 이 책이 그렇게 되기를 바란다.

건설적 논쟁의 이론

건설적 논쟁의 기초가 되는 이론에 따르면, 상황 내에서 갈등이 구조화되는 방식은 개인이 서로 상호작용하는 방식을 결정하며, 이는 결국 관련된 결과의 품질을 결정하게 된다. 이것은 역사적으로 S-P-O 이론으로 알려져 있다(Watson & Johnson, 1972). 지적 갈등은 하나의 연속체를 따라 구조화될 수 있으며, 한쪽 끝에는 건설적 논쟁이, 다른 한쪽 끝에는 불일치를 회피하는 것을 의미하는 동의 추구가 자리를 잡는다. 건설적 논쟁 이론의 중요한 부분은 건설적 논쟁이 작용하는 과정을 구체화하는 것이다.

건설적 논쟁의 과정

건설적 논쟁의 과정은 ⑴ 정보를 조직화하여 결론을 도출하는 것, ⑵ 설명을 포함하여 입장을 제시하고 옹호하는 것, ⑶ 사회 인지적 갈등, 논박, 다수 및 소수 영향력, 확증 편향, ⑷ 나의 편향을 포함한 반대되는 견해로부터 도전을 받는 것, 독립적인 의견 표현의 자유, 반대되는 정보와 추론을 잘못 인식하는 것, 반대되는 정보의 과부하 상태에 놓이는 것, 반대되는 입장의 유용성을 인식하는 것, 타당하거나 또는 오류가 있는 입장에 의한 도전을 포함한 개념 갈등, 비평형 및 불확실성, ⑸ 정보를 검색하는 것, 반대 입장을 이해하고자 시도하는 것, 관점 채택 및 사회적 투사를 포함한 인식론적 호기심과 관점 채택, ⑹ 다른 사람의 정보와 추론, 태도 및 입장 변경, 그리고 인지적 추론의 한 단계에서 다음 단계로의 이동을 포함한 재구성, 종합 및 통합을 포함한다.

동의 추구의 과정은 (1) 지배적 입장을 도출하는 것, (2) 지배적 입장을 제시하고 옹호하는 것, (3) 구성원이 동의와 준수의 요구에 직면하는 것, (4) 공적인 입장과 사적인 입장 간의 갈등이 존재하는 것, (5) 구성원이 정보를 확인하고자 시도하는 것, (6) 공적인 합의가 존재하는 것을 포함한다.

건설적 논쟁의 결과

논쟁의 과정에서 발생하는 결과는 (1) 양질의 의사결정, 문제 해결, 성취 및 파지, (2) 높은 인지적 및 도덕적 추론, (3) 더 많은 전문 지식의 교환, (4) 더 빈번하고 정확한 관점 채택, (5) 더 많은 창의성, (6) 더 큰 개방성, (7) 이해 증진의 동기 부여 증가, (8) 이슈와 과제에 대한 태도 변화에서의 증가, (9) 논쟁 절차와 의사결정에 대한 더욱 긍정적인 태도, (10) 과정과 결과에 대한 더 많은 헌신, (11) 참가자 사이의 대인관계 매력 및 지원의 증가, (12) 더 많은 사회적 지지, (13) 자존감 증가, 그리고 (14) 더 많은 민주적 가치를 포함한다.

건설적 논쟁의 효과를 매개하는 조건

논쟁 과정의 효과를 매개하는 조건은 다음과 같다. (a) 협동적인 맥락(부당함을 입증하는 정보에 대한 관심, 역량 위협에서의 감소, 하향식 사회 비교에서의 감소, 지각된 편향에서의 감소, 리더십의 증가를 포함하는 협동적인 맥락), (b) 성원 간의 이질성, (c) 정보의 분배, (d) 숙련된 의견 불일치, 그리고 (e) 합리적인 주장.

건설적 논쟁 절차의 조작화

건설적 논쟁 절차는 (1) 둘 혹은 그 이상의 입장 가운데 어느 한 가지를 둘 혹은 그 이상의 참가자에게 할당하는 것을 포함한다. 그러면 참가자는 자신에게 부여된 입장에 대해 가능한 최상의 사례를 준비하고, (2) 반대 입장을 가진 사람에게 그 입장을 위한 최상의 사례를 제시하고, 반대 입장에 귀를 기울인다. (3) 옹호하는 입장의 사람은 반대 입장을 반박하고, 자신의 입장에 대한 공격을 논박하는 토론에 참여한다. (4) 이제 참가자는 서로의 관점을 바꾸어서 반대 입장을 위해 가능한 최상의 사례를 제시한다. (5) 모든 지지와 변호를 내려놓고, 모든 관점과 입장을 고려하고 집단 성원이 동의할 수 있는 하나의 종합을 모색한다. 이러한 절차는 집단과 조직의 의사결정 상황, 교육, 정치 담론, 세계 평화의 확립과 유지 등 매우 다양한 상황에 적용될 수 있다.

이론, 연구, 실천으로 돌아가기

> 이론은 알릴 수 있지만, 실천은 확신시켜 준다.
> — 조지 베인(George Bain, 1881-1968), 스코틀랜드 데술가

건설적 논쟁 이론은 심리학 이론화와 연구가 어떻게 가치 있는 실천적인 적용이 될 수 있는지 그리고 이론, 연구, 실천이 어떻게 세 가지 모두를 향상시키는 방식으로 상호작용하는지를 보여 주는 사례다. 이론과 연구의 관계는 오랫동안 이해되어 왔다(Johnson, 2003). 이론은 관

심 현상과 그것의 상호 간의 관계를 식별하고, 명확히 하고, 정의한다. 1950년대와 1960년대에는 건설적 논쟁에 관한 연구가 일부 실시되었으나 그것은 지리멸렬한 것이었고, 지적 갈등에 대한 다양한 정의가 포함되었으며, 건설적 논쟁의 본질이나 건설적 논쟁을 조작하는 방식에 대한 개념적인 명확성을 거의 제공하지 않았다. 1970년대 중반(Johnson, Johnson, & Johnson, 1976년)과 1970년대 후반(Johnson & Johnson, 1979년)에는 교육과 기업을 위한 조작적인 절차뿐만 아니라 보다 체계적인 이론과 연구에 관한 검토가 제시되었다. 이러한 일은 건설적 논쟁의 본질에 상당한 개념적 명료성을 가져왔고, 조작적 정의를 분류하는 프레임워크를 만들어 이전 연구를 재(再)조직하는 데 도움을 주었으며, 대응 규칙이 명확하여 미래 연구에서 건설적 논쟁을 조작화 하는데 도움을 주었다. 그러므로 건설적 논쟁은 관련 개념을 명확하게 정의하고, 연구를 요약하며, 새로운 연구를 창출하는 잘 구성된 이론이다.

연구는 건설적 논쟁 이론을 입증하거나 부인한다. 건설적 논쟁 이론을 검증하는 수많은 연구가 있었고, 수행된 많은 연구는 높은 내적 타당도와 외적 타당도를 갖추고 있다. 연구의 양, 질, 일반화 가능성은 동의 추구나 개별 시도와 비교하여 건설적 논쟁 이론의 기본 명제와 효과를 강력하게 확인시켜 준다. 또한, 이러한 연구는 건설적 논쟁의 이론적 구인과 새로운 종속 변인 사이의 관계를 입증하여, 건설적 논쟁 이론의 잘 발달하지 않은 측면에 대한 연구 결과에 기여했다.

이론, 연구, 실천 사이의 관계에 대한 논의에서, 실천의 역할은 때때로 무시되어 왔다. 건설적 논쟁은 많은 다양한 분야에 적용되어 왔지만, 가장 체계적이고 확산되어 있고 장기적인 적용은 바로 교육과 기업 분야에서 이루어졌다. 건설적 논쟁의 실행은 건설적 논쟁 이론과 연구에 심오한 영향을 미쳤다.

앞날을 생각하기

여러분은 이제 이 책의 마지막 부분에 도달했으므로, 여러분은 새로운 시작에 놓여 있다. 지적 갈등을 건설적으로 관리하는 실질적인 전문성을 얻으려면, 건설적 논쟁을 실제로 활용하는 수년간의 경험을 필요로 한다. 개인이 논쟁 과정에 참여할수록, 창의적이고 박식하게 되고 서로를 더 좋아하게 되며 심리적으로 더 건강해질 것이다. 개인이 성장하고, 발달하고, 배우고, 진보하고, 창조하고, 성취하는 모든 것은 건설적 갈등을 통해서 가능하다. 결국 여러분은 건설적 논쟁이 여러분의 삶을 방해하기보다는 오히려 더 풍부하게 한다는 것을 알게 될 것이다.

참고 문헌

Ackoff, R. L. (1967). Management misinformation systems. *Management Sciences, 14*(4), 147-156.

Alexander, R. J. (2006). *Towards dialogic teaching: Rethinking classroom talk.* York: Dialogos.

Allen, V. (1965). Situational factors in conformity. In L. Berkowitz (Ed.), *Advances in experimental social psychology* (Vol. 2, pp. 133-175). New York: Academic Press.

Allport, G. W., & Postman, L. J. (1945). The basic psychology of rumor. *Transactions of the New York Academy of Sciences*, 8(Series Ⅲ), 61-81.

Alper, S., Tjosvold, D., & Law, K. S. (1998). Interdependence and controversy in group decision making: Antecedents to effective self-managing teams. *Organizational Behavior and Human Decision Processes, 74*(1), 33-52.

Amabile, T. M. (1983). The social psychology of creativity: A componential conceptualization. *Journal of Personality and Social Psychology, 45*(2), 357-376.

Amabile, T. M. (1996). *Creativity in context.* Boulder, CO: Westview Press.

Ames, G., & Murray, F. (1982). When two wrongs make a right: Promoting cognitive change by social conflict. *Developmental Psychology, 18*(6),

892-895.

Amigues, R. (1988). Peer interaction in solving physics problems: Sociocognitive confrontation and metacognitive aspects. *Journal of Experimental Child Psychology, 45,* 141-158.

Anderson, N., & Graesser, C. (1976). An information integration analysis of attitude change in group discussion. *Journal of Personality and Social Psychology, 34,* 210-222.

Anderson, R. C., Chinn, C., Waggoner, M., & Nguyen, K. (1998). Intellectually stimulating story discussions. In J. Osborn & F. Lehr (Eds.), *Literacy for all: Issues in teaching and learning* (pp. 170-186.). New York: Guildford Press.

Anderson, R. C., Nguyen-Jahiel, K., McNurlen, B., Archodidou, A., Kim, S., Spread of ways of talking and ways of thinking across groups of children. *Cognition and Instruction, 19,* 1-46.

Annis, L. (1983). The processes and effects of peer tutoring. *Human Learning, 2,* 39-47.

Asch, S. (1952). *Social Psychology,* Englewood Cliffs, NJ: Prentice-Hall.

Asch, S. (1956). Studies of independence and conformity: A minority of one against a unanimous majority. *Psychological Monographs, 70*(9), Whole No. 416.

Asterhan, C. S., & Schwarz, B. B. (2007). The effects pf monological and dialogical argumentation on concept learning in evolutionary theory. *Journal of Educational Psychology, 99,* 626-639.

Astumi, T., & Burnstein, E. (1992). Is minority influence different from majority influence? Brussels Congress, University of Michigan, Abstract number IN064.1.

Avery, P., Freeman, C., Greenwalt, K. & Trout, M. (2006). The *"deliberating in a democracy project."* Paper presented at the annual meeting of the American Educational Research Association, San Francisco, CA, April 10.

Azmitia, M., & Montgomery, R. (1993). Friendship, transactive dialogues and the development of scientific reasoning. *Social Development, 2,* 202-221.

Bahn, C. (1964). *The interaction of creativity and social facilitation in creative problem solving.* Doctoral dissertation, Columbia University. Ann Arbor, MI: University Microfilms, 65-7499.

Baker, S., & Petty, R. (1994). Majority and minority influence: Source-position imbalance as determinant of message scrutiny. *Journal of Personality and Social Psycholog, 67,* 5-19.

Bandura, A. (1977). Self-efficacy: Toward a unifying theory of behavioral change. *Psychological Review, 84*(2), 191-215.

Bandura, A. (2000). Exercise of human agency through collective efficacy. *Current Directions in Psychological Science, 9*(3), 75-78.

Bargh, J. A., & Schul, Y. (1980). On the cognitive benefits of teaching. *Journal of Educational Psychology, 72,* 593-604.

Barnes, D., & Todd, F. (1977). *Communication and learning in small groups.* London: Routledge and Kegan Paul.

Barnes, D., & Todd, F. (1995). *Communication and learning revisited.*

Portsmouth, NH: Boynton/Cook.

Baron, J. (1995). Myside bias In thinking about abortion. *Thinking and Reasoning, 1*, 221-235.

Baron, J. (2008). *Thinking and deciding* (4th ed.). Cambridge, MA: Cambridge University Press.

Bartlett, F. C. (1932). *Remembering: A study in experimental and social psychology.* Cambridge, UK: Cambridge University Press.

Beach, L. R. (1974). Self-directed student groups and college learning. *Higher Education, 3*, 187-200.

Beer, M., & Eisenstat, R, A. (2000). The silent killers of strategy implementation and learning. *Sloan Management Review* (Summer), 29-40.

Beilin, H. (1977). Inducing conservation through training. In G. Steiner (Ed.), *Psychology of the 20th century, Piaget and beyond* (Vol. 7, pp. 260-289). Zurich; Kindler.

Bennett, N., & Cass, A. (1989). The effects of group composition on group interactive processes and pupil understanding. *British Educational Research Journal, 15*, 119-132.

Bennis, W., & Biederman, P. W. (1996). *Organizing genius: The secrets of creative collaboration.* Cambrige, MA: Perseus Books.

Benware, C. (1975). Quantitative and qualitative learning differences as a function of learning in order to teach another. Unpublished manuscript, University of Rochester. Cited in Deci, E., *Intrinsic motivation.* New York: Plenum Press.

Bergquist, W., & Heikkinen, H. (1990). Student ideas regarding chemical equilibrium. *Journal of Chemical Education, 67,* 1000-1003.

Berkowitz, M., & Gibbs, J. (1983). Measuring the developmental features of moral discussion. *Merrill-Palmer Quarterly, 29,* 399-410.

Berkowitz, M., Gibbs, J. & Broughton, J. (1980). The relation of moral judgement stage disparity to developmental effects of peer dialogues. *Merrill-Palmer Quarterly, 26,* 341-357.

Berlyne, D. (1957). Uncertainty and conflict: A point of contact between information theory and behavior theory concepts. *Psychological Review, 64,* 329-339.

Berlyne, D. (1960). *Conflict, arousal and curiosity.* New York: McGraw-Hill.

Berlyne, D. (1965). *Structure and direction in thinking.* New York: John Wiley and Sons.

Berlyne, D. (1966). Notes on intrinsic motivation and intrinsic reward in relation to instruction. In J. Bruner (Ed.), *Learning about learning* (Cooperative Research Monograph No. 15). Washington, DC: US Department of Health, Edcuation and Welfare, Office of Education.

Blatchford, P., & Kutnick, P. (2003). Developing groupwork in everday classrooms. *Special issue of the International Journal of Educational Research, 39,* 1-2.

Blatt, M. (1969). *The effects of classroom discussion upon children's level of moral judgement.* Unpublished doctoral dissertation, University of Chicago.

Blatt, M., & Kohlberg, L. (1973). The effects of classroom moral discussion upon children's level of moral judgement. In L. Kohlberg (Ed.), *Collected papers on moral development and moral education.* Harvard University: Moral Education and Research Foundation.

Blaye, A. (1990). Peer interaction in solving a binary matrix problem: Possible mechanisms causing individual progress. *Learning and Instruction, 2,* 45-56.

Bolen, L., & Torrance, E. (1976). *An experimental study of the influence of locus of control, dyadic interaction, and sex on creative thinking.* Paper presented at the American Educational Research Association, San Franciso, April.

Borys, S., & Spitz, H. (1979). Effect of peer interaction on the problem-solving behavior of mentally retarded youths. *American Journal of Mental Deficiency, 84,* 273-279.

Botvin, G., Murray, F. (1975). The efficacy of peer modeling and social conflict in the acquisition of conversation. *Child Development, 45,* 796-799.

Boulding, E. (1964). Further reflections on conflict management. In R. Kahn & E. Boulding (Eds.), *Power and conflict in organizations* (pp. 146-150). New York: Basic Books.

Brehm, S. S., & Brehm, J. W. (1981). *Psychological reactance: A theory of freedom and control.* New York: Academic.

Brock, T. C., & Balloun, J. L. (1967). Behavioral receptivity of dissonant information. *Journal of Personality and Social Psychology, 6,* 413-428.

Brown, R. A. J., & Renshaw, O. D. (2000). Collective argumentation:

A sociocultural approach to reframing classroom teaching and learning. In H. Cowie & G. van der Aalsvoort (Eds.), *Social interaction in learning and instruction: The meaning of discourses for the construction of knowledge* (pp. 52-66). New York, NY: Elsevier Science.

Bruner, J., & Minturn, A. (1955). Perceptual identification and perceptual organization. *Journal of Genetic Psychology, 53*, 21-28.

Buchs, C., & Butera, F. (2004). Socio-cognitive conflict and the role of student interaction in learning. *New Review of Social Psychology, 3*, 80-87.

Buchs, C., Butera, F., & Mugny, G. (2004). Resource interdependence, student interactions, and performance in cooperative learning. *Educational Psychology, 24*(3), 291-314.

Burdick, H., & Burnes, A. (1958). A test of "strain toward symmetry" theories. *Journal of Abnormal and Social Psychology, 57*, 367-369.

Burke, E. (1970). *Reflections on the French revolution* (p. 144). Pearson Longman, 2006.

Butera, F., & Buchs, C. (2005). Reasoning together: From focusing to decentering. In V. Girotto & P. N. Johnson-Laird (Eds.), *The shape of reason* (pp. 193-203). New York: Psychology Press.

Butera, F., Huguet, P., Mugny, G., & Prez, J. A. (1994). Socio-epistemic conflict and constructivism. *Swiss Journal of Psychology, 53*, 229-239.

Butera, F., & Mugny, G. (1992). Influence minoritaire et falsification [Minority influence and falsification]. *Revue Internationale de*

Psychologie Sociale, 5, 115-132.

Butera, F., & Mugny, G. (1995). Conflict between incompetences and influence of a low-competence source in hypothesis testing. *European Journal of Social Psychology, 25,* 457-462.

Butera, F., & Mugny, G. (2001). Conflicts and social influences in hypothesis testing. In C. K. W. De Dreu & N. K. De Vries (Eds.), *Group consensus and minority influence implications for innovation* (pp. 160-192). Oxford: Blackwell.

Butera, F., Mugny, G., & Buchs, C. (2001). Representation of knowledge as a mediator of leaning. In F. Butera & G. Mugny (Eds.), *Social influence in social reality* (pp. 160-182). Seattle, Bern: Hopefe & Huber.

Butera, F., Mugny, G., Legrenzi, P., & Perez, J. A. (1996). Majority of minority influence, task representation, and inductive reasoning. *British Journal of Social Psychology, 35,* 123-136.

Butera, F., Mugny, G., & Tomei, A. (2000). Incertitude et enjeux identitaires dans l'influence sociale. In J. L. Beauvois, R. V. Joule, & J. M. Moneil (Eds.), *Perspectives cognitives et conduits sociales* (Vol. 7, pp. 205-229). Rennes: Presses Universitaires.

Bymes, D. S. (1998). *Complexity theory and the socal sciences.* London: Routledge.

Carugati, F., De Paolis, P., & Mugny, G. (1980-1981). Conflit de centrations et progr's cognitive, Ⅲ: regulations cognitive et relationnelles du conflit socio-cognitif. *Bulletin de Psychologie, 34,* 843-851.

Chen, G., Liu, C. H., & Tjosvold, D. (2005). Conflict management for effective top management teams and innovation in China. *Journal of Management Studies, 42*, 277-300.

Chen, G., & Tjosvold, D. (2002). Conflict management and team effectiveness in China: The mediating role of justice. *Asia Pacific Journal of Management, 19*, 557-572.

Chen, Y. F., & Tjosvold, D. (2006). Participative leadership by American and Chinese managers in China: The role of relationships. *Journal of Management Studies, 43*, 1727-1752.

Chen, Y. F., & Tjosvold, D. (2007). Guanxi and leader member relationshups between American managers and Chinese employees: Open-minded dialogue as mediator. *Asia Pacific Journal of Management, 24*, 171-189.

Chen, Y. F., Tjosvold, D., & Su, F. (2005). Goal interdependence for working across cultural boundaries: Chinese employees with foreign managers. *International Journal of Intercultural Relations, 29*, 429-447.

Chen, Y. F., Tjosvold, D., & Wu, P. G. (2008). Foreign managers' guanxi with Chinese employees: Effects of warm-heartedness and reward distribution on negotiation. *Group Decision and Negotiation, 17*, 79-96.

Chinn, C. A. (2006). Learning to argue. In A. M. O'Donnell, C. E. Hmelo-silver, & G. Erkens (Eds.), *Collaborative learning, reasoning, and technology* (pp. 355-383). Mahwah, NJ: Erlbaum.

Chinn, C. A. & Anderson, R. C. (1998). The structure of discussions that promote reasoning. *Teachers College Record, 100*, 315-368.

Chinn, C. A., O'Donnell, A. M., & Jinks, T. S. (2000). The structure of discourse in collaborative learning. *The Journal of Experimental Education, 69*, 77-97.

Chiu, M. M. (1997). *Building on diversity* (ERIC Documentation Reproduction Service No. ED 410 325). Los Angeles: University of California, Los Angeles.

Chiu, M. M. (2008). Effects of argumentation on group micro-creativity: Stastistical discourse analyses of algebra students' collaborative problem solving. *Contemporary Educational Psychology, 33*, 382-402.

Chiu, M. M., & Khoo, L. (2003). Rudeness and status effects during group problem solving. *Journal of Educational Psychology, 95*, 506-523.

Coleman, E. B., Brown, A. L., & Rivkin, I. D. (1997). The effect of instructional explanations on learning from scientific texts. *Journal of the Learning Sciences, 6*, 347-365.

Collins, J. C., & Porras, J. I. (1994). *Built to last: Successful habits of visionary companies.* New York: Harper Collins Publisher.

Colson, W. (1968). *Self-disclosure as a function of social approval.* Unpublished masters thesis. Howard University, Washington, DC.

Cook, H., & Murray, F. (1973). *Acquisition of conservation through the observation of conserving models.* Paper presented at the meetings of the American Educational Research Association, New Orleans, March.

Cooper, P. (1995). *Cubism* (p. 14). London: Phaidon.

Coovert, M. D., & Reeder, G. D. (1990). Negativity effects in impression formation: The role of unit formation and schematic expectations. *Journal of Experimental Social Psychology, 26*(1), 49-62.

Cosier, R. A. & Dalton, D. R. (1990). Positive effects of conflict: A field assessment. *International Journal of Conflict Management, 1*(1), 81-92.

Covington, M. (1984). The motive for self-worth. In R. Ames & C. Ames (Eds.), *Research on motivation in education: Vol. 1. Student motivation* (pp. 17-113). New York: Academic Press.

Covington, M. (1992). *Making the grade: A self-worth perspective on motivation and school reform.* New York: Cambridge University Press.

Crockenberg, S., & Nicolayev, J. (1977). *Stage transition on moral reasoning as related to conflict experienced in naturalistic settings.* Paper presented at the Society for Research in Child Development. New Orleans, March.

Dalton, D. R., & Cosier, R. A. (1989). Development and psychometric properties of the decision conflict and cooperation questionnaire (DCCQ). *Educational and Psychological Measurement, 49*, 697-700.

Dalton, R. (2007). *The good citizen: How a younger generation is reshaping American politics.* Washington, DC: CQ Press, A Division of SAGE Publications.

Damon, W., & Killen, M. (1982). Peer interaction and the process of change in children's moral reasoning. *Merrill-Palmer Quaterly, 28*, 37-367.

Damon, W., & Phelps, E. (1988). Strategic uses of peer learning in childern's education. In T. J. Berndt & G. W. Ladd (Eds.), *Peer relations in child development* (pp. 135-157). New York: John Wiley.

Darnon, C., Doll, & Butera, F. (2007). Dealing with a disagreeing partner: Relational and epistemic conflict elaboration. *European Journal of Psychology of Education, 22*, 227-242.

Darwin, C. (1874). *The descent of man and selection in relation to sex.* New York: Rand, McNally.

Dearborn, C., & Simon, H. (1958). Selective perception: A note on the departmental identification of executives. *Sociometry, 23*, 667-673.

De Dreu, C. K., & De Vries, N. K. (Eds.). (1996). *Group consensus and minority influence: Implications for innovation* (pp. 161-182). Oxford: Blackwell.

De Dreu, C. K. W., & Nauta, A. (2009). Self-interest and other-orientation in organizational behavior: Implications for job performance, prosocial behavior, and personal initiative. *Journal of Applied Psychology, 94*, 913-926.

De Dreu, C. K. W., Weingart, L. R., & Kwon, S. (2000). Influence of social motives on integrative negotiation: A meta-analytic review and test of two theories. *Journal of Personality and Social Psychology, 76*, 889-905.

De Dreu, C. K. W., & West. M. A. (2001). Minority dissent and team innovation: The importance of participation in decision making.

Journal of Applied Psychology, 86, 1191-1201.

Dekkers, P. J. J. M. & Thijs, G. D. (1998). Making productive use of students' initial conceptions in developing the concept of force. *Science Education, 82*(1), 31-52.

De La Paz, S. (2005). Effects of historical reasoning instruction and writing strategy mastery in culturally and academically diverse middle school classrooms. *Journal of Educational Psychology, 97*, 139-156.

Delgado, M. R., Locke, H. M., Streneger, V. A. & Fiez, J. A. (2003). Dorsal striatum responses to reward and punishment: Effects of valence and magnitude manipulations. *Cognitive, Affective, Behavioral Neuroscience, 3*(1), 27-38.

Delgado. M. R., Nystrom, L. E., Fissell, C., Noll, D. C., & Fiez, N. A. (2000). Tracking the hemodynamic responses to reward and punishment in the striatum. *Journal of Neurophysiology, 84*(6), 3072-3077.

Delgado, M. R., Schotter, A., Ozbay, E. Y., & Phelps, E. A. (2008). Understanding overbidding: Using the neural circuitry of reward to design economic auctions. *Science, 321*, 1849-1852.

De Lisi, R., & Goldbeck, S. L. (1999). Implications of Piaget's theory for peer learning. In A. M. O'Donnell & A. King (Eds.), *Cognitive perspectives on peer learning* (pp. 179-196). Mahwah, NJ: Lawrence Erlbaum.

Delli Carpini, M. X., Cook, F. L., & Jacobs, L. R. (2004). Public deliberation, discursive participation, and citizen engagement: A review of the empirical literature. *Annual Review of Political Science, 7*, 315-344.

de Montesquieu, C. (1748). *The spirit of laws*. Cambridge, UK: Cambridge University Press, 1989.

de Quervain, D. J. F., Fischbacher, U., Treyer, V., Schellhammer, M., Schnyder, U., Buck, A., & Fehr, E. (2004). The neural basis of altruistic punishment. *Science, 305*(5688), 1254-1258.

Detert, J. R., & Trevino, L. K. (2010). Speaking up to higher ups: How supervisors and skip-level leaders influence employee voice. *Organization Science, 21*(1), 249-270.

de Tocqueville, A. (1945). *Democracy in America*. New York: Knopf.

Deutsch, M. (1949). A theory of cooperation and competition. *Human Relations, 2*, 129-152.

Deutsch, M. (1962). Cooperation and trust: Some theoretical notes. In M. Jones (Ed.), *Nebraska symposium on motivation* (pp. 275-320). Lincoln, NE: University of Nebraska Press.

Deutsch, M. (1969). Conflicts: Productive and destructive. *Journal of Social Issues, 25*(1), 7-42.

Deutsch, M. (1973). *The resolution of conflict*. New Haven, CT: Yale University Press.

Deutsch, M., & Gerard, H. (1955). A study of normative and informational social influences upon individual judgement. *Journal of Abnormal and Social Psychology, 51*, 629-636.

Dewey, J. (1910). *How we think*. New York: D. C. Health & Co.

Dewey, J. (1916). Democracy and education. New York: Macmillan.

Diehl, M., & Stroebe, W. (1987). Productivity loss in brainstorming groups: Toward the solution of a riddle. *Journal of Personality and Social Psychology, 53*, 497-509.

Doise, W., & Mugny, G. (1975). Recerches sociogénétiques sur la coordination d'actions interd pendants. *Revue Suisse de Psychologie Pure et Appliqu e, 34*, 160-174.

Doise, W. & Mugny, G. (1979). Individual and collective conflicts of centrations in cognitive development. *European Journal of Psychology, 9*, 105-198.

Doise, W. & Mugny, G. (1984). *The social development of the intellect.* Oxford, England: Pergammon.

Doise, W. & Mugny, G., & Perret-Clermont, A. N. (1975). Social interaction and the development of cognitive operations. *European Journal of Social Psychology, 5*, 367-383.

Doise, W. & Mugny, G., & Perret-Clermont, A. (1976). Social interaction and cognitive development: Further evidence. *European Journal of Social Psychology, 6*, 245-247.

Doise, W. & Mugny, G., & Perez, J. A. (1998). The social construction of knowledge: Social marking and socio cognitive conflict. In U. Flick (Ed.), *The psychology of the social* (pp. 77-90). Cambridge, UK:

Doise, W., & Palmonari, A. (1984). *Social interaction in individual development* (pp. 127-146). Cambridge, UK: Cambridge University Press.

Dreyfus, A. Jungwirth, E. & Eliovitch, R. (1990). Applying the "cognitive conflict" strategy for conceptual change: Some implications, difficulties, and problems. *Science Education, 74*, 555-569.

Driver, R., Newton, P., & Osborne, J. (2000). Establishing the norms of scientific argumentation in classrooms. *Science Education, 84*, 287-312.

Duckitt, J. (1992). *The social psychology of prejudice.* New York: Praeger.

Dunn, J., & Kendrick, C. (1982). *Siblings: Love, envy and understanding.* London: Grant McIntyre.

Dunnette, M., Campbell, J., & Jaastad, K. (1963). The effect of group participation on brainstorming effectiveness of two industrial samples. *Journal of Applied Psychology, 47*, 30-37.

Dunning, D., & Ross, L. (1988). *Overconfidence in individual and group prediction: Is the collective any wiser?* Unpublished manuscript, Cornell University.

Duschl, R. A. (2007). Quality argumentation and epistemic criteria. In S. Erduran & M. P. Jimenez-Aleixandre (Eds.), *Argumentation in science education: Perspectives from classroom-based research* (pp. 159-175). Dordrecht, Netherlands: Springer.

Ehrich, D., Guttman, I., Schonbach, P., & Mills, J. (1957). Post-decision exposure to relevant information. *Journal of Abnormal and Social Psychology, 54*, 98-102.

Ehrlich, H. J., & Lee, D. (1969). Dogmatism, learning, and resistance to change: A review and a new paradigm. *Psychological Bulletin, 71*, 249-260.

Eisenberg, A. R., & Garvey, C. (1981). Children's use of verbal strategies in resolving conflicts. *Discourse Processes, 4,* 149-170.

Elizabeth, L. L., & Galloway, D. (1996). Conceptual links between cognitive acceleration through science education and motivational style: A critique of Adey and Shayer. *International Journal of Science Education, 18,* 25-49.

Elsbach, K. D., & Hargagon, A. B. (2006). Enhancing creativity through "mindless" work: A framework of workday design. *Organizational Science, 17*(4), 470-483.

Ennis, R. H. (1993). Critical thinking assessment. *Theory into Practice, 32,* 179-186.

Erb, H-P., Bohner, G., Rank, S., & Einwiller, S. (2002). Processing minority and majority communications: The role of conflict with prior attitudes. *Personality and Social Psychology Bulletin, 28,* 1172-1182.

Etherington, L. & Tjosvold, D. (1998). Managing budget conflicts: Contribution of goal interdependence and interaction. *Canadian Journal of Administrative Sciences, 15*(2), 1-10.

Fairclough, N. (1995). *Critical discourse analysis.* Boston: Addison Wesely.

Falk, D., & Johnson, D. W. (1977). The effects of perspective-taking and ego-centrism on problem solving in heterogeneous groups. *Journal of Social Psychology, 102,* 63-72.

Feffer, M. & Suchotliff, L. (1966). Decentering implications of social interaction. *Journal of Personality and Social Psychology, 4,* 415-422.

Fehr, E., & Camerer, C. F. (2007). Social neuroeconomics: The neural circuity of social preferences. *Trends in Cognitive Science, 11*(10), 419-427.

Felton, M. K. (2004). The development of discourse straegies in adolescent argumentation, *Cognitive Development, 19,* 25-52.

Felton, M. K., & Kuhn, D. (2001). The development of argumentative discourse skill. *Discourse Processes, 32,* 135-153.

Ferretti, R. P., Andrews-Weckerly, S., & Lewis, W. E. (2007). Improving the argumentative writing og students with learning disabilities: Descriptive and normative considerations. Reading and Writing disabilities: Descriptive and normative considerations. *Reading and Writing Quaterly, 23,* 267-285.

Ferretti, R. P., Lewis, W. E., & Andrews-Weckerly, S. (2009). Do goals affect the structure of students' argumentative writing strategies? *Journal of Educational Psychology, 101*(3), 577-589.

Festinger, L. (1957). *Cognitive dissonance.* Evanston, IL: Row, Peterson.

Festinger, L., & Maccoby, N. (1964). On resistance to persuasive communications. *Journal of Abnormal and Social Psychology, 68,* 359-366.

Fisher, E. (1993). Distinctive features of pupil-pupil talk and their relationship to learning. *Language and Education, 7,* 239-258.

Fisher, P., Jonas, E., Frey, D., & Schultz-Hardt, S. (2005). Selective exposure to information: The impact of information limits. *European Journal of Social Psychology, 35,* 469-492.

Fisher, R. (1969). An each one teach one approach to music notation. *Grade*

Teacher, 86, 120.

Fiske, S. T. (1980). Attention and weight in person perception: The impact of negative and extreme behavior. *Journal of Personality and Social Psychology, 38*(6), 889-906.

Flavell, J. (1963). *The developmental psychology of Jean Piaget.* Princeton, NJ:Van Nostrand.

Flavell, J. (1968). *The development of role-taking and communication skills in children.* New York: Wiley.

Foley, J., & MacMillan, F. (1943). Mediated generalization and the interpretation of verbal behavior: V. Free association as related to differences in professional training. *Journal of Experimental Psychology, 33*, 299-310.

Foucault, M. (1970). *The order of things: An archaeology of the human sciences.* New York: Pantheon Books.

Freedman, J. L., & Sears, D. O. (1963). Voter's preferences among types of information. *American Psychologist, 18*, 375.

Freedman, J. L., & Sears, D. O. (1965). Selective exposure. In L. Berkowitz (Ed.), *Advances in experimental social psychology* (Vol. 2, pp. 57-97). New York: Academic Press.

Freedman, J. L., & Sears, D. O. (1967). Selective exposure to information: A critical review. *The public Opinion Quarterly, 31*(2), 194-213.

Freese, M., Fay, D. (2001). Personal initiative (PI): An active performance concept for work in the 21st century. *Research in Organizational Behavior, 23*, 133-187.

Freud, S. (1930). Civilization and its discontents. In J. Strachey (Ed.), *The standard edition of the complete psychological works of Sigmund Freud* (Vol. 21, pp. 86-145). London: Hogart Press, 1961.

Frey, D. (1981). Reversible and irreversible decisions: Preference for consonant information as a function of attractiveness of decision alternatives. *Personality and Social Psychology Bulletin, 7,* 621-626.

Frey, D. (1986). Recent research on selective exposure to information. In L. Berkowitz (Ed.), *Advances in experimental social psychology* (Vol. 19, pp.41-80). San Diego, CA: Academic Press.Frey, D., & Rosch, M. (1984). Information seeking after decisions: The roles of novelty of information and decision reversibility. *Personality and Social Psychology Bulletin, 10,* 91-98.

Frey, D., & Wicklund, R. A. (1978). A clarification of selective exposure: The impact of choice. *Journal of Experimental Social Psychology, 14,* 132-139.

Galinsky, A. D., Maddux, W. W., Gilin, D., & White, J. B. (2008). Why it pays to get inside the head of your opponent: The diffential effects of perspective taking and empathy in negotiations. *Psychological Science, 19*(1), 378-384.

Galton, M., Hargreaves, L., Comber, C., Wall, D., & Pell, A. (1999). *Inside the primary classroom: 20 years on.* London: Routledge.

Galton, M., Simon, B., & Croll, P. (1980). *Inside the primary classroom* (the ORACLE project). London: Rouledge and Kegan Paul.

Garcia-Marques, T., & Mackie, D. (2001). The feeling of familiarity as a regulator of persuasive processing. *Social Cognition, 19*, 9-34.

Gartner, A., Kohler, M., & Reissman, F. (1971). *Children teach children: Learning by teaching.* New York: Harper & Row.

Gelman, R. (1978). Cognitive development. *Annual Review of Psychology, 29*, 297-332.

Genishi, C., & Di Paolo, M. (1982). Learning through agreement in a pre-school. In L. Wilkinson (Ed.), *Communicating in the classroom* (pp. 49-67). New York: Academic Press.

Gerard, H., & Greenbaum, C. (1962). Attitudes toward an agent of uncertainty reduction. *Journal of Personality, 30*, 485-495.

Gibbons, F. X. (1986). Social comparison and depression: Company's effect on misery. *Journal of Personality and Social Psychology, 51*, 140-148.

Gilbert, L. (1997). Why women do and do not access street-based services. *Drugs News, 17*, 30-34.

Gilly, M., & Roux, P. (1984). Efficacite compare du travail individual et du travail en interaction socio-cognitive dans l'appropriation et al mise en oeuvre de regles de resolution chez les enfants de 11-12 ans. *Cahiers de Psychologie Cognitive, 4*, 171-188.

Glachan, M., & Light, P. (1982). Peer interaction and learning: Can two wrongs make a right? In. G. Butterworth & P. Light (Eds.), *Social cognition: studies of the development of understanding* (pp. 238-262.) Chicago: University of Chicago Press.

Glidewell, J. (1953). *Group emotionality and production.* Unpublished doctoral dissertation, University of Chicago.

Golanics, J. D., & Nussbaum, E. M. (2008). Enhancing collaborative online argumentation through question elaboration and goal instructions. *Journal of Computer Assisted Learning, 24,* 167-180.

Graham, D. (2006). Strategy instruction and the teaching of writing: A meta-analysis. In C. A. MacArthur, S. Graham, & J. Fitzgerald (Eds.), *Handbook of writing research* (pp. 187-207). New York: Guilford Press.

Grant, A. M., & Berry, J. W. (2011). The necessity of others is the mother of invention: Intrinsic and prosocial motivations, perspective-taking, and creativity. *Academy of Management Journal, 54,* 73-96.

Greenwald, A., & Albert, R. (1968). Acceptance and recall of improvised arguments, *Journal of Personality and Social Psychology, 8,* 31-35.

Griffith, E., Plamenatz, J., & Pennock, J. (1956). Cultural prerequisites to a successfully functioning democracy: A symposium. *American Political Science Review, 50,* 101-137.

Gruber, H. E. (2006). Creativity and conflict resolution: The role of point of view. In M. Deutsch & P. T. Coleman (Eds.), *The handbook of conflict reslotion: Theory and practice* (pp. 391-401). San Franciso, CA: Jossey-Bass Inc.

Gruenfeld, D. H. (1995). Status, ideology and integrative complexity on the U.S. Supreme Court: Rethinking the politics of political decision making. *Journal of Personality and Social Psychology, 68,* 5-20.

Guilford, J. P. (1950). Creativity. *American Psychologist, 5*(9), 444-454.

Guilford, J. P. (1956). The structure of intellect. *Psychological Bulletin, 33,*

267-293.

Guttman, A. (2000). Why should schools care about civic education? In L. McDonnell, P. Timpane, & R. Benjamin (Eds.), *Rediscovering the democratic purposes of education* (pp. 73-90). Lawrence, KS: University of Kansas Press.

Hackman, J. R., Brouseau, K. R., & Weiss, J. A. (1976). The interaction of task design and group performance: Strategies in determining group effectiveness. *Organizational Behavior and Human Performance, 16,* 350-365.

Hagler, D. A., & Brem, S. K. (2008). Reaching agreement: The structure & pragmatics of critical care nurses' informal reasoning. *Contemporary Educational Psychology, 33,* 403-424.

Hall, J., & Williams, M. (1966). A comparison of decision-making performance in established ad hoc groups. *Journal of Personality and Social Psychology, 3,* 214-222.

Hall, J., & Williams, M. (1970). Group dynamics training and improved decision making. *Journal of Applied Behavioral Science, 6,* 39-68.

Hammond, K. (1965). New directions in research on conflict resolution. *Journal of Social Issues, 11,* 44-66.

Hardin, C. D., & Higgins, E. T. (1996). Shared reality: How social verification makes the subjective objective. In R. M. Sorrentino & E. T. Higgins (Eds.), *Handbook of motivation and cognition. Vol 3. The interpersonal context* (pp. 28-84). New york: Guilford.

Hartup, W. W., French, D. C., Laursen, B., Johnston, M. K., & Ogawa, J.

4차 산업혁명 시대의 혁신교수법

R. (1993). Conflict and friendshup relations in middle childhood: Behaviour in a closed field situation. *Child Development, 64,* 445-454.

Heller, P., Keith, R., & Anderson, S. (1992). Teaching problem solving through cooperative grouping. Part 1: Group versus individual problem solving. *American Journal of Physics, 60,* 627-636.

Helson, R. (1996). Arnheim award address to division 10 of the American Psychological Association: In search of the creative personality. *Creativity Research Journal, 9,* 295-306.

Hewstone, M., & Martin, R. (2008). Social influence. In M. Hewstone, W. Stroebe, & K. Jonas (Eds.), *Introduction to social psychology* (4th edn., pp. 216-243.) Malden, MA: Blackwell Publishing.

Hidi, S., Berndorff, D., & Ainley, M. (2002). Children's argument writing, interest and self-efficacy: An intervention. *Learning and Instruction, 12,* 429-446.

Hoffman, L., Harburg, E., & Maier, N. (1962). Differences in disagreements as factors in creative problem solving. *Journal of Abnormal and Social Psychology, 64,* 206-214.

Hoffman, L., & Maier, N. (1961). Sex differences, sex composition, and group problem solving. *Journal of Abnormal and Social Psychology, 63,* 453-456.

Hogan, R. & Henley, N. (1970). *A test of the empathy-effective communication hypothesis.* Baltimore, MD: Johns Hopkins University, Center for Social Organization of Schools, Report #84.

Hovey, D., Gruber, H., & Terrell, G. (1963). Effects of self-directed study on course achievemen, retention, and curiosity. *The Journal of Educational Research, 56*(7), 346-351.

Hovhannisya, A., Varrella, G., Johnson, D. W., & Johnson, R. (2005). Cooperative learning and building democracies. *The Cooperative Link, 20*(1), 1-3.

Howe, C. J. (2006). *Group interaction and conceptual understanding in science: Coconstruction, contradiction and the mechanisms of growth.* Paper presented at Annual Conference of British Psychological Society Development Section. Royal Holloway College, London.

Howe, C. J., & McWilliam, D. (2001). Peer argument in educational settings: Variations due to socioeconomic status, gender, and activity context. *Journal of Language and Social Psychology, 20*, 61-80.

Howe, C. J., & McWilliam, D. (2006). Opposition in social interaction between children: Why intellectual benefits do not mean social costs. *Social Development, 15*(2), 205-231.

Howe, C. J., McWilliam, D., & Cross, G. (2005). Chance favours only the prepared mind: Incubation and the delayed effects of peer collaboration. *British Journal of Psychology, 96*, 67-93.

Howe, C. J., Rodgers, C., & Tolmie, A. (1990). Physics in the primary school: Peer interaction and the understanding of floating and sinking. *European Journal of Psychology of Education, V*, 459-475.

Howe, C. J., Tolmie, A., Anderson, A., & MacKenzie, M. (1992). Conceptual knowledge in physics: The role of group interaction in computer-supported teaching. *Learning and Instruction, 2,* 161-183.

Howe, C. J., Tolmie, A., Greer, K., & Mackenzie, M. (1995). Peer collaboration and conceptual growth in physics: task influences on children's understanding of heating and cooling. *Cognition and Instruction, 13*(4), 483-503.

Howe, C. J., Tolmie, A., & Mackenzie, M. (1995a). Computer support for the collaborative learning of physics concepts. In C. E. O'Malley (Ed.), *Computer supported collaborative learning* (pp. 223-243). London: Springer Verlag.

Howe, C. J., Tolmie, A., & Rodgers, C. (1992). The acquisition of conceptual knowledge in science by primary school children: Group interacting and the understanding of motion down an incline. *British Journal of Developmental Psychology, 10,* 113-130.

Howe, C. J., Tolmie, A., Thurston, A., Topping, K., Christie, D., Livingston, K., Jessiman, E., & Donaldson, C. (2007). Group work in elementary science: Towards organisational principles for supporting pupil learning. *Learning and Instructions, 17,* 549-563.

Hui, C., Wong, A. S. H., & Tjosvold, D. (2007). Turnover intention and performance in China: The rold of positive affectivity, perceived organizational support and constructive controversy. *Journal of Occpational and Organizational Psychology, 80*(4), 735-751.

Hunt, J. (1964). Introduction: Revisiting Montessori. In M. Montessori (Ed.), *The Montessori method* (pp. xi-xxxv). New York: Shocken Books.

Inagaki, K. (1981). Facilitation of knowledge integration through classroom discussion. *Quarterly Newsletter of the Laboratory of Comparative Human Cognition, 3*, 26-28.

Inagaki, K., & Hatano, G. (1968). Motivational influences on epistemic observation. *Japanese Journal of Educational Psychology, 16*, 221-228.

Inagaki, K., & Hatano, G. (1977). Application of cognitive motivation and its effects on epistemic observation. *American Educational Research Journal, 14*, 485-491.

Inhelder, B., & Sinclair, H. (1969). Learning cognitive structures. In P. H. Mussen, J. Langer, & M. Covington (Eds.), *Trends and issues on developmental psychology* (pp. 2-21). New York: Holt, Rinehart & Winstion.

Iverson, M. A., & Schwab, H. G. (1967). Ethnocentric dogmatism and binocular fusion of sexually and racially discrepant stimuli. *Journal of Personality and Social Psychology, 7*(1), 73-81.

Janis, I. L. (1971). Groupthink. *Psychology Today, 5*(6), 308-317.

Janis, I. L. (1972). *Victims of groupthink: A psychological study of foreign-policy decisions and fiascoes.* Oxford: Houghton Mifflin.

Janis, I. L. (1982). *Groupthink: psychological studies of policy decisions and fiascoes.* Boston: Houghton-Mifflin.

Janis, I. L., & Mann, L. (1977). *Decision making.* New York: Free Press.

Jaworski, A., & Coupland, N. (1999). *The discourse reader.* London: Routledge.

Jefferson, T. (1815). Letter to Colonel James Monroe. In T. J. Rabdikoh

(Ed.), The papers of Thomas Jefferson. From the Memoirs, Correspondence, and Miscellanies, from the Papers of Thomas Jefferson. A Linked Index to the Project Gutenberg Editions.

Jetten, J., Hornsey, M. J., Spears, R., Haslam, S. A., & Cowell, E. (2010). Rule transgressions in groups: The conditional nature of newcomers' willingness to confront deviance. *Europeans Journal of Social Psychology, 40*(2), 338-348.

Johnson, D. W. (1970). *Social psychology of education*. New York: Holt, Rinehart, & Winston.

Johnson, D. W. (1971). Role reversal: A summary and review of the research, *International Journal of Group Tensions, 1*, 318-334.

Johnson, D. W. (1974). Communication and the inducement of cooperative behavior in conflicts: A critical review. *Speech Monographs, 41*, 64-78.

Johnson, D. W. (1975a). Cooperativeness and social perspective taking. *Journal of Personality and Social Psychology, 31*, 241-244.

Johnson, D. W. (1975b). Affective perpective-taking and cooperative predisposition. *Developmental Psychology, 11*, 869-870.

Johnson, D. W. (1977). Distribution and exchange of information in problem-solving dyads. *Communication Research, 4*, 283-298.

Johnson, D. W. (1979). *Educational psychology*. Englewood Cliffs, NJ: Prentice-Hall.

Johnson, D. W. (1980). Group processes: Influences of student-student interaction on school outcomes. In J. McMialln (Ed.), *The social psychology of school learning* (pp. 123-168). New York: Academic Press.

Johnson, D. W. (1991). *Human relations and your career.* Englewood Cliffs, NJ: Prentice-Hall.

Johnson, D. W. (2003). Social interdependence: The interrelationships among theory, research, and practice. *American Psychologist, 58*(11), 931-945.

Johnson, D. W. (2014). *Reaching out: Interpersonal effectiveness and self-actualization* (11th ed.). Boston: Allyn & Bacon.

Johnson, D. W., & Johnson, F. (2013). *Joining together: Group theory and group skills* (11th ed.). Boston: Allyn & Bacon.

Johnson, D. W., & Johnson, R. T. (1974). Instructional goal structure: Cooperative, competitive, or individualistic. *Review of Educational Research, 44*, 213-240.

Johnson, D. W. & Johnson, R. T. (1979). Conflict in the classroom: Constructive controversy and learning. *Review of Educational Research, 49*, 51-61.

Johnson, D. W. & Johnson, R. T. (1985). Classroom conflict: Controversy versus debate in learning groups. *American Educational Research Journal, 22*, 237-256.

Johnson, D. W. & Johnson, R. T. (1989). *Cooperation and competition: Theory and research.* Edina, MN: Interaction Book Comapny.

Johnson, D. W. & Johnson, R. T. (1991). Critical thinking through structured controversy. In K. Cauley, F. Linder, & J. McMillan

4차 산업혁명 시대의 혁신교수법

(Eds.), *Educational psychology 91/92* (pp. 126-130). Guilford, CT: The Gushkin Publishing Group.

Johnson, D. W. & Johnson, R. T. (1999). *Learning together and alone: Cooperative, competitive, and individualistic learning.* Boston: Allyn & Bacon.

Johnson, D. W. & Johnson, R. T. (2000a). Cooperative learning, values, and culturally plural classrooms. In M. Leicester, C. Modgill, & S. Modgil (Eds.), *Values, the classroom, and cultural diversity* (pp. 15-28). London: Cassell PLC.

Johnson, D. W. & Johnson, R. T. (2000b). Civil political discourse in a democracy: The contribution of psychology. Peace and Conflict: *Journal of Peace Psychology, 6*(4), 291-317.

Johnson, D. W. & Johnson, R. T. (2002). *Human relations: Valuing diversity* (2nd edn.). Edina, MN: Interaction Book Company.

Johnson, D. W. & Johnson, R. T. (2003). Controversy and peace education. *Journal of Research in Education, 13*(1), 71-91.

Johnson, D. W. & Johnson, R. T. (2005a). *Teaching students to be peacemakers* (4th ed.). Edina, MN: Interaction Book Company.

Johnson, D. W. & Johnson, R. T. (2005b). New developments in a social interdependence theory. *Genetic, Social, and General Psychology Monographs, 131*(4), 285-358.

Johnson, D. W. & Johnson, R. T. (Guest Editors). (2005c). Peace education. *Theory Into Practice, 44*(4), Fall Issue.

Johnson, D. W. & Johnson, R. T. (2007). Creative controversy: *Intellectual challenge in the classroom* (4th ed.). Edina, MN: Interaction Book Company.

Johnson, D. W. & Johnson, R. T. (2009a). An educational psychology success story: Social interdependence theory and cooperative learning. *Educational Researcher, 38*(5), 365-379.

Johnson, D. W. & Johnson, R. T. (2009b). Energizing learning: The instructional power of conflict. *Educational Researcher, 38*(1), 37-51.

Johnson, D. W. & Johnson, R. T. (2010). Peace education in the classroom: Creating effective peace education programs. In G. Salomon & E. Cairns (Eds.), *Handbook of peace education* (pp. 223-240). New York: Psychology Press.

Johnson, D. W. & Johnson, R. T. (2014). Constructive controversy as a means of teaching citizens how to engage in political discourse. *Policy Futures in Education, 12*(3), 417-430.

Johnson, D. W., Johnson, R. T., & Holubec, E. (2013). *Cooperation in the classroom* (9th ed.). Edina, MN: Interaction Book Company.

Johnson, D. W., Johnson, R. T., & Johnson, F. (1976). Promoting constructive conflict in the classroom. *Notre Dame Journal of Education, 7*, 163-168.

Johnson, D. W., Johnson, R. T., Pierson, W., & Lyons, V. (1985). Controversy versus concurrence seeking in multi-grade and single-grade learning groups. *Journal of Research in Science Teaching, 22*(9), 835-848.

Johnson, D. W., Johnson, R. T., & Scott, L. (1978). The effects of cooperative and individualized instruction on student attitudes and achievement. *Journal of Social Psychology, 104,* 207-216.

Johnson, D. W., Johnson, R. T., & Tiffany, M. (1984). Structuring academic conflicts between majority and minority students: Hinderance or help to integration. *Contemporary Educational Psychology, 9,* 61-73.

Johnson, R., Brooker, C., Stutzman, J., Hultman, D., & Johnson, D. W. (1985). The eddects of controversy, concurrence seeking and individualistic learning on achievement and attitude change. *Journal of Research Science Teaching, 22,* 197-205.

Jones, E. E., & Aneshansel, J. (1956). The learning and utilization of contravaluent material. *Journal of Abnormal and Social Psychology, 53,* 27-33.

Judd, C. (1978). Cognitive effects of attitude conflict resolution. *Conflict Resolution, 22,* 483-498.

Kahneman, D. (2003). A perspective on judgment and choice: Mapping bounded rationality. *American Psychologist, 58,* 697-720.

Kalven, H., & Zeisel, H. (1966). *The American jury.* Boston: Little Brown.

Kang, M. J., Hsu, M., Krajbich, I. M., Loewenstein, G., McClure, S. M., Wang, J. T., & Camerer, C. F. (2009). The wick in the candle of learning: Epistemic curiosity activates reward circuity and enhances memory. *Psychological Science, 20*(8), 963-973.

Kaplan, M. (1977). Discussion polarization effects in a modern jury decision paradigm: Informational influences. *Sociometry, 40,* 262-271.

Kaplan, M., & Miller, C. (1977). Judgments and group discussion: Effect of presentation and memory factors on polarization. *Sociometry, 40,* 337-343.

Keasey, C. (1973). Experimentally induced changes in moral opinions and reasoning. *Journal of Personality and Social Psychology, 26,* 30-38.

Keefer, M. W., Zeitz, C. M., & Resnikc, L. B. (2000). Judging the quality of peer-led student dialogues. *Cognition and Instruction, 18,* 53-81.

Kennedy, K. A., & Pronin, E. (2008). When disagreement gets ugly: Perceptions of bias and the escalation of conflict. *Personality and Social Psychology Bulletin, 34*(6), 833-848.

Kim, I. H., Anderson, R., Nguyen-Jahiel, K., & Archodidou, A. (2007.) Discourse patterns during children's online discussions. *Journal of the Learning Sciences, 16*(3), 333-370.

King-Casas, B., Tomlin, D., Anen, C., Camerer, C. F.. Quartz, S. R., & Montague, P. R. (2005). Getting to know you: Reputation and trust in a two-person economic exchange. *Science Magazine, 308*(5718), 78-83.

Kirchmeyer, C., & Cohen, A. (1992). Multicultural groups. Their performance and reactions with constructive conflict. *Group and Organization Management, 17*(2), 153-170.

Klaczynski, P. (2000). Motivated scientific reasoning biases, epistemological beliefs, and theory polarization: A two-process approach to adolescent cognition. *Child Development, 71,* 1347-1366.

Klaczynski, P. (2004). A dual process model of adolescent development: Implications for decision making, reasoning, and identity. In R. Kail

(Ed.), *Advances in child development and behavior* (Vol. 31, pp. 73-123). San Diego, CA: Academic Press.

Kleinhesslink, R., & Edwards, R. (1975). Seeking and avoiding belief-discrepant information as a function of its perceived refutability. *Journal of Personality and Social Psychology, 31,* 787-790.

Knight-Arest, I., & Reid, D. K. (1978). Peer interaction as a catalyst for conservation acquisition in normal and learning-disabled children. Paper presented at the 8th Annual Symposium of the Jean Piaget Society, Philadelphia, May. ERIC Number: ED162489.

Knudson, R. (1992). Analysis of argumentative writing at two grade levels. *Journal of Educational Research, 85,* 169-179.

Kohlberg, L. (1969). Stage and sequence: The cognitive-developmental approach to socialization. In D. Goslin (Ed.), *Handbook of socialization theory and research* (pp. 347-480). Chicago, IL: Rand McNally.

Kolbert, E. (2014). *The sixth extinction.* New York: Henry Holt.

Kropotkin, P. A. (1902). *Mutual aid: A factor of evolution.* London: William Heinemann.

Krueger, J. I. (2013). Social projection as a source of cooperation. *Current Directions in Psychological Science, 22,* 289-294.

Kruger, A. C. (1992). The effect of peer- and adult-child transactive discussions on moral reasoning. *Merrill-Palmer Quarterly, 38,* 191-211.

Kruger, A. C. (1993). Peer collaboration: Conflict, co-operation, or both?

Social Development, 2, 165-192.

Kruglanski, A. W. (1980). Lay epistemo-logic-process and contents: Another look at attribution theory. *Psychological Review, 87*(1), 70-87.

Kuhn, D. (1991). *The skills of argument.* Cambridge, UK: Cambridge University Press.

Kuhn, D., Langer, J., Kohlberg, L., & Haan, N. S. (1977). The developmental of formal operation in logical and moral judgment. *Genetic Psychological Monographs, 55,* 97-188.

Kuhn, D., Shaw, V., & Felton, M. (1997). Effects of dyadic interaction on argumentive reasoning. *Cognition and Instruction, 15,* 287-315.

Kuhn, D., & Udell, W. (2003). The development of argument skill. *Child Development, 74,* 1245-1260.

Kuhn, D., & Udell, W. (2007). Coordinating own and other perspective in argument. *Thinking and Reasoning, 13*(2), 90-104.

Kumpulainen, K., & Wray, D. (Eds.). (2002). *Classroom interaction and social learning: From theory to practice.* London: Routledge-Falmer.

Lampert, M. L., Rittenhouse, P., & Crumbaugh, C. (1996). Agreeing to disagree: Developing sociable mathematical discourse. In D. R. Olson & N. Torrance (Eds.), *Handbook of human development in education* (pp. 731-764). Cambridge, MA: Blackwell.

Langer, E., Blank, A., & Chanowitz, B. (1978). The mindlessness of ostensibly thoughtful action: The role of "placebic" information in interpersonal interaction. *Journal of Personality and Social Psychology, 36,* 635-642.

Larson, J. R. Jr. (2007). Deep diversity and strong synergy. *Small Group Research, 38*, 413-436.

Larson, J. R. Jr., Christiansen, C., Abbott, A. S., & Franz, T. M. (1996). Diagnosing groups. *Journal of Personality and Social Psychology, 71*, 315-330.

Laughlin, P. (1980). Social combination processes of cooperative problem-solving groups on verbal intellective tasks. In M. Fishbein (Ed.), *Progress in social psychology* (Vol. 1, pp. 127-155). Hillsdale, NJ: Lawrence Erlbaum.

Laughlin, P., & Adamopoulos, J. (1980). Social combination processes and individual learning for six-person cooperative groups on an intellective task. *Journal of Personality and Social Psychology, 38*, 941-947.

Lave, J., & Wenger, E. (1991). *Situated learning: Legitimate peripheral participation.* Cambridge, UK: Cambridge Unviersity Press.

LeFurgy, W., & Woloshin, G. (1969). Immediate and long-term effects of experimentally induced social influence in the modification of adolescents' moral judgments. *Journal of Personality and Social Psychology, 12*, 104-110.

Legrenzi, P., Butera, F., Mugny, G., & Perez, J. A. (1991). Majority and minority influence in inductive reasoning: A preliminary study. *European Journal of Social Psychology, 21*, 359-363.

Levi, M., Torrance, E. P., & Pletts, G. O. (1955). *Sociometric studies of combat air crews in survival training* (Sociometry Monographs). New

York: Beacon House.

Levine, J., & Murphy, G. (1943). The learning and forgetting of controversial material. *Journal of Abnormal and Social Psychology, 38*, 507-517.

Levine, R., Chein, I., & Murphy, G. (1942). The relation of a need to the amount of perceptual distortion: A preliminary report. *Journal of Psychology: Interdisciplinary and Applied, 13*, 283-293.

Lewin, K. (1935). *A dynamic theory of personality.* New York: McGraw-Hill.

Lewin, K. (1948). *Resolving social conflicts.* New York: Harper.

Lewin, K. (1951). *Field theory in social science: Selected theoretical papers.* New York: Harper.

Lewis, C. S. (2010). *The chronicles of Narnia* (Box Set). New York: Harper, Collins.

Leyens, J. P., Dardeene, B., Yzerbyt, V., Scaillet, N., & Snyder, M. (1999). Confirmation and disconfirmation: Their social advantages. In W. Stroebe & M. Hewstone (Eds.), *European review of social psychology* (Vol. 10, pp. 199-230). Chickester, UK: Wiley.

Limon, M. (2001). On the cognitive conflict as an instructional strategy for conceptual change: A critical appraisal. *Learning and Instruction, 11*, 357-380.

Linn, M. C., & Elyon, B. S. (2000). Knowledge integration and displaced volume. *Journal of Science Education and Technology, 9*, 287-310.

Lord, C., Ross, L., & Lepper, M. (1979). Biased assimilation and attitude polarization: The effects of prior theories on subsequently considered evidence. *Journal of Personality and Social Psychology, 37*, 2098-2109.

Lorenz, C. (1963). *On aggression.* New York: Hartcourt, Brace, and World.

Lovelace, K., Shapiro, D., & Weingart, L. R. (2001). Maximizing cross-functional new product team's innovativeness and constraint adherence: A conflict communications perspective. *Academy of Management Journal, 44,* 779-793.

Lowin, A. (1967). Approach and avoidance: alternative models of selective exposure to information. *Journal of Personality and Social Psychology, 6*(1), 1-9.

Lowin, A. (1969). Further evidence for an approach-avoidance interpretation of selective exposure. *Journal of Experimental Social Psychology, 5,* 265-271.

Lowry, N., & Johnson, D. W. (1981). Effects of controversy on epistemic curiosity, achievement, and attitudes. *Journal of Social Psychology, 115,* 31-43.

Luchins, A. (1942). Mechanization in problem solving: The effect of Einstellung. *Psychological Monographs, 54*(6), Whole No. 248.

Maass, A., & Clark, R. (1984). Hidden impact of minorities: Fifteen years of minority influence research. *Psychological Bulletin, 95,* 428-450.

Mackie, D. N. (1987). Systematic and nonsystematic processing of majority and minority persuasive communications. *Journal of Personality and Social Psychology, 53,* 41-52.

Maggi, J., Butera, F., Legrenzi, P., & Mugny, G. (1998). Relevance of information and social influence in the pseudodiagnosticity bias. *Swiss Journal of Psychology, 57,* 188-199.

Magnuson, E. (1986, March 10). A serious deficiency: The Rogers Commission faults NASA's flawed decision-making process. *Time*, pp. 40-42.

Maier, N. (1970). *Problem solving and creativity in individuals and groups*. Belmont, CA: Brooks/Cole.

Maier, N., & Hoffman, L. (1964). Financial incentives and group decision in motivating change. *Journal of Social Psychology, 64*, 369-378.

Maier, N., & Solem, A. (1952). The contributions of a discussion leader to the quality of group thinking: The effective use of minority opinions. *Human Relations, 5*, 277-288.

Maier, N., & Thurber, J. (1969). Problems in delegation. *Personnel Psychology, 22*(2), 131-139.

Maitland, K. A., & Goldman, J. R. (1974). Moral judgment as a function of peer group interaction. *Journal of Personality and Social Psychology, 30*(5), 699-704.

Ma-Naim, C., Bar, V., & Zinn, B. (2002). *Integrating microscopic macroscopic and energetic descriptions for a Conceptual Change in Thermodynamics*. Paper presented in the third European Symposium, on Conceptual Change, June 26-28, Turku, Finland.

Martin, R., & Hewstone, M. (2003). Majority and minority influence: When, not whether, source status instigates heuristic or systematic processing. *European Journal of Social Psychology, 33*, 313-330.

Martin, R., Hewstone, M., & Martin, P. Y. (2007). Systematic and heuristic processing of majority and minority-endorsed messages: The effects of varying outcome relevance and levels of orientation on attitude and message processing. *Personality and Social Psychology Bulletin, 33*, 43-56.

Maybin, J. (2006). *Children's voices: Talk, knowledge and identity.* Basingstoke, UK: Palgrave Macmillan.

McClelland, D. C., & Atkinson, J. A. (1948). The projective expression of needs. Ⅰ. The effect of different intensities of the hunger drive on perception. *Journal of Psychology, 25*, 205-222.

McKenzie, C. R. M. (2004). Hypothesis testing and evaluation. In D. J. Koehler & N. Harvey (Eds.), *Blackwell handbook of judgment decision making* (pp. 200-219). Malden, MA: Blackwell.

McLeod, P. L., Lobel, S. A., & Cox, T. H. Jr. (1996). Ethnic diversity and creativity in small groups. *Small Group Research, 27*(2), 248-264.

Means, M. L., & Voss, J. F. (1996). Who reasons well? Two studies of informal reasoning among children of different grade, ability, and knowledge levels. *Cognition and Instruction, 14*, 139-178.

Mendelberg, T. (2002). The deliberative citizen: Theory and evidence. *Political Decision Making, Deliberation and Participation, 6*, 151-193.

Mercer, N. (1995). *The guided construction of knowledge: Talk amongst teachers and learners.* Clevedon: Multilingual Matters.

Mercer, N., & Littleton, K. (2007). *Dialogue and the development of children's thinking: A sociocultural approach.* London: Routledge.

Merton, R. K. (1957). *Social theory and social structure.* New York: Free Press.

Meyers, R. A., Brashers, D. E., & Hanner, J. (2000). Majority-minority influence: Identifying argumentative patterns and predicting argument-outcome links. *Journal of Communication, 50,* 3-30.

Miell, D., & MacDonald, R. (2000). Children's creative collaborations: The importance of friendship when working together on a musical composition. *Social Development, 9,* 358-369.

Miller, S., & Brownell, C. (1975). Peers, persuasion, and Piaget: Dyadic interaction between conservers and nonconservers. *Child Development, 46,* 992-997.

Milliken, F. J., Bartel, C. A., & Kurtzberg, T. R. (2003). Diversity and creativity in work groups. In P. B. Paulus & B. A. Nijstad (Eds.), *Group creativity* (pp. 32-62). Oxford: Oxford University Press.

Mills, T. (1967). *The sociology of small groups.* Englewood Cliffs, NJ: Prentice-Hall.

Monteil, J. M., & Chambres, P. (1990). Eléments pour une exploration des dimensions du conflit socio-cognitif: Une expé rimentation chez l'adulte [Elements for exploring socio-cognitive conflict: An experiment with adults]. *Revue Internationale de Psychologie Sociale,* 3, 499-517.

Mosconi, G. (1990). *Discorso e pensiero* [Discourse and thinking]. Bologna, Italy: Ⅱ Mulino.

Moscovici, S. (1980). Toward a theory of conversion behavior. In L. Berkowitz (Ed.), Advances in experimental social psychology (Vol. 13, pp. 209-239). New York: Academic Press.

Moscovici, S. (1985a). Innovation and minority influence. In S. Moscovici,

G. Mugny, & E. Van Avermaet (Eds.), *Perspectives on minority influence* (pp. 9-52). Cambridge, UK: Cambridge University Press.

Moscovici, S. (1985b). Social influence and conformity. In G. Lindzey & E. Aronson (Eds.), *The handbook of social psychology* (3rd edn., Vol. 2, pp. 347-412.) New York: Random House.

Moscovici, S., & Faucheux, C. (1972). Social Influence, conforming bias, and the study of active minorities. In L. Berkowitz (Ed.), *Advances in experimental social psychology* (Vol. 13). New York: Academic Press.

Moscovici, S., & Lage, E. (1976). Studies in social influence Ⅲ: Majority versus minority influence in a group. *European Journal of Social Psychology, 6*, 149-174.

Moscovici, S., Lage, E., & Naffrechoux, M. (1969). Influence of a consistent minority on the responses of a majority in a color perception task. *Sociometry, 32*, 365-380.

Moscovici, S., & Nemeth, C. (1974). *Social influence: Ⅱ. Minority influence.* Oxford, England: Rand McNally.

Mouffe, C. (2000). *The democratic paradox.* London: Verso.

Mucchi-Faina, A., & Cicoletti, G. (2006). Divergence vs. ambivalence: Effects of personal relevance on minority influence. *European Journal of Social Psychology, 36*(1), 91-104.

Mugny, G. (1982). *The power of minorities.* London: Academic Press.

Mugny, G., Butera, F., Quiamzade, A., Dragulescu, A., & Tomei, A. (2003). Comparisons sociales des compétences et dynamiques d'influence sociale dans les tâches d'aptitudes (social comparison of competencies and social influence). *Année Psychologique, 103*(3), 469-496.

Mugny, G., De Paolis, P., & Carugati, F. (1984). Social regulation in cognitive development. In W. Doise & A. Palmonari, *Social interaction in individual development* (pp. 127-146). Cambridge, UK: Cambridge University Press.

Mugny, G., & Doise, W. (1978). Socio-cognitive conflict and structure of individual and collective performances. *European Journal of Social Psychology, 8*, 181-192.

Mugny, G., Doise, W., & Perret-Clermont, A. N. (1975-1976). Conflit de centrations et progrès cognitif. *Bulletin de Psychologie, 29*, 199-204.

Mugny, G., Giroud, J. C., & Doise, W. (1978-1979). Conflit de centrations et progress cognitif. Ⅱ: nouvelles illustrations experimentales. *Bulletin de Psychologie, 32*, 979-985.

Mugny, G., Levy, M., & Doise, W. (1978). Conflit socio-cognitif et developpement cognitif. *Swiss Journal of Psychology, 37*(1), 22-43.

Mugny, G., Perret-Clermont, A. N., & Doise, W. (1981). Interpersonal coordinations and sociological differences in the construction fo the intellect. *Progress in Applied Social Psychology, 1*, 315-343.

Mugny, G., Taani, E., Falomir, J. M., & Layat, C. (2000). Source credibility, social comparison and social influence. *International Review of Social Psychology, 13*, 151-175.

Murray, F. B. (1972). The acquisition of conservation through social interaction. *Developmental Psychology, 6*, 1-6.

Murray, F. B. (1978). Development of intellect and reading. In F. Murray &

J. Pikulski (Eds.), *The acquisition of reading* (pp. 55-60). Baltimore: University Park Press.

Murray, F. B. (1982). Teaching through social conflict. *Contemporary Educational Psychology, 7*, 257-271.

Murray, F. B. (1983). *Cognitive benefits of teaching on the teacher.* Paper presented at American Educational Research Association Annual Meeting, Motreal, Quebec.

Murray, F. B., Ames, G., & Botvin, G. (1977). Acquisition of conservation through cognitive dissonance. *Journal of Educational Psychology, 69*, 519-527.

Murray, J. (1974). Social learning and cognitive development: Modeling effects on children's understanding of conservation. *British Journal of Psychology, 65*, 151-160.

Mutz, D. C. (2002). The consequences of cross-cutting networks for political participation. *American Journal of Political Science, 46*(4), 838-855.

Narvaez, D., & Rest, J. (1995). The four components of acting morally. In W. Kurtines & J. Gewirtz (Eds.), *Moral behavior and moral development: An introduction* (pp. 385-400). New York: McGraw-Hill.

Nauta, A., De Dreu, C. K. W., & Van Der Vaart, T. (2002). Social value orientation, organizational goal concerns and interdepartmental problem-solving behavior. *Journal of Organizational Behavior, 23*, 199-213.

Neisser, U. (1954). On experimental distinction between perceptual process and verbal response. *Journal of Experimental Psychology, 47,* 399-402.

Nel, E., Helmreich, R., & Aronson, E. (1969). Opinion change in the advocate as a function of the persuasibility of his audience: A clarification of the meaning of dissonance. *Journal of Personality and Social Psychology, 12,* 117-124.

Nemeth, C. J. (1976). *A comparison between conformity and minority influence.* Paper presented to the International Congress of Psychology, Paris, France.

Nemeth, C. J. (1977). Interactions between jurors as a functions of majority vs. unanimity decision rules. *Journal of Applied Social Psychology, 7,* 38-56.

Nemeth, C. J. (1986). Differential contributions of a majority influence. *Psychological Review, 93,* 23-32.

Nemeth, C. J. (1995). Dissent as driving cognition, attitudes and judgments. *Social Cognition, 13,* 273-291.

Nemeth, C. J. (1997). Managing innovation: When less is more. *California Management Review, 40,* 59-74.

Nemeth, C. J., Brown, K., & Rogers, J. (2001). Devil's advocate versus authentic dissent: Stimulating quantity and quality. *European Journal of Social Psychology, 31*(6), 707-720.

Nemeth, C. J., & Chiles, C. (1988). Modeling courage: The role of dissent in fostering independence. *European Journal of Social Psychology, 18,* 275-280.

Nemeth, C. J., & Goncalo, J. A. (2005). Influence and persuasion in small groups. In T. C. Brock & M. C. Green (Eds.), *Persuasion: Psychological insights and perspectives* (pp. 171-194). London: Sage Publications.

Nemeth, C. J., & Goncalo, J. A. (2011). Rogues and heroes: Finding value in dissent. In J. Jetten & M. Hornsey (Eds.), *Rebels in groups: Dissent, deviance, difference and defiance* (pp. 73-92). Chichester, UK: Wiley-Blackwell Publishing Ltd.

Nemeth, C. J., & Kwan, J. L. (1985). Originality of word associations as a function of majority vs minority influence. *Social Psychology Quarterly, 48,* 277-282.

Nemeth, C. J., & Kwan, J. L. (1987). Minority influence, divergent thinking and detection of correct solutions. *Journal of Applied Social Psychology, 17,* 788-799.

Nemeth, C. J., Mosier, K., & Chiles, C. (1992). When convergent thought improves performance: Majority versus minority influence. *Personality and Social Psychology Bulletin, 18,* 139-144.

Nemeth, C. J., & Rogers, J. (1996). Dissent and the search for information. *British Journal of Social Psychology. Special issue: Minority Influences, 35,* 67-76.

Nemeth, C. J., Swedlund, M., & Kanki, B. (1974). Patterning of a minority's responses and their influence on the majority. *European Journal of Social Psychology, 4,* 53-64.

Nemeth, C. J., & Wachtler, J. (1974). Creating the perceptions of consistency and confidence: A necessary condition for minority influence. *Sociometry, 37,* 529-540.

Nemeth, C. J., & Wachtler, J. (1983). Creative problem solving as a resulf of majority vs. minority influence. *European Journal of Social Psychology, 13,* 45-55.

Nichollas, J. (1983). Conceptions of ability and achievement motivation: A theory and its implications for education. In S. Paris, G. Olson, & H. Stevenson (Eds.), *Learning and motivation in the classroom* (pp. 211-237). Hillsdale, NJ: Erlbaum.

Nijhof, W., & Kommers, P. (1982). *Analysis of cooperation in relation to cognitive controversy.* Second International Conference on Cooperation in Education, Provo, Utah, July.

Nijstad, B. A., Diehl, M,, & Stroebe, W. (2003). Cognitive stimulation and interference in idea generating groups. In P. B. Paulus & B. A. Nijstad (Eds.), *Group creativity: Innovation through collaboration* (pp. 137-159). New York: Oxford University Press.

Nisbett, R. E., & Ross, L. (1980). *Human inference: Strategies and shortcomings of social judgement.* Englewood Cliffs, NJ: Prentice-Hall.

Noonan-Wagner, M. (1975). *Intimacy of self-disclosure and response processes as factors affecting the development of interpersonal relationships.* Unpublished doctoral dissertation, University of Minnesota.

Nussbaum, E. M. (2008a). Collaborative discourse, argumentation, and learning: Preface and literature review. *Contemporary Educational Psychology, 33,* 345-359.

Nussbaum, E. M. (2008b). Using argumentation vee diagrams (AVDs) for promoting argument/counterargument integration in reflective writing. *Journal of Educational Psychology, 100,* 549-565.

Nussbaum, E. M., & Schraw, G. (2007). Promoting argument-counterargument integration in student's writing. *Journal of Experimental Education, 76,* 59-92.

Nussbaum, E. M., Winsor, D. L., Aqui, Y. M., & Poliquin, A. M. (2007). Putting the pieces together: Online argumentation vee diagrams enhance thinking during discussions, *International Journal of Computer-Supported Collaborative Learning, 2,* 479-500.

Orlitzky, M., & Hirokawa, R. Y. (2001). To err is human, to correct for it divine. *Small Group Research, 32,* 313-341.

Orsolini, M. (1993). Dwarfs do not shoot: An analysis of children's justifications. *Cognition and Instruction, 11,* 281-297.

Oscamp, S. (2000). Multiple paths to reducing prejudice and discrimination. In S. Oskamp (Ed.), *Reducing prejudice and discrimination* (pp. 1-19). Mahwah, NJ: Lawrence Erlbaum.

Packer, D. J. (2008). On being both with us and against us: A normative conflict model of dissent in social groups. *Personality and Social Psychology Review, 12,* 50-73.

Parker, W. C. (2006). Public discourses in schools: Purposes, problems, possibilities, *Educational Researcher, 35*(8), 11-18.

Paulus, P. B., & Brown, V. (2003). Ideational creativity in groups. In P. B. Paulus & B. A. Nijstad (Eds.), *Group creativity* (pp. 110-136). New

York: Oxford University Press.

Paulus, P. B., Nijstad, B. A. (Eds.). (2003). *Group creativity: Innovation through collaboration*. New York: Oxford University Press.

Pepitone, A. (1950). Motivational effects insocial perception. *Human Relations, 3*, 57-76.

Perkins, D. N., Farady, M., & Bushey, B. (1991). Everyday reasoning and the roots of intelligence. In J. F. Voss, D. N. Perkins, & J. W. Segal (Eds.), *Informal reasoning and education* (pp. 83-105). Hillsdale, NJ: Erlbaum.

Perret-Clermont, A. N. (1980). *Social interaction and cognitive development in children*. London: Academic Press.

Perry-Smith, J. E. (2006). Social yet creative: The role of social relationships in facilitating individual creativity. *Academy of Management Journal, 49*, 85-101.

Perry-Smith, J. E., & Shalley, C. E. (2003). The social side of creativity: A static and dynamic social network perspective. *Academy of Management Review, 28*, 89-106.

Persky, H. R., Daane, M. C., & Jin, Y. (2003). *The nation's report card: Writing 2002* (U.S. Department of Education Pub. No. NCES 2003-529). Washington, DC: U.S. Government Printing Office.

Peters, R., & Torrance, E. (1972). Dyadic interaction of preschool children and performance on a construction task. *Psychological Reports, 30*, 747-750.

Peterson, R., & Nemeth, C. J. (1996). Focus versus flexibility: Majority and minority influence can both improve performance. *Personality and Social Psychological Bulletin, 22*(1), 14-23.

Piaget, J. (1948). *The moral judgment of the child.* Flencoe, IL: Free Press.

Piaget, J. (1950). *The psychology of intelligence.* New York: Harper.

Piaget, J. (1964). Development and learning. In R. E. Ripple & V. N. Rockcastle (Eds.), *Piaget rediscovered* (pp. 7-20). Ithaca, NY: Cornell University Press.

Piaget, J. (1985). *The equilibration of cognitive structures: The central problem of intellectual development.* Chicago: University of Chicago Press.

Piolat, A., Roussey, J. Y., & Gombert, A. (1999). Developmental cues of argumentative writing. In J. E. B. Andriessen & P. Coirier (Eds.), *Foundations of argumentative text processing* (pp. 117-135). Amsterdam: Amsterdam University Press.

Ploetzner, R., Dillenbourg, P., Preier, M., & Traum, D. (1999). Learning by explaing to oneself and to others. In P. Dillenbourg (Ed.), *Collaborating learning: Cognitive and computational approaches* (pp. 103-121). Amsterdam/New York: EARLI Pergamon, Elsevier.

Pontecorvo, C., & Girardet, H. (1993). Arguing and reasoning in understanding historical topics. *Cognition and Instruction, 11*, 365-395.

Pontecorvo, C., Paoletti, G., & Orsolini, M. (1989). Use of the computer and social interaction in a language curriculum. *Golem, 5*, 12-14.

Popper, K. R. (1962). *Conjectures and refutations: The growth of scientific knowledge.* New York: Basic Books.

Postman, L., & Brown, D. R. (1952). Perceptual consequences of success and failure. *Journal of Abnormal and Social Psychology, 47*, 213-221.

Postmes, T., Spears, R., & Cihangir, S. (2001). Quality of group decision making and group norms. *Journal of Personality and Social Psychology, 80*(6), 918-930.

Pratto, F., & John, O. P. (1991). Automatic vigilance: The attention-grabbing power of negative social information. *Journal of Personality and Social Psychology, 61*(3), 380-391.

Price, V., Cappella, J. N., & Nir, L. (2002). Does disagreement contribute to more deliberative opinion? *Political Communication, 19*, 95-112.

Putnam, L., & Geist, P. (1985). Argument in bargaining: An analysis of the reasoning process. *Southern Speech Communication Journal, 50*, 225-245.

Ranciere, J. (1995). *On the shores of politics.* London: Verso.

Rest, J., Turiel, E., & Kohlberg, L. (1969). Relations between level of moral judgment and preference and comprehension of the moral judgment of others. *Journal of Personality, 37*, 225-252.

Rilling, J. K., Gutman, D. A., Zeh, T. R., Pagnoni, G., Berns, G. S., & Kitts, C. D. (2002). A neural basis for social cooperation. *Neuron, 35*, 395-405.

Robbins, J. M., & Krueger, J. I. (2005). Social projection to ingroups and outgroups: A review and meta-analysis. *Personality and Social Psychology Review, 9*, 32-47.

Rogers, C. (1970). Towards a theory of creativity. In P. Vernon (Ed.),

4차 산업혁명 시대의 혁신교수법

Readings in creativity (pp. 137-151). London: Penguin.

Rokeach, M. (1954). The nature and meaning of dogmatism. *Psychological Review, 61,* 194-204.

Rokeach, M. (1960). The open and closed mind. New York: Basic Books.

Roseth, C. J., Saltarelli, A. J., & Glass, C. R. (2011). Effects of face-to-face and computer-mediated constructive controversy on social interdependence, motivation, and achievement. *Journal of Educational Psychology, 103,* 804-820.

Roy, A., & Howe, C. (1990). Effects of cognitive conflict, socio-cognitive conflict and imitation on children's socio-legal thinking. *European Journal of Social Psychology, 20,* 241-252.

Saltarelli, A. J. & Roseth, C. J. (2014). Effects of synchronicity and belongingness on face-to-face and computer-mediated constructive controversy. *Journal of Educational Psychology, 106*(4), 946-960.

Sandoval, W. A., & Millwood, K. A. (2005). The quality of students; use of evidence in written scientific explanations. *Cognition and Instruction, 23,* 23-55.

Sarbin, T. (1976). Cross-age tutoring and social identity. In V. Allen (Ed.), *Children as teachers: Theory and research on tutoring* (pp. 27-40). New York: Academic Press.

Schwarz, B. B., Neuman, Y., & Biezuner, S. (2000). Two wrongs may make a right ... If they argue together! *Cognition and Instruction, 18*(4), 461-494.

Schwartz, D. L. (1995). The emergence of abstract representations in dyad problem solving. *The Journal of the Learning Sciences, 4*, 321-354.

Sears, D. O., & Freedman, J. L. (1967). Selective exposure to information: A critical review. *Public Opinion Quarterly, 31*(2), 194-213.

Sermat, V., & Smyth, M. (1973). Content analysis of verbal communication in the development of a relationship: Conditions influencing self-disclosure. *Journal of Personality and social psychology, 26*, 332-346.

Shalley, C. E., Zhou, J., & Oldham, G. R. (2004). The effects of personal and contextual characteristics on creativity: Where should we go from here? *Journal of management, 30*, 933-958.

Shipley, J. E., & Veroff, J. (1952). A projective measure of need for affiliation. *Journal of Experimental Psychology, 43*, 349-356.

Shuper, P. A., & Sorrentino, R. M. (2004). Minority versus majority influence and uncertainty orientation: Processing persuasive messages on the basis of situational expectancies. *Journal of Social Psychology, 144*, 127-147.

Sigel, I., & Hooper, F. (Eds.). (1968). *Logical thinking in children: Research based on Piaget's theory.* New York: Holt, Rinehart and Winston.

Silverman, I., & Geiringer, E. (1973). Dyadic interaction and conservation induction: A test of Piaget's equilibration model. *Child development, 44*, 815-820.

Silverman, I., & Stone, J. (1972). Modifying cognitive functioning through participation in a problem-solving group. *Journal of Educational psychology, 63*, 603-608.

Silvia, P. J. (2005). Deflecting reactance: the role of similarity in increasing compliance and reducing resistance. *Basic and Applied Social Psychology, 27,* 277-284.

Simon, H. A. (1976). *Administrative behavior* (3rd ed.). New York, NY: The Free Press.

Sinclair, H. (1969). Developmental psycho-linguistics. In D. Elkind & J. Flavell (Eds.), *Studies in cognitive development: Essays in honor of Jean Piaget* (pp. 315-336). New York: Oxford University Press.Skinner, B. (1968). *The technology of teaching.* New York: Appleton-Century-Crofts.

Smedslund, J. (1961a). The acquisition of conservation of substance and weight in children: II, External reinforcement of conservation and weight and of the operations of addition and subtraction. *Scandinavian Journal of Psychology, 2,* 71-84.

Smedslund, J. (1961b). The acquisition of conservation of substance and weight on children: III. Extinction of conservation of weight acquired "normally" and by means of empirical controls on a balance. *Scandinavian Journal of Psychology, 2,* 85-87.

Smedslund, J. (1966). Les origins social de la decentration [The social origins of decentration]. In F. Bresson & M. de Montmollin (Eds.), *Psychologie et epistemologie genetiques* (pp. 159-167). Paris: Dunod.

Smith, K. A. (1984). Structured controversy. *Engineering Education, 74*(5), 306-309.

Smith, K. A., Johnson, D. W., & Johnson, R. (1981). Can conflict be constructive? Controversy versus concurrence seeking in learning groups. *Journal of Educational psychology, 73*, 651-663.

Smith, K. A., Matusovich, H., Meyers, K., & Mann, L. (2011). Preparing the next generation of engineering educators and researchers: Cooperative learning in the Purdue University School of Engineering Education PhD Program. Chapter 6 in B. Millis (Ed.), *Cooperative learning in higher education: Across the disciplines, across the academy.* Sterling, VA: Stylus Press.

Smith, K. A., Petersen, R. P., Johnson, D. W., & Johnson, R. T. (1986). The effects of controversy and concurrence seeking on effective decision making. *Journal of Social Psychology, 126*(2), 237-248.

Snell, R. S., Tjosvold, D., & Su, F. (2006). Resolving ethical conflicts at work through cooperative goals and constructive controversy in the People's Republic of China. *Asia Pacific Journal of Management, 23*, 319-343.

Snyder, M., & Cantor, N. (1979). Testing theories about other people: The use of historical knowledge. *Journal of Experimental Social Psychology, 15*, 330-342.

Stanovich, K. E., West, R. F., & Toplak, M. E. (2013). Myside bias, rational thinking, and intelligence. *Current Directions in Psychological Science, 22*, 259-264.

Stasson, M. F., & Bradshaw, S. D. (1995). Explanation of individual-group performance differences. *Small Group Research, 26*, 296-308.

Stavy, R., & Berkovits, B. (1980). Cognitive conflict as a basis for teaching quantitative aspects of the concept of temperature. *Science Education,*

64(5), 679-692.

Staw, B. M. (1995). Why no one really wants creativity. In C. M. Ford & D. A. Gioia (Eds.), *Creative action in organizations: Ivory tower visions and real world voices* (pp. 161-172). Thousand Oaks, CA: Sage.

Steele, C. M. (1988). The psychology of self-affirmation: sustaining the integrity of the self. In L. Berkowitz (Ed). *Advances in experimental social psychology* (Vol. 21, pp. 261-302). New York: Academic Press.

Stein, M. (1968). *The creative individual.* New York: Harper & Row.

Stevenson, A. E. (1952). *Major campaign speeches of Adlai E. Stevenson.* New York: Random House.

Sunstein, C. R (2002). The law of group polarization. *The Journal of Political Philosophy, 10*(2), 175-195.

Swann, W. B. Jr., Kwan, V. S. Y., Polzer, J. T., & Milton, L. P. (2003). Vanquishing stereotypic perceptions via individuation and self-verification: Waning of gender expectations in small groups. *Social Cognition, 21*, 194-212.

Swann, W. B. Jr., & Reid, S. (1981). Acquiring self-knowledge: The search for feed-back that fits. *Journal of personality and Social Psychology, 41*, 1119-1128.

Tanford, S., & Penrod, S. (1984). Social influence model: A formal integration of research on majority and minority influence processes. *Psychological Bulletin, 95*, 189-225.

Taylor, D., Altman, I., & Sorrentino, R. (1969). Interpersonal exchange as a function of rewards and costs and situational factors: Expectancy confirmation disconfirmation. *Journal of Experimental Social Psychology, 5,* 324-339.

Taylor, S. E. (1980). The interface of cognitive and social psychology. In J. H. Harvey (Ed.), *Cognition, social behavior, and the environment* (pp. 189-211). Hillsdale, NJ: Erlbaum.

Taylor, S. E. (1991). Asymmetric effects of positive and negative events: The mobilization-minimization hypothesis. *Psychological Bulletin, 110,* 67-85.

Teasley, S. D. (1995). The role of talk in children's peer collaborations. *Developmental Psychology, 31,* 207-220.

Teasley, S. D. (1997). Talking about reasoning: How Important is the peer in peer collaboration. In L. B. Resnick, R. Säljö, C. Pontecorvo, & B. Burge (Eds.), *Discourse tools and reasoning: Essays on situated cognition* (pp. 363-384). New York: Springer.

Tesser, A. (1988). Toward a self-evaluation maintenance model of social behavior. In L. Berkowitz (Ed.), *Advances in experimental social psychology* (pp. 181-227). San Diego, CA: Academic Press.

Tesser, A., Millar, M., & Moore, J. (1988). Some affective consequences of social comparison and reflection processes: the pain and pleasure of being close. *Journal of Personality and Social Psychology, 54*(1), 49.

Tichy, M., Johnson, D. W., Johnson, R. T., & Roseth, C. (2010). The impact of constructive controversy on moral development. *Journal of Applied Social Psychology, 40*(4), 765-787.

Tjosvold, D. (1974). Threat as a low-power person's strategy in bargaining:

Social face and tangible outcomes. *International Journal of Group Tensions, 4*, 494-510.

Tjosvold, D. (1982). Effects of the approach to controversy on superiors' incorporation of subordinates' information in decision-making. *Journal of Applied Psychology, 67*, 189-193.

Tjosvold, D. (1984). Effects of crisis orientation on managers' approach to controversy in decision making. *Academy of Management Journal, 27*, 130-138.

Tjosvold, D. (1988). Effects of shared responsibility and goal interdependence on controversy, and decision making between departments. *Journal of Social Psychology, 128*(1), 7-18.

Tjosvold D. (1995). Effects of power to reward and punish in cooperative and competitive contexts. *Journal of Social Psychology, 135*, 723-736.

Tjosvold, D. (1998a). *Cooperative and competitive goal approach to conflict: 47*(3), 285-342.

Tjosvold, D. (1998b). Making employee involvement work: Cooperative goals and controversy to reduce costs. *Human Relations, 51*, 201-214.

Tjosvold, D. (2002). Managing anger for teamwork in HongKong: Goal interdependence and open-mindedness. *Asian Journal Social Psychology, 5*, 107-123.

Tjosvold, D., & De Dreu, C. K. W. (1997). Managing conflict in Dutch organizations: A test of the relevance of Deutsch's cooperation theory, *Journal of Applied Social Psychology, 27*, 2213-2227.

Tjosvold, D., & Deemer, D. K. (1980). Effects of controversy within a cooperative or competitive context on organizational decision making. *Journal of Applied Psychology, 65*(5), 590-595.

Tjosvold, D., & Field, R. H. G. (1986). Effect of concurrence, controversy, and consensus on group decision making. *Journal of Social Psychology, 125*(3), 355-363.

Tjosvold, D., & Halco, J. A. (1992). Performance appraisal of managers: Goal interdependence, ratings, and outcomes. *Journal of Social Psychology, 132*, 629-639.

Tjosvold, D., Hui, C., & Law, K. S. (1998). Empowerment in the manager-employee relationship in Hong Kong: Interdependence and controversy. *Journal of Social Psychology, 138*, 624-637.

Tjosvold, D., Hui, C., & Sun, H. (2004). Can Chinese discuss conflicts openly? Field and experimental studies of face dynamics in China. *Group Decision and Negotiation, 13*, 351-373.

Tjosvold, D., & Johnson, D. W. (1977). Effects of controversy on cognitive perspective taking. *Journal of Educational Psychology, 69*(6), 679-685.

Tjosvold, D., & Johnson, D. W. (1978) Controversy within a cooperative or competitive context and cognitive perspective-taking. *Contemporary Educatonal Psychology, 3*, 376-386.

Tjosvold, D., Johnson, D. W., & Fabrey, L. J. (1980). Effects of controversy and defensiveness on cognitive perspective-taking. *Psychological Reports, 47*, 1043-1053.

Tjosvold, D., Johnson, D. W., & Lerner, J. (1981). Effects of affirmation of one's competence, personal acceptance, and disconfirmation of one's

4차 산업혁명 시대의 혁신교수법

competence on incorporation of opposing information on problem-solving situations. *Journal of Social Psychology, 114,* 103-110.

Tjosvold, D., Law, K. S., & Sun, H. (2003). Collectivistic and individualistic values: their effects on group dynamics and productivity in China. *Group Decision and Negotiation, 12,* 243-263.

Tjosvold, D., Meredith, L., & Wong, C. (1998) Coordination to market technology: the contribution of cooperative goals and interaction. *Journal of High Technology Management Research, 9,* 1-15.

Tjosvold, D., & Poon, M. (1998). Using and valuing accounting information: Joint decision making between accountants and retail managers. *Group Decision and Negotiation, 7,* 1-19.

Tjosvold, D., & Su, F. S. (2007). Managing anger and annoyance in organizations in China: The role of constructive controversy. *Group and Organization Management, 32*(3), 260-289.

Tjosvold, D., & Sun, H. F. (2001). Effects of influence tactics and social contexts: An experiment on relationships in China. *International Journal of Conflict Management, 12,* 239-258.

Tjosvold, D., & Sun, H. F. (2003) Openness among Chinese in conflict: Effects of direct discussion and warmth on integrative decision making, *Journal of Applied Social Psychology, 33,* 1878-1897.

Tjosvold, D., Wedley, W. C., & Field, R. H. G. (1986). Constructive controversy, the Vroom-Yetton model, and managerial decision making. *Journal of Occupational Behaviour, 7,* 125-138.

Tjosvold, D., XueHuang, Y., Johnson, D. W., & Johnson, R. (2008). Is the way you resolve conflicts related to your psychological health. *Peace and Conflict: Journal of Peace Psychology, 14*(4), 395-428.

Tjosvold, D., & Yu, Z. Y. (2007). Group risk-taking: The constructive role of controversy in China. *Group and Organization Management, 32,* 653-674.

Tjosvold, D., Yu, Z. Y., & Hui, C. (2004). Team learning from mistakes: The contribution of cooperative goals and problem-solving. *Journal of Management Studies, 41,* 1223-1245.

Tolkien, J. R. R. (2012). *The hobbit and the lord of the rings* (Box Set). New York: Del Ray.

Tolmie, A., Howe, C. J., Mackenzie, M., & Greer, K. (1993). Task design as an influence on dialogue and learning: Primary school group work with object flotation. *Social Development, 2,* 183-201.

Toma, C., & Butera, F. (2009). Hidden profiles and concealed information: Strategic information sharing and use in group decision making. *Personality and Social Psychological Bulletin, 35,* 793-806.

Tomasetto, C., Mucchi-Faina, A., Alparone, F. R., & Pagliaro, S. (2009). Differential effects of majority and minority influence on argumentation strategies. *Social Influence, 4,* 33-45.

Torrance, E. P. (1957). *Training combat aircrewmen for confidence in ability to adhere to code of conduct* (ASTIA document). Office for Social Science Programs, Air Force Personnel and Training Reserch Center.

Torrance, E. P. (1963). *Education and the creative potential.* Minneapolis: University of Minnesota Press.

Torrance, E. P. (1965). *Rewarding creative behavior.* Englewood Cliffs, NJ: Prentice-Hall.

Torrance, E. P. (1970). Influence of dyadic interaction on creative functioning. *psychological Reports, 26,* 391-394.

Torrance, E. P. (1971). Stimulation, enjoyment, and originality in dyadic creativity. *Journal of Educational psychology, 62,* 45-48.

Torrance, E. P. (1973). *Dyadic interaction in creative thinking and problem solving.* Paper read at American Educational Research Association, New Orleans, February.

Toulmin, S. (1958). *The uses of argument.* Cambridge, UK: Cambridge University Press.

Treffinger, D. J., Speedie, S. M., & Brunner, W D. (1974). *Improving children's creative problem solving ability: the Purdue creativity project. Journal of Creative Behavior, 8*(1), 20-30.

Triandis, H., Bass, A., Ewen, R., & Midesele, E. (1963). Teaching creativity as a function of the creativity of the members. *Journal of Applied Psychology, 47,* 104-110.

Trosset, C. (1998). Obstacles to open discussion and critical thinking: The Grinnel College study. *Change, 30*(5), 44-49.

Turiel, E. (1966). An experimental test of the sequentiality of development stages in the child's moral judgment. *Journal of Personality and Social Psychology, 3,* 611-618.

Turiel, E. (1973). Stage transition in moral development. In R. Travers (Ed.), *Second handbook of research on teaching* (pp. 732-758). Chicago:

Rand McNally.

Tversdy, A., & Kahneman, D. (1981). The framing of decisions and the psychology of choice. *Science, 211,* 453-458.

Vacchiano, R. B., Strauss, P. S., & Hochman, L. (1969). The open and closed mind: A review of dogmatism. *psychological Bulletin, 71,* 261-273.

Van Blerkom, M., & Tjosvold, D. (1981). The effects of social context on engaging in controversy. *Journal of psychology, 107,* 141-145.

Van Dyne, L., Ang, S., & Botero, I. C. (2003). Conceptualizing employee silence and employee voice as multi-dimensional constructs. *Journal of Management Studies, 40,* 1360-1392.

Van Dyne, L., & LePine, J. A. (1998). Helping and voice extra-role behavior: Evidence of a construct and predictive validity. *Academy of Management Journal, 41,* 108-119.

Van Dyne, L., & Saavedra, R. (1996). A naturalistic minority influence experiment: Effects of divergent thinking, conflict and originality in work groups. *British Journal of Social Psychology, 35,* 151-168.

Van Eemeren, F. H. (2003). A glance behind the scenes: The state of the art in the study of argumentation. *Studies in Communication Sciences, 3,* 1-23.

Van Eemeren, F. H., & Grootendorst, R. (1999). Developments in argumentation theory. In G. Rijlaarsdam & E. Espéret (Series Eds.) & J. Andriessen & P. Coirier(Vol. Eds.), *Studies in writing, Vol. 5: Foundations of argumentative text processing* (pp. 43-57). Amsterdam: Amsterdam University Press.

Van Eemeren, F. H., Grootendorst, R., Jackson, S., & Jacobs, S. (1996).

Argumentation. In T. van Dink (Ed), *Discourse studies: A multidisciplinary introduction: Vol. 1. Discourse as structure and process* (pp. 208-229). London: Sage Publications.

Vinokur, A., & Burnstein, E. (1974). Effects of partially shared persuasive arguments on group-induced shifts. *Journal of Personality and Social Psychology, 29,* 305-315.

Vollmer, A., dick, M., & Wehner, T. (Eds.). (2014). *Innovation as a social process: Constructive controversy - a method for conflict management.* Berlin: Gabler / Eiesbaden / Germany Publishers.

Vonk, R. (1993). The negativity effect in trait ratings and in open-ended descriptions of persons. *Personality and Social Psychology Bulletin, 19*(3), 269-278.

Voss, J. F., & Means, M. L. (1991). Learning to reason via instruction in argumentation. *Learning and Instruction, 1,* 337-350.

Vygotsky, L. (2012). *Thought and language.* Cambridge, MA: MIT Press.

Walker, L. (1983). Sources of cognitive conflict for stage transition in moral development. *Developmental Psychology, 19,* 103-110.

Wallach, L., & Sprott, R. (1964). Inducing number conservation in children. *Child Development, 35,* 1057-1071.

Wallach, L., wall, A., & Anderson, L. (1967). Number conservation: The roles of reversibility, addition-subtraction, and misleading perceptual cues. *Child Development, 38,* 425-442.

Walton, D. N. (1985). *Arguer's position: A pragmatic study of ad hominem attacks, criticism, refutation, and fallacy.* Westport, CT / London:

Greenwood.

Walton, D. N. (1999). *the new dialectic*. University Park, PA: Pennsylvania University Press.

Walton, D N. (2003). *Ethical argumentation*. New York: Lexington Books.

Walzer, M. (2004). *Politics and passion: Toward a more egalitarian liberalism*. New Haven, CT: Yale University Press.

Wason, P. C. (1960). On the failure to eliminate hypotheses in a conceptual task. *Quarterly Journal of Experimental Psychology, 12*, 255-274.

Watson, G., & Johnson, D. W. (1972). *Social psychology: Issues and insights* (2nd edn.). Philadelphia: Lippincott.

Webb, N. M. (1991). Task-related verbal interaction and mathematics learning in small groups. *Journal for Research in Mathematics Education, 22*, 366-389.

Webb, N. M. (1995). Constructive activity and learning in collaborative small groups. *Journal of Educational Psychology, 87*, 406-423.

Wegerif, R., Mercer, N., & Dawes, L. (1999). From social interaction to individual reasoning: An empirical investigation of a possible socio-cultural model of cognitive development. *Learning and Instruction, 9*, 493-516.

Wegerif, R., & Scrimshaw, P. (Eds.). (1997). *Computers and talk in the primary classroom*. Clevedon: Multilingual Matters.

Wells, H. G. (1927). *Outline of history*. New York: Macmillan Press.

Wills, T. A. (1981). Downward comparison principles in social psychology, *psychological bulletin, 90*, 245-271.

Wittrock, M. (1990). Generative processes of comprehension. *Educational Psychologist, 24,* 345-376.

Wittrock, M. C. (1992). Generative learning processes of the brain. *Educational Psychologist, 27,* 531-541.

Woholwill, J., & Lowe, R. (1962). Experimental analysis of the development of the conservation of number. *Child Development, 33,* 153-167.

Worchel, P., & McCormick, B. (1963). Self-concept and dissonance reduction. *Journal of Personality, 31,* 589-599.

Zajonc, R. (1965). Social facilitation. *Science, 149,* 269-272.

Zimbardo, P. (1965). The effect of effort and improvisation on self-persuasion produced by role playing. *Journal of Experimental Social Psychology, 1,* 103-120.

Zohar, A., & Nemet, F. (2002). Fostering students' knowledge and argumentation skills through dilemmas in human genetics. *Journal of Research in Science Teaching, 39,* 35-62.

Zou, T. X. P., Mickleborough, N., & Leung, J. (2012). promoting collaborative problem solving through peer tutoring and structured controversy. Presentation at *2012 Engineering Education Innovation Workshop,* Hong Kong University of Science and Technology, Clearwater Bay, Hong Kong University of Science and Technology, Clearwater Bay, Hong Kong.

Zuckerman, M., Knee, C. R., Hodgins, H. S., & Miyake, K. (1995). Hypothesis confirmation: The joint effect of positive test strategy and acquiescence response set. *Journal of Personality and Social Psychology, 68,* 52-60.

찾아보기

4차 산업혁명 시대의 혁신교수법